Zsuszanna Budapest · Mond-Magie

Zsuzsanna E. Budapest

MOND MAGIE

Kreative Begegnung mit der dunklen Seite der Weiblichkeit

Aus dem Amerikanischen übertragen
von Angelica Dawson

Goldmann Verlag

Originaltitel: Grandmother Moon. Lunar Magic in our Lives

Originalverlag: Harper San Francisco

Deutsche Erstausgabe

Der Goldmann Verlag
ist ein Unternehmen der Verlagsgruppe Bertelsmann

Made in Germany · 1. Auflage · 5/93
© 1991 bei Zsuzsanna Budapest
© der deutschsprachigen Rechte 1993
by Wilhelm Goldmann Verlag, München
Umschlaggestaltung: Design Team München
Umschlagmotiv: The Image Bank/Drivas, München
Satz: Filmsatz Schröter GmbH, München
Druck: Graphische Großbetriebe Pößneck
Redaktion: Christine Pfützner
Ba · Herstellung: Martin Strohkendl
ISBN 3-442-12200-7

Ich widme dieses Buch Luna,
der Mondgöttin.
Möge sie sich unseren Seelen
nähern — mehr als je zuvor!

Und für Hilary.

Inhalt

Danksagung

Ich bin für die Hilfe meiner Nachforscherin und Schwester-Priesterin Helen Farias, Herausgeberin von *Octava*, äußerst dankbar; ihr Wissen und Spürsinn für das Göttliche führte sie zu den passenden Informationen. Vielen, vielen aufrichtigen Dank an Diana L. Paxson, meine Hohepriesterinnen-Schwester, Romanautorin und Gründerin der Fellowship of the Spiral Path (»Gemeinschaft des Spiralpfades«). Sie hat nicht nur mein ursprüngliches Material herausgegeben, sondern auch die Teile über die »Mondsicht« geschrieben und eine Menge zu den Abschnitten über die Mondfeste beigetragen. Dank dir, Susan Weed, dafür, daß du Lunas Kräutlein für mich ausgewählt hast. Dank dir, Angelica Dawson vom »Frauenhof Sira« in Österreich, für dein Übersetzen und Dolmetschen. Vielen Dank an Rabbi Leah Novick für die ausgiebigen Mondspaziergänge und Mondgespräche.

Schriftstellerinnen haben keine Ehefrauen, denen sie ihren Dank aussprechen könnten fürs Tippen, Korrigieren und dafür, daß sie Schreiberin und Manuskript genährt hätten; also will ich einfach Marcella Paolocci danken, die, als mein Computer meine Dateien einfach verschluckt hatte, diese wiederaufspürte; M. V. Divine, Autorin von »Bruheria«, die mir jede Woche reizende Grußkarten schickte, die mir zur Ermutigung dienten; und Marli Rabinowitz, deren Freundschaft und Unterstützung mir das Gefühl von Wertschätzung geben, dessen ich so sehr bedurfte. Die Harper-Herausgeberin Barbara Moulton behandelte meine Arbeit mit großer Sensibilität, und für ihren guten Rat als Herausgeberin und ihre Arbeit bin ich auch sehr dankbar.

Über dieses Buch

Frauen dominieren durch Kultur und Tradition

Luna, unsere silbern schimmernde Großmutter, lehrt uns ihre heiligen Festtage und ihr Wissen aus der ganzen Welt. Sie ist unsere ständige Begleiterin, ihr sich ständig wandelndes Antlitz ist immer für uns sichtbar.

Ich habe die Reise der Mondin durch die einzelnen Tierkreiszeichen im Jahreslauf in jedem Kapitel erörtert, aber sie geht auch während eines Mondumlaufes durch alle Tierkreiszeichen; also gelten Ratschläge für ein spezielles Zeichen in dem betreffenden Monat nur dann, wenn dieses Zeichen erscheint (jeweils zwei oder drei Tage).

Ich habe wahre Geschichten aus meinem Leben eingefügt, damit du siehst, wie ich mit den Mondgezeiten umgegangen bin, den Mondinnen in meinem Leben. Die Mondgezeiten haben mit den Gefühlen zu tun, die wir im Leben durchlaufen, und ich teile in diesem Buch hexische Mondzauber mit, um mit diesen Gefühlen fertigzuwerden.

Die Mondfeste stellen mehr Feiertage aus Asien, Ägypten, dem Mittleren Osten und von den eingeborenen Amerikanern als europäische dar. Dies war auch meine Absicht, weil diese Kulturen sich ihre Mondkalender bis zum heutigen Tag erhalten konnten. Das einzige, was ich tun mußte, war, die patriarchale Tarnung beiseitezuschieben, um überall dahinter die sanfte Mondin zu finden.

Der europäische Kalender hatte ursprünglich einen früheren Mondkalender als Grundlage, der die Grundlage unseres heutigen Mondkalenders ist. Wohlbekannt ist auch, daß die Kalenden, die Nonen und die Iden der Mondin ursprünglich identisch waren mit den Mondphasen – neu, zunehmend und voll. Die abnehmende Mondin wurde schon sehr früh unter den Tisch fallengelassen. Könnte es sein, daß es die Furcht vor der Dunklen Großmutter war, derentwegen sie versteckt würde? Dieselbe kulturelle Negierung, die unserem größeren Göttinnenerbe widerfuhr, tauchte auch unserem lunaren Erbe gegenüber auf. Die Sieger schrieben die Kalender neu und entfernten die Mondin aus ihnen, nahmen aber einige Mühe auf sich, die Festtage der Mondin in solche der Sonne zu übersetzen, als die Leute ihre Vollmondgelage keineswegs aufgeben wollten. Mariä Himmelfahrt beispielsweise pflegte das große Fest der Mondgöttin Diana/Hekate zur Vollmondin im August zu sein. Der christliche Kalender jedoch legte den 15. August dafür fest und an diesem Datum kann nun Vollmondin sein oder aber auch nicht.

Einige Feiertage, die ihr bereits in meinem Buch *The Grandmother of Time* (bisher noch nicht auf deutsch erschienen) mit neuen Augen betrachten konntet, kehren in diesem Buch wieder – als zurückgeforderte Feiertage der Mondin. Den Kalender der Göttin zurückzufordern ist das wichtigste politische und spirituelle Werkzeug unserer Zeit. Spaß zu haben, zu feiern, sich wohl zu fühlen, sich um innere und äußere Angelegenheiten zu kümmern, sich umeinander zu kümmern, unser eigenes Leben wieder wertzuschätzen und es mit Freude zu erfüllen, ist die beste Rache wider das bedauerliche, kriegsgeschüttelte Patriarchat. Was man feiert, das ehrt und respektiert man. Das Hauptinstrument für die Übernahme der Führung durch Frauen ist es, Kultur zu schaffen, Traditionen aufzubauen. Kalender sind die Blaupausen jeder Kultur. Traditionen, Feste, kulturelle Ereignisse jeglicher Art sind die Wege, auf denen Frauen in den alten Zeiten zu dominieren pflegten, und auf die gleiche Art werden sie wieder dominieren. Frauen werden im kommenden Informationszeitalter führend sein, weil das einzige, was wir dazu brauchen, unsere natürliche Klugheit und Herzlichkeit ist und eine reiche, unterstützende Kultur. Schon heute ist der Exportartikel Nummer eins der Vereinigten Staaten unsere Kultur: Madonna – Filme – Musik – Frauenspiritualität. Erschafft Kultur voller Ungestüm und Eifer, indem ihr die Mondin, das Leben und euch selbst feiert. Seid der magische Leim, der unserem täglichen Dasein Bedeutung verleiht. Lunare Primaten, die Zeit ist gekommen, Visionen und Heilung für das nächste Jahrhundert einzufordern!

Anmerkung zur deutschen Übersetzung
In fast allen Sprachen, so auch im Englischen, ist das Wort »Mond« weiblichen und »Sonne« männlichen Geschlechts. Lediglich im Deutschen ist dies genau umgekehrt, was übersetzungstechnisch für dieses Buch jedoch nicht umsetzbar ist, weil »Mond«oft personalisiert wird und in ausschließlich weiblicher Zuordnung (Göttinnen usw.) steht. Aus diesem Grund ist im folgenden immer von der Mond*in* die Rede.

Einleitung

Mondgespräche

Du meinst, du kennst sie. Dein ganzes Leben lang hast du sie gesehen und erinnerst dich lebhaft an sie. Sie war immer da – Zeugin deines Lebens. Bei deiner Geburt war sie da, später war sie bei deinem ersten Kuß anwesend und sie war wieder da, als dir zum erstenmal das Herz gebrochen wurde. Wer ist sie wirklich? Was ist uns die Mondin?

Sie ist die Strahlende, die Magische, sie, die auf alle in gleicher Weise herabscheint.

Sie ist die liebliche Diana, die den Schoß öffnet; Selene, die Eimutter; Astarte des Schosses; Mutter Mondin; Stern der Meere; Notre Dame, unsere Mutter. Sie ist Hekate, die Königin der Hexen; Artemis; Amazone; Kallisto; Muse; Yemaya; Weiße Muschelfrau. Das sind nur einige wenige der Namen unserer geliebten Königin der Nacht, unserer Mondin.

Die Mondin war die erste Uhr; zu berechnen, wie sie ab- und zunimmt, war die ursprüngliche Art der Zeitrechnung. Sie ist die Periodizität, das Symbol der konstanten Veränderung, das Licht in der Zeit der Nacht, die Geburtgeberin, bevor es die Geburt überhaupt gab, dunkle und lichte Mutter. Und doch – wenn wir ihr weißes, vertrautes Antlitz betrachten, gibt es trotzdem immer einen Teil von ihr, der mysteriös bleibt. Die Mondin hat das Geheimnis erfunden.

Astrologen schreiben ihr die Macht der Empfängnis zu, die neun Monate währende Schwangerschaft und das Gebären, das Nährende, die Liebe zum Heim, Romantik, Sicherheit, Sensibilität, Kreativität und die ständige Erschaffung des Gefühlsstromes.

Bitte sagt mir, was eigentlich nicht mit der Mondin in Zusammenhang steht, dieser allmächtigen Kraft mit ihren sanften Erscheinungsbildern? Gibt es Laborwände, die sie ausschließen oder einschließen könnten? Wer kann unsere Großmutter erforschen? Wer kann sie messen, sie, die das erste Maß war, das nie so ganz paßte? Wer kann ihre Auswirkungen auf die Menschenwesen erforschen, wo doch jeder, der sie zu erforschen sucht, bereits unter ihrem Einfluß steht? Sie ist die Geliebte und treue Gattin der Erde, die sie nie verläßt und wie in ewigem Werben umkreist. Im Zusammenwirken der Terra ist sie die Schöpferin allen organischen Lebens auf der Erde. Sie ist die Andere, von der Erde aus blicken wir voll Bewunderung zu ihr auf und doch ist sie zugleich unser Spiegel. Erst als die ersten Aufnahmen unserer Mutter Erde von der weit entfernten Oberfläche unserer Großmutter Mondin aus gemacht wurden, gewannen wir erstmals bildlich das Wissen darum, wie kostbar und endlich und zerbrechlich wir – die Erde – eigentlich sind.

Wer könnte die Mondin so flehentlich bitten, daß sie ihre Geheimnisse enthüllen würde? Wie hat sie uns erwählt, um auf uns niederzuscheinen? Warum liebt sie uns so sehr; und warum macht sie sich überhaupt die Mühe, uns Leben und Licht zu schenken? Und wie kann sie zugleich so kalt und unbefleckt aussehen? Einmal, in einer Nacht betete ich in einem Frauenkreis zu ihr (sie war im Wassermann), und ich forderte sie wieder heraus, rief ihr ins Gesicht: »Enthülle dich uns!« Sie begann einfach in ihrer altmodischen Art zu singen, wie eine kahlköpfige Frau mit freundlichem Gesicht:

Der Ahninnen Blut
in unser'n Adern fließt
und die Formen ändern sich,
doch der Lebenskreislauf nicht.
(Traditioneller Wiccagesang)

Großmutter Mondin singt Lieder, die ich kenne, und manchmal singt sie Lieder, die ich noch nie gehört habe und sie bringt sie mir bei. Ich war erstaunt, daß sie in dieser Nacht sang, und stichelte:

»Was soll das heißen, daß du mir Lieder vorsingst und so lebendig bist, wie du dich da in den Wolken herumtreibst!«

16

»Noch bin ich nicht fertig.«

»Fertig womit?«

»Damit, gewisse Dinge richtigzustellen«, kam die geflüsterte Antwort.

»Danke, daß du noch nicht fertig bist! Danke, daß du dich noch sorgst!«

Ich entzündete weitere Kerzen für sie, weil es so Brauch ist. Ich erinnerte mich an meine siebzig Jahre alte Freundin Jennifer aus dem öffentlichen Bad, die Angst davor hat, die Mondin durch Zweige hindurch anzusehen, weil sie denkt, daß das Unglück bringt.

»Macht es dir etwas aus, wenn wir dich durch Zweige hindurch ansehen?«, fragte ich die Mondin.

»Sieh mich durch deine Seele hindurch an!« flüsterte sie.

»Und was ist, wenn dich jemand über die linke Schulter hinweg ansieht? Stört dich das?«

»Nein. Betrachte mich in jeder dir möglichen Weise. Betrachte mich mit geschlossenen Augen. Betrachte mich mit deinem Schoß.«

Das sind Mondgespräche. Ich fühle mich mondverträumt, wenn ich bei Tiburon mit der Vollmondin draußen am Wasser bin. Während sie über den Hügeln der East Bay über San Francisco aufgeht, spiegelt sie sich an der Oberfläche der Bay. So wunderschön.

»Was ist das Wichtigste, das wir von dir lernen sollten?«, fragte ich wieder.

»Das Fließen. Habt keine Angst loszulassen. Habt keine Angst davor zurückzukehren. Habt keine Angst, zur Fülle zu gelangen. Habt keine Angst.«

Die Frauen sprachen jetzt alle mit ihr. Eine Frau stellte ihre flackernde weiße Kerze in ihren ausgebreiteten Gebetsschal, schützte sie so vor dem Wind und flüsterte zur Mondmutter.

»Du bist die mächtigste Kraft in meinem Leben. Bitte hilf mir mit meiner Gesundheit, damit ich wieder ins Gleichgewicht komme!«

Nun erhob sich eine weitere Frau und betete zu ihr:

»Mein Sohn, teuerste Göttin, laß mich meinen Sohn behalten!

Ich will ihn durch sein Leben führen, ich will das Sorgerecht für ihn behalten. Hilf mir bei Gericht!«

Und noch eine stand mit brennender Kerze auf.

»Ich lobpreise dich und danke dir dafür, daß du mir meinen Wunsch seit der letzten Vollmondin gewährt hast!«

Wir alle sehen wie Frauen aus vorgeschichtlicher Zeit aus, wenn wir zur Mondin beten, windzerzaust, gekrönt mit Immergrün je nach Jahreszeit. Und wir tun das jeden Monat. Sie lebt in unseren Körpern und in unseren Lebensrhythmen. Wir brauchen sie, wir müssen zu diesem magischen, heilsamen Ort am Wasser hinaus und ihr huldigen. Wir scheren uns nicht darum, ob jemand das lächerlich findet. Einige von unseren Ehemännern und Freunden sind eifersüchtig. Was treiben wir da – lauter Weiber, ohne einen einzigen Mann – mitten in der Nacht? Sie müssen einfach darüber hinwegkommen, die Männer.

Wir wissen jedenfalls, daß es uns hilft, zur Mondin zu beten. Sie ist lebendig und sichtbar, sie ist ein Mandala für unser innerstes Selbst, sie ist unsere Wohltäterin, sie ist unsere Verwandte, sie ist Großmutter Mondin. Wir beten voll Zuversicht und Genugtuung.

Wir bieten ihr auch Mondkuchen dar, für diesen Zweck aus gebackenem Brotteig in der Form von Sternen und rund, wie sie selbst es ist.

Die Brötchen werden mit Butter bestrichen und mit Knoblauch gebacken. Wir opfern ihr Wein und feiern zu ihren Ehren und essen unsere eigenen Mondküchlein. Alles, was wir nicht essen und von dem wir glauben, daß wildlebende Tiere es zu schätzen wüßten, wie beispielsweise Äpfel und Trauben und Samen für die Vögel, werfen wir als Zeichen des Danks in die vier Himmelsrichtungen.

Doch diese Nacht gab mir Rätsel auf. Sie hatte etwas vor, die Mondin. Sie hatte dieses Lied gesungen und gesagt, daß sie noch nicht damit fertig sei, ein paar Dinge richtigzustellen. Was konnte es bloß sein, das sie jetzt plante?

»Wenn die Frauen mich näher kennenlernen, werden sie nicht länger weinen.«

»Wer hat das gesagt?« Ich drehte mich zu den Frauen, die um

mich herum waren, aber keine hatte gesprochen. Sie summten alle sachte vor sich hin und starrten in das silbrige Antlitz der Mondin.

»Warst du da?« fragte ich. »Sprichst du in meinem Kopf?«

»Natürlich«, sagte sie.

»Dann sag mir – könntest du uns zu dir führen, uns ein bißchen helfen, ein kleiner mütterlicher Anstoß vielleicht?«

»All das tue ich schon. Aber eins werde ich noch tun...«

Ich war atemlos. Die Mondin sprach in meinem Kopf und sie war drauf und dran, mir das große kosmische Geheimnis zu verraten.

»Ich werde dir Mondsicht verleihen«, sagte sie.

»Mondsicht? Was ist das? Ist das so was wie Hellsicht? Wie bekomme ich die?«

»Es handelt sich um ein Prisma von Wissen. Du betrachtest alles durch die Mondsicht und dir wird alles klarwerden.«

»So wie Vorahnungen?«

»Es ist...«

»Es ist wie Traumsichtigkeit? Intuition?«

»So ist es.«

»Und Weissagungen und die Sprache der Tiere verstehen?«

»So ist es.«

»Es ist wie –«

»Genug! Du wirst es wissen, wenn es kommt. Ich muß jetzt über Hawaii aufgehen.« Die Stimme verstummte.

Höher und höher stieg sie, und die Wiese, auf der unsere kleine Gruppe meditierte, wurde mit ihrem silbernen Licht durchtränkt. Der erwachte Wind blies immer wieder unsere Kerzen aus, aber wir wußten, daß sie damit zufrieden war, unsere Gesichter zu sehen. Kerzen waren freiwilliges Beiwerk.

Ich ließ die Kerzen in dieser Nacht in meinem Schlafzimmer ganz herunterbrennen; und heute fühle ich viel mehr Energie und Liebe zum Leben in mir als vor dem Ritual. Und so soll es auch sein.

Die Menschen – lunare Primaten

Immer schon war das Bild der Mondin mein meistgeschätztes Symbol für die Einheit der Seele. Die Mondin wurde in vielen Kulturen als Göttin angesehen wegen ihrer Verwandtschaft mit den Frauen und allem organischen Leben, oder als magischer Gott, der der wahre Gatte der Frauen war, der ihren Schoß öffnete. Aber die Mondin und der Schoß wurden immer schon als miteinander verwandt betrachtet: Die Mondin regierte die Gewässer der Erde, die Wasser des Schosses erschufen Menschen.

Was war es nun, das unsere Gattung von anderen Tieren abtrennte? Wann war der Moment der Wahrheit gekommen, in dem wir zu Menschen wurden? Wann berührten die sanften Hände der wohltätigen Nornen unser Gehirn und schenkten uns die Freiheit?

War es, als wir uns aufrichteten? Es gibt auch andere Tiere, die aufrecht stehen können – Bären beispielsweise. War es, als wir erstmals zur Mondin beteten? Oder als die erste Frau in Wehen die Macht anrief, die über alle Geburten der Welt die Aufsicht hat? Wir wissen nicht, ob andere Tiere auch beten, aber es ist gewiß, daß Elefanten Begräbnisriten abhalten und ihre Toten betrauern, was ich als religiösen Akt ansehe. War es, als wir die ersten Werkzeuge erschufen? Unsere Feuersteine und Pfeile? Andere Tiere machen ebenfalls Werkzeuge und benutzen sie, um an ihr Futter zu kommen. Manche benutzen Steine, um Früchte aufzuknacken. Nein, das Werkzeug war es nicht. Und das Feuer, denke ich, auch nicht. Ich glaube, daß das Feuer erst gezähmt wurde, nachdem wir uns von unserem tierischen Selbst getrennt hatten. Wir trainierten uns zuerst darauf, vor dem Feuer keine Angst zu haben. Das war bereits eine menschliche Handlungsweise.

Aber was hat uns letztendlich zu Menschen gemacht? Wenn irgend etwas so Wichtiges in der Geschichte auftaucht, betrachte ich immer den Sex. Dort liegt, so glaube ich, die Antwort.

Wir wurden zu menschlichen Wesen, als wir die schoßreinigende Menstruation (die bei anderen Säugetieren Östrus genannt wird, jahreszeitlich, nicht monatlich ist und der sofort der Eisprung und die Produktion von Pheromonen, die das andere Geschlecht anziehen, folgen) von der sexuellen Empfänglichkeit trennten. Wir wurden zu Menschen, als wir begannen, auf die Strahlen der Mondin zu reagieren statt auf das wechselnde Sonnenlicht, das in allen anderen Tieren den Östrus auslöst. Wir wurden zu Menschen, als wir die ersten und einzigen menstruierenden Tiere wurden. Oder besser gesagt, wir waren dann keine Tiere mehr.

Der Östrus wird bei Tieren durch die Abnahme oder Zunahme der Stunden des Tageslichts ausgelöst. Der Valentinstag, an dem wir die Liebenden ehren, stammt von dem älteren Fest Lupercalia (siehe *The Grandmother of Time*) um Lichtmeß herum, wo die Wölfinnen läufig werden. Was geschieht um den 2. Februar herum? Die Stunden des Lichts werden länger. Zuerst werden die kleineren, dann die größeren Tiere davon beeinflußt und die Paarungszeit rückt heran für unsere tierischen Freunde. Tiere haben an der Paarung als Individuen kein Interesse (obwohl manche sich lebenslange Partner suchen). Sie sind von der Menge des Sonnenlichts, das die Veränderungen in ihren Körpern auslöst und sie vor allem zur Paarung treibt, völlig abhängig.

Ich machte einige Telefonate. Ich rief Ärztinnen an. Ich rief einen Biologen an. Ich rief Frauen und Männer an.

»Stimmt es, daß wir die einzig menstruierende Spezies sind?« fragte ich. Dann war Pause. Aber die Antwort war immer die gleiche – ja, das sind wir.

Alle rätselten, warum sie niemals an diese Tatsache gedacht hatten.

»Also kann ich eigentlich sagen, daß wir lunare Primaten sind?«

»Ich kann nichts sehen, was dagegen sprechen würde«, versicherten die mir befreundeten Ärztinnen.

»Warum habe ich noch nie etwas darüber gehört?«

Leider war die Antwort nur allzu alt und wohlbekannt. Ich hatte noch nie von dieser unglaublichen, die Spezies transformierenden Entwicklung der Evolution gehört, *weil es Frauen waren, die sie vollbracht hatten und nicht die Männer!*

Wegen dieser Veränderung in den Frauen werden Menschenwesen nicht mehr brünftig. Tagundnachtgleichen und Sonnwenden sind Feiertage der Erde, aber sie zwingen uns nicht, dem ersten dahergelaufenen Mann unser Geschlecht zu präsentieren. Der einzige verbliebene Ort, an dem alle weiblichen Wesen zugleich in sexuell empfänglicher Stimmung sind, ist das Puff. Männer lieben Puffs, weil sie sie wohl an die guten alten Zeiten erinnern, als wir alle noch unschuldige Tiere waren, die alle zugleich brünftig wurden. Es wurden keine Forderungen an die Männchen gestellt, keine Verabredungen zum Essen oder Theaterkarten. Es war nicht nötig, nett zu uns zu sein, uns mit Blumen zu beschenken und sensibel (mondfühlig) zu sein. All das romantische Sehnen kommt nur von den Frauen, die die einfachen, alten solaren Gebräuche durcheinandergebracht haben. Die ganzen neuen kulturellen Anforderungen kommen nur davon, daß Frauen diese einfachen Primaten, die wir einst waren, zu Menschen gemacht haben.

Das Aufkommen der Menstruation trennte uns von den anderen Tieren; die Menstruation ermöglichte es uns, uns zu Menschenwesen zu entwickeln. Die Menschwerdung unserer Spezies und die Erfindung der Kultur waren eine unmittelbare Errungenschaft dessen, daß die Frauen die Emanzipation von der obligatorischen Paarung gefunden hatten. Die Frauen entwickelten die Menstruation und befreiten sich von der Notwendigkeit, sich nur um der Fortpflanzung willen zu paaren. Was die Vermehrung anbelangt, ist unsere Spezies dadurch erfolgreicher geworden, weil wir nun die ganze Zeit über sexuell verfügbar sind (oder zu keiner Zeit, wie wir wollen), aber die Wahrscheinlichkeit einer Schwangerschaft gestiegen ist. Die Schattenseite dieser neuen Erscheinung brauchte ein wenig Zeit, um sichtbar zu werden. Erst das Patriarchat mit seiner Kontrolle über Frauen hat sie zutage gebracht. Sie ist das, was wir heute sehen: Überbevölkerung ist möglich geworden.

Wie kam das? Wie haben die Frauen umgeschaltet, so daß sie auf den sanften Magnetismus der Mondin reagierten statt auf die Strahlen der Sonne? Wie konnte das geschehen?

Unser häufiger Eisprung entwickelte sich vermutlich in wärmeren Klimazonen, weil dort die Jahreszeit, in der die Geburt erfolgte, keine Rolle spielte. Unsere Spezies entwickelte eine große, ihr innewohnende Vielfältigkeit – wir gleichen einander nicht wie ein Ei dem anderen – und die Zeiten des Gebärens begannen voneinander abzuweichen. Das ging Hand in Hand mit einer zunehmenden Hilflosigkeit unserer Babies. Könntest du dir eine Gruppe vorstellen, in der alle Frauen gleichzeitig gebären? Eine äußerst verwundbare Gruppe wäre das gewesen.

Sobald es öfter als einmal oder ein paarmal im Jahr zum Eisprung kam, war es leicht möglich, da wir von der Mondin beeinflußt wurden, daß wir begannen, dem Zug der Gezeiten der Mondin an unserem Gewebe nachzugeben, weil Sex von Natur aus rhythmisch ist. Aber wir werden immer noch nicht allzu streng von der Mondin regiert. Die meisten von uns menstruieren während der Neumondzeit, aber es gibt auch diejenigen, die ihre Periode zur Vollmondin haben, oder wenn sie ab- oder zunimmt.

Die Männer haben sich nicht zu lunaren Primaten entwickelt wie die Frauen. Männer mußten ihren Körper nicht verändern, um mit den Frauen die Straße der Menschwerdung entlangzu-marschieren. Sie brauchten bloß ihr sexuelles Interesse von »jahreszeitlich bedingt« hin zu »täglich vorhanden« zu erhöhen. Darum haben wir auch manchmal das Gefühl, daß das andere Geschlecht gar eine völlig andere Spezies ist. Bei den meisten Arten tritt die Brunft bei beiden Geschlechtern zur selben Zeit auf. Nicht so bei uns. Männer haben so einen lunaren Zyklus nicht. Darum sind Männer immer zur Begattung bereit, egal wann der Eisprung bei den Frauen auftritt.

Die Menstruation (Unfruchtbarkeit) und die Ovulation (Frucht-barkeit) sind wie zwei Speichen am sich drehenden Rad der Emanzipation. Die meisten Frauen menstruieren, wenn die Mon-din neu ist. Fruchtbar sind sie, wenn Vollmondin ist. Die andere Hälfte menstruiert zur Vollmondin. Diese Frauen sind fruchtbar, wenn die Mondin neu ist. Die Mondin und die Frauen haben zusammengearbeitet und unsere Spezies geschaffen, die einzige menstruierende Spezies auf Erden.

Aus unserer sexuellen Verfügbarkeit ergaben sich Stammesbil-dungen und nach und nach die Zivilisation. All das ist die Errungenschaft der Frau, aber das Bewußtsein darüber wird unterdrückt, aus Furcht, daß Frauen sich ihrer ehrfurchtgebietenden Funktion erinnern könnten.

Unsere jetzige Gesellschaft ist psychisch am weitesten von der Mondin entfernt. Wir betonen Werte, die solar sind: Logik, Aktivitäten der linken Gehirnhälfte, körperliche Meisterschaft, Wettbewerb. Als Reaktion auf unsere Wesensart als lunare Primaten beanspruchten die Männer die Sonne für sich. Auch die Sonne war ursprünglich in den meisten Gesellschaften weiblich, wie Pat Monaghan, eine Göttinnenmythologin, herausfand.

Das Patriarchat verlangt, daß die Menstruation versteckt wird und hat sie mit Scham verknüpft. Sie wird als schmutziges Verbrechen angesehen; sie wird wie ein Fluch verachtet. Männliche Mythologen verbinden sie mit dem Stigma der Unberührbaren; Religionen mit einem männlichen Gott verbieten Frauen, in diesem Zustand an den heilige Riten teilzunehmen. Wir lehren unsere jungen Frauen, ihr Blut zu verbergen, wir lehren sie ihren Verstand zu verstecken.

Die Männer müssen lernen, sich wieder mit den Frauen zusammen als eine Spezies zu betrachten und aufhören, sich nach den alten Primaten-Östrus-Zeiten zu sehnen. Die Männer müssen die Tatsache anerkennen, daß es die Frauen ihrer Gattung sind, die für die Erschaffung des Homo sapiens verantwortlich sind und daß es den Frauen zu verdanken ist, daß sie dieser bemerkenswerten Spezies angehören. Das sollte weder ihr Primatenego beleidigen, noch Haß auf die Frauen dafür hervorrufen, daß sie die Dinge verändert haben. Die Männer sollten stolz auf die Frauen und dankbar für ihr Leben sein.

Intellektuell jedoch haben die Männer äußerst stark lunar reagiert. Die Faszination der Männer von der Mondin und deren physische Erforschung zeigen eine Aussöhnung, einen ersten Schritt, Frieden zu schließen trotz ihrer vergangenen Mißachtung der Mondin, und den Beginn ihrer neuen und kraftvollen Auseinandersetzung mit der Mondin im Zeitalter der Technologie. Die Männer sind persönlich zur Mondin geflogen.

Heutzutage sehen Frauen die Mondin kaum einmal an oder schenken ihr Aufmerksamkeit. Wir sind den Quellen unserer

Macht entfremdet und fern und darum haben wir menstruelle Krämpfe und das prämenstruelle Syndrom entwickelt. Wie alte Telefondrähte sind die lunaren Gezeiten, die uns einstmals soviel Weisheit und Erneuerungskraft verliehen hatten, jetzt, als würden sie einfach von den Masten hängen und von den Stürmen umhergepeitscht werden. Wir versuchen wieder die alten Verbindungen herzustellen, aber die Signale sind durcheinandergeraten.

Eins ist sicher: Was die Frauen mit ihren Körpern vollbrachten, befreite unsere Spezies von der niemals endenden Last der Aufzucht und trennte den Gedanken an Sex von der Fortpflanzung. Sex wurde zu einem eigenständigen kulturellen Faktor für Freude und Lust, Romantik und Liebesaffären. Die Schaffung des Lebens wurde eine Wahlmöglichkeit für Frauen, eine von Jahrtausenden gewonnene Wahlmöglichkeit. Immer noch versetzen unsere Körper das männliche Establishment in Wut. Noch nach so vielen Zeitaltern bekämpfen sie unsere Errungenschaft und versuchen die Uhr der Evolution zurückzudrehen. Sie versuchen Frauen wieder zu solaren Kreaturen zu machen, machen unsere Körper zum Schlachtfeld der Männer gegen die Frauen und wünschen sich die alten Zeiten zurück, in denen jeder sexuelle Kontakt als Ergebnis ein Kind zeitigte und jede Empfängnis eine Geburt bedeutete, als kein Weibchen jemals nein sagte. Letztendlich drücken sich die Naturgesetze durch die Frauenkörper aus, nicht durch Männerkörper. Kein männlicher Gott, kein windiger Priester, kein Oberster Richter kann etwas dagegen unternehmen. Wir alle, Männer wie Frauen, gehören zur Mondin.

Lunares Bewußtsein

Ich lade dich, liebe Leserin, ein, heute nacht an dein Fenster zu gehen und die Mondin zu suchen. Wo steht sie? Was tut sie? Ist sie neu? Nimmt sie zu? Ist sie voll oder im Abnehmen begriffen?

Schließe nun deine Augen und versuche, die Mondin in deinem Kopf zu sehen. Wie fühlt sich das an? Als Himmelskarte solltest du einen guten Mondkalender verwenden, der die verschiedenen

Phasen der Mondin und auch die astrologischen Zeichen, in denen sie jeweils auftreten, enthält. Wiederhole deine Beobachtungen der Mondin jede Nacht, oder so oft wie möglich. Betrachte die Mondin als die alte Verbündete, die sie auch tatsächlich ist. Sprich mit der Mondin in dir, wie du mit einer lieben Großmutter sprechen würdest.

Die Mondin regiert die Energien der Welt, die Anziehungskräfte aller Dinge, die Wasser enthalten. Vielleicht magst du versuchen, einige Mondgesetze zu befolgen. Zum Beispiel: Wenn du willst, daß dein Haar schnell und stark nachwächst, schneide es, während die Sichel der zunehmenden Mondin am Himmel zu sehen ist. Richte deine Aufmerksamkeit darauf, ob es wirklich einen Unterschied gibt. Wenn du umziehen mußt, so suche dir zur Neumondzeit einen neuen Platz zum Leben.

Geh tanzen, wenn die Vollmondin naht, egal ob es Wochenende ist oder nicht. Beobachte deinen Energiepegel. Es wird dir auffallen, daß du bis spät in die Nacht aktiv und nicht müde bist. Die Vollmondin taugt nur für Rituale, zum Lieben oder zum Tanzen. Wenn diese Energie unterdrückt wird, so gib acht auf den Straßen – es könnte Streit geben. Fahre auch vorsichtig, weil die Autofahrer ebenfalls unter dem Einfluß der Mondin stehen und deshalb verrückter als sonst sind.

Vollende die Dinge, die du zur Neumondin begonnen hast, bei abnehmender Mondin. Fang nichts Neues an, es würde sich zerschlagen. Schließe keine Verträge ab oder unterschreibe sie. Warte, bis die Energie der Neumondin da ist. Schneide bei abnehmender Mondin deine Zehennägel, und sie werden langsamer wachsen.

Wenn du das Gefühl hast, deine Zellen, dein Gewebe und deine Körperflüssigkeiten ein wenig auf die Mondin eingestimmt zu haben, dann errichte bei dir zu Hause einen Mondaltar. Der Altar der Mondin kann in deinem Schlafzimmer stehen – so wie bei mir oder in jedem Raum, den du als deinen persönlichen Bereich betrachtest.

Schaffe dir einen natürlichen Tisch mit einem weißen Tischtuch, silbernen Sachen, Meereswesen wie beispielsweise Muscheln, Bildern von der Mondin und Bildern von der Mondgöttin.

Laß immer Wasser in einer hübschen Schale auf deinem Altar stehen und in eine andere gib Salz. Besorge dir Silberkerzen und gebrauche sie als deine Meditationskerzen. Wie und in welcher Weise du deinen Mondaltar anordnest, liegt ganz bei dir. Er soll in deinen Augen schön sein und dich psychisch anregen, wenn du ihn betrachtest. Laß deinen Altar immer aufgebaut stehen, frische ihn täglich in deinen Gedanken und durch frische Blumen oder neuen Schmuck auf.

Beginne von nun an, deine Gefühle genauer zu beobachten. Deine Gefühle entsprechen deiner inneren Mondin. Die Gezeiten der eigenen Gefühle muß man respektieren, man muß sich ihnen zuwenden. Ob du dich zornig oder freudig fühlst, an welchem Ende des Gefühlsspektrums du auch gerade sein magst, entzünde die entsprechende Kerze oder sprich an deinem Mondaltar deine Affirmationen. Wenn du über Mondfeste anderer Völker liest, mache sie dir zu eigen. Es macht doch keinen Unterschied, an welchem Platz der Erde diese wunderbaren Feste überlebt haben. Es ist eine Welt, ein Planet, eine Mondin. Laß es deiner Aufmerksamkeit nicht entgehen, was dein Herz zu den verschiedenen Gebräuchen, die lunaren Feste zu feiern, sprich und merke dir diejenigen, die du bewegend findest. Spezielle Bräuche, um die Neue, die Volle und die Dunkle Mondin zu feiern, sind im Kapitel über den dreizehnten Umlauf der Mondin, der blauen Mondin, mit beschrieben.

Ein lunares Bewußtsein kann sehr rasch wachsen. Du wirst schon nach kurzer Zeit erkennen, um wieviel bewußter du dir dieses freundlichen Himmelskörpers über dir geworden bist. Ohne nachschauen zu müssen, wirst du allmählich wissen, in welcher Phase die Mondin gerade ist. Du wirst es an der Energie in deinem eigenen Körper merken. Du wirst sagen können: »Es ist abnehmende Mondin, lieber nicht allzu schwer arbeiten«, oder: »Es ist Neumondin, jetzt ist es Zeit für die Projekte, an die ich gedacht habe, als die Mondin im Abnehmen war.«

Die Mondin beeinflußt uns sogar, ohne daß unser Bewußtsein daran teilhaben würde. Während der zunehmenden Mondin blutet der Körper bei Operationen mehr, die Haut bricht eher auf. Warzen lassen sich bei abnehmender Mondin leicht beseitigen,

Wunden schließen sich leichter, Operationen verlaufen unblutiger. Mit unserem lunaren Bewußtsein bekommen wir vielleicht Zugang zu unseren tieferen Eingebungen, zu größerer Liebe und mehr Lebendigkeit. Durch unser Interesse an der Mondin lernen wir möglicherweise immer mehr über unsere Welt, über die unsichtbaren Gesetze der Natur, die Gesetze, die uns bis jetzt gelenkt haben.

Warum ist die Mondin so wichtig?

Alle Bereiche, in denen die Mondin für uns bedeutsam ist, zu erörtern würde mehrere Bände füllen. Beispielsweise: »Lunare Einflüsse in der Landwirtschaft«, oder auch: »Mond und Ernährung, eine Studie über lunare Einflüsse auf die Eßgewohnheiten«, oder: »Mondin und Empfängnis« – ein ganzes Bücherregal. Ich führe also nur einige Beispiele dafür an, wie sie auf uns einwirkt.

Die Mondin regiert die Zeit, zu der die Fruchtbarkeit eintritt durch die Göttin Mens, deren Name »der rechte Moment« bedeutet. Wenn man so darüber nachdenkt, hängt eigentlich alles von der Fruchtbarkeit ab. Nationen sind von der Fruchtbarkeit abhängig – ohne sie keine Staatsbürger, kein Handel, kein Geschäft. Auch Tiere müssen sich fortpflanzen, um die Art zu erhalten. Fruchtbarkeit bedeutet für jedwede lebendige Kreatur Frühstück, Mittagessen und Abendbrot. Wir essen Pflanzen, deren Fruchtbarkeit uns mit Nahrung versorgt, wir essen Tiere und Tiere wiederum fressen andere Tiere und so werden alle ernährt. Fruchtbarkeit ist gleichbedeutend mit Essen.

Die Mondin und die Frauen haben einen uralten Pakt miteinander. Wir beziehen unsere magischen Kräfte von der Mondin. Wir haben unser Wissen über die Landwirtschaft von der Mondin bezogen. Wir erschufen Kulturen, die sich um die Mondin drehten und Wohlstand. Wir haben die Mondin in unseren Körpern. Sechzig Prozent aller Geburten beginnen nachts, zur Zeit der Mondin, und vierundzwanzig Stunden vor der Vollmondin steigt die Geburtenrate in Kliniken dramatisch an. Wenn du nach alter Sitte im Mondschein einen Garten anlegst, wirst du feststellen, daß dein Garten schöner aussieht und alles ordentlich wächst. Die Ernte hält sich trocken, wenn du sie zur Vollmondin einfährst. Dein Haar wird schneller wachsen, wenn du es während zunehmender und langsamer, wenn du es während abnehmender Mondin schneidest.

So eng war in alten Zeiten unsere Verbindung mit der Mondin, daß jeder Schritt im Leben in Übereinstimmung mit der Mondin geplant wurde und alle wußten, wie sie gerade stand. Sie war wie die Medien heutzutage – allgegenwärtig, dominierend und meinungsbildend. Die Aktivitäten der Welt wurden durch die Mondin regiert und das funktionierte auch. Die Mondin war unser besonderer Wegweiser durch Ernte und Schönheitspflege, Kindermachen und Lustbarkeiten. Die Mondin war Zeugin unserer Romanzen, unserer ersten nächtlichen Aktivitäten, unseres Nachtlebens und unserer Träume.

Zugleich war die Mondin auch unser Untergang. Als wir es lernten, Nahrung nach der Mondin anzupflanzen, begannen wir zum erstenmal in der Geschichte mehr Nahrung als notwendig zu erzielen. Der Nahrungsüberschuß bedeutete, daß wir eine größere Bevölkerungszahl versorgen konnten und die Männer nicht mehr um des Überlebens willen jagen mußten. Es muß bei den Männern eine mächtige Unzufriedenheit hervorgerufen haben, daß ihre Hauptbeschäftigung sich von einer Lebensnotwendigkeit in einen nostalgischen Sport verwandelte. Das menschliche Männchen hatte sich als Mitversorger entwickelt und nun gab es auch ohne das Wild, das es heranschleppte, genügend zu essen.

Sein grundlegender Jagdinstinkt wurde in Kriegsführung (oder Handel) umgelenkt, weil der Nahrungsüberschuß auch längere Streifzüge vom Hauptlager weg möglich machte. Der Nahrungsüberschuß wurde zum Treibstoff für militärische Abenteuer, die sich immer weiter ausdehnten, bis die gesamte Gesellschaft umstrukturiert wurde, um sie zu unterstützen. Je erfolgreicher die lunare Landwirtschaft wurde, um so mehr wucherten die kriegerischen Kulturen. Die Nahrung war eher zum Erhalt der Armeen da als für die Bevölkerung. Heute erleben wir den gleichen Mißbrauch unserer Ressourcen, wo das Militär Milliarden für die Aufrüstung bekommt und Frauen, Kindern und alten Leuten ihr ohnehin mageres Auskommen gekürzt wird. Die zunehmende gegenseitige Feindseligkeit innerhalb der männlichen Bevölkerung war eine weitere Auswirkung des Übergangs vom solaren Östrus zur lunaren Menstruation. Denn da die weibliche sexuelle Verfügbarkeit jetzt ständig gegeben war, war der Wettkampf um die Frauen nun ein Dauerthema und drückte sich in der Aggression und der Gewalt von Mann gegen Mann (aber auch gegen die Frauen) aus.

Der Krieg diente bis zu einem gewissen Grad als grausame Abhilfe gegen eine andere Auswirkung der das ganze Jahr währenden Fruchtbarkeit – die Überbevölkerung. Aber während die Kriege Kinder in der Blüte ihres Lebens niedermähen, schickt die Abtreibung – der weibliche Weg der Geburtenkontrolle – ungeborene Seelen einfach zur Urmutter zurück, der alle Ungeborenen innewohnen. Einer der angenehmsten Wege der Natur, mit Überbevölkerung umzugehen, ist es, die Anzahl der Homosexuellen in der Gemeinschaft zu erhöhen. Statt Kinder zu zeugen, sorgen die Schwulen für die Unterstützung derjenigen in der Gemeinschaft, die schon Kinder haben. Die schwulen Onkel und lesbischen Tanten sind die legendären Verwandten, mit denen wir als Kinder so viel Spaß hatten und derer wir uns als Erwachsene erinnern. Ihre Produktivität wird in andere Gebiete gelenkt. Sie haben unsere Kultur mit hervorragenden Werken in der Kunst bereichert – Theater, Tanz, Musik und mehr. Sie sind die emotionalen und kulturellen Fürsorger der Bevölkerung. Es gibt jedoch noch eine andere mondbestimmte Art der Fruchtbarkeitskontrolle, nämlich durch das Wissen über Kräuter und die Mondin. Geburtenkontrolle mit Hilfe der Mondin ist ein Verfahren, das ich gerne weitergeben möchte.

Damit du astrologische Geburtenkontrolle ausüben kannst, ist es zunächst nötig, daß du herausfindest, in welchem Tierkreiszeichen die Mondin zur Zeit deiner Geburt stand. Dies ist Bestandteil jedes Geburtshoroskops, du kannst aber auch in *Natural Birth Control* von der Aquarian Research Foundation nachschlagen. Angenommen, du hast herausgefunden, daß du mit Mondin in der Waage im letzten Viertel der abnehmenden Mondin geboren bist – dann bist du bereits mit lunarem Wissen ausgerüstet.

Um diese Information nun auch zu nützen, vermeide dreieinhalb Tage vor bis einen halben Tag nach exakt der gleichen Mondphase jeden sexuellen Intimkontakt – und dies zusätzlich zur Anwendung der Rhythmusmethode, wo du fünf bis sieben Tage lang in der Mitte deines Zyklus abstinent bist. Es kann sein, daß diese beiden Zeitspannen zusammenfallen; das verkürzt die Zeit deiner Enthaltsamkeit. Eine Alternative zur Enthaltsamkeit ist die Verwendung von Verhütungsmitteln während dieser fruchtbaren lunaren Tage.

Nach Anna Kria, einer Astrologin aus Los Angeles, ist es nötig, daß der Geschlechtsverkehr vierundzwanzig Stunden vor der Geburts-Mondphase der jeweiligen Frau stattfindet, damit sie schwanger wird. Wenn du zehn Stunden vor oder zehn Stunden nach der Vollmondin geboren wurdest, solltest du es vermeiden, zu dieser Zeit schwanger zu werden. Kinder, die zu dieser Zeit empfangen werden, haben oft Geburtsfehler. Wenn du dir ein Mädchen wünschst, brauchst du noch mehr Informationen. Enthalte dich während der fruchtbaren Tage in deinem menstruellen Zyklus und versuche in den – wechselnden – Monaten, wo die Geburtsphase deiner Mondin in den weiblichen Zeichen, nämlich Stier, Krebs, Jungfrau, Skorpion, Steinbock oder Fische steht, zu empfangen. Eine Astrologin kann dir eine Übersicht dieser Zeiten zusammenstellen. Wenn du dir einen Buben wünschst, wähle deine Geburts-Mondphase in einem der männlichen Tierkreiszeichen.

Kräuter und Pflanzen und die Mondin

Hierbei handelt es sich um ein wirklich mächtiges Wissen, daher wurde es auch mit erheblichem Energieaufwand unterdrückt. Denk daran, daß Christen sechzehn Jahrhunderte lang Frauen, Männer, ja sogar Kinder verfolgt haben, deren einziges Verbrechen ihr Wissen war. Frauen wurden wegen ihres Wissens, wie man Kopfweh beseitigt, Fieber senkt, ein Kind entbindet, den Abort eines Fötus herbeiführt, nach grauenvollen Torturen getötet. Dieser Kampf wütet auch heute noch, nur daß wir heutzutage die Möglichkeit besitzen, unser Kräuterwissen aus der Vergangenheit wiederzuerwerben, und von zeitgenössischen Kräuterkundigen und Ärztinnen viele ausgezeichnete Bücher darüber verfaßt worden sind (siehe die Bibliographie).

Der Schlüssel zur Geburtenkontrolle mit Kräutern ist frühzeitiges Handeln. Geburtenkontrolle mit Kräutern ist für die Bewußten, nicht für Saumselige. Wenn du deinen menstruellen Zyklus nicht verfolgst und nicht weißt, wann du fällig bist, werden dir die Kräuter auch nicht viel nutzen. Aber wenn du aufmerksam bist und weißt, wann dein Eisprung ist, kann ein Tee mit Kräutern wie Poleiminze (Montardella odoratissima), Steckrübe oder Black und Blue Cohosh deine Blutung hervorrufen und eine unerwünschte Schwangerschaft verhindern.

Es sind machtvolle Kräuter. (Bei einem unserer Feste saßen wir alle einfach nackt auf lauter Poleiminzpflanzen, die den Erdboden überwucherten, und wir bekamen alle sofort unsere Periode!) Feiere deine Mondzeit einfach mit einer Tasse Tee, warte nicht, bis du schon im vierten Monat bist. Ich habe mir schon oft einen Demonstrationszug für das Recht auf Abtreibung vorgestellt, bei dem Millionen von Frauen Rasseln tragen, um auf den Rhythmus unseres heiligen Tanzes hinzuweisen und Kräuter, um die Macht der Natur zu zeigen, die kein Oberster Gerichtshof verbannen kann.

»Das lunare Bewußtsein wird dich frei machen!« sagte die Mondin zuletzt.

Es gibt eine alte Prophezeiung, nach der die Göttin sich schlafen legt und ihren Söhnen erlaubt, ihre Macht so lange an sich zu reißen, bis sie bei allem kläglich versagt haben. Sie sind mit Korruption und Kriegen, die nicht gewonnen werden können, geschlagen, mit einer schlechten Wirtschaft und mangelndem Glauben, ohne Zufriedenheit bei Reich und Arm; ihre Herzen sind leer, ihre Betten bar jeder Liebe. Laut dieser Geschichte wird die Menschheit in ihrer Qual die Götter um Rettung anflehen. Dann wird die Göttin durch ihre Frauen erwachen und ihren Plan enthüllen, den die Frauen dann für sie in die Tat umsetzen.

Auf Kriege wird dann kein Wert mehr gelegt – das ist alter, solarer Primatenkram. Die Männer haben ihre Lektion gelernt. Auch sie werden das Glück wählen, Wohlstand, die Künste und die Frauen, anstatt für nichts und wieder nichts, für ihren Stolz zu sterben. Die Militärmaschinerie wird knirschend zum Stillstand kommen. Die Männer werden froh sein, daß sie rehabilitiert sind und dem Leben dienen können statt dem Tod. An diesem Punkt wird die Mondin wieder beide Geschlechter einladen, an der neuen Menschheit teilzuhaben. In dieser – nicht allzu fernen – Zukunft werden Männer und Frauen nicht länger das Gefühl haben, verschiedenen Gattungen anzugehören. Und der Kampf der Geschlechter wird endlich vorüber sein.

Erster Mondzyklus

Zeit: *Dezember – Januar*
Tierkreiszeichen: *Steinbock*
Mondpflanze: *Holunder*
Mondtier: *Spinne*

Kalte Mondin

Mondsicht

Die Kalte Mondin des Steinbocks gleitet über den südlichen Himmel. Auf Felder, die weiß von Schnee sind oder kahle und braune, scheint ihr reines Licht, auf Gewässer, die sich vor Kälte nur langsam bewegen oder sich unter einer Eisdecke verstecken. Die Geheimnisse der Winterzeit sind wohl gehütet, aber die Kalte Mondin kennt sie alle. Diese Starre ist nicht der Tod, sondern der Schlaf, in dem die Welt sich selbst in der Erwartung des Frühlings erneuert. Die Kalte Mondin weiß, wo jedes geheime Samenkorn schlummert. Darin besteht ihre Weisheit.

Die Göttin spricht

Frau Holle

Es war einmal, da lebte in einem Wald in Deutschland, weitab von allen Dörfern, eine alte Frau, die hieß Frau Holle. Sie war immer in Schwarz gekleidet, weil sie eine Witwe und das so Sitte war. Sie lebte alleine und hatte Tiere zur Dienerschaft. Die Leute sagten, daß die Katze ihr Haus putzte und der Hund für sie jagte, damit sie zu essen hatte. Sogar im tiefsten Winter grünte ihr Garten. Die Luft duftete nach ihrem frischen Backwerk und das Auge konnte sich an den wunderschönen Stoffen, die sie auf ihrem Webstuhl gewoben hatte, erfreuen. Die Dörfler verstanden sie nicht, aber respektierten sie und akzeptierten die Tatsache, daß sie ungewöhnlich war.

Der Priester sagte, sie sei eine Hexe und erlaubte ihr nicht, die Kirche zu betreten. Frau Holle kümmerte das nicht. Sie pflegte zu sagen: »Gott ist ohnehin nicht in diesem Gebäude.« Gott lebt in den Bäumen des Waldes und in den heiligen Pilzen, die sie zu sich nahm, wenn sie Nachtwache wegen einer Heilzeremonie hielt.

Bei Tageslicht mieden sie die Leute, aber im Schutze der tiefen Dunkelheit kamen die Menschen von nah und fern, um sie aufzusuchen. Sogar der Priester der neuen Religion schickte seine Haushälterin um Medizin für seine wunden Gelenke. Die Hebammen kamen um Kräuter zu ihr, die die Schmerzen der Wehen lindern und hilfreich sein sollten, die Nachgeburt herauszutreiben. Junge Mädchen suchten sie wegen Liebestränken auf und junge Burschen erbaten Kräuter, die ihre Lebenskraft stärken sollten. Für alle Übel kannte sie ein Heilmittel.

Nach einiger Zeit verschwand Frau Holle. Aber die Leute munkelten, daß sie nicht wirklich gestorben sei. Sie ritt auf den Flügeln des Windes und schüttelte Federn aus Schneeflocken aus. Man hörte sie auf den Giebeln der Dächer singen und nachts kitzelte sie so zum Spaß die Zehen der Schläfer. Manche sagen, daß sie das noch heute tut.

Frau Holle spricht

In den stillen Quellwässern und den kalten Tiefen der Seen kannst du mich finden. Komm, spring hinein und sieh selbst! Du wirst nicht sterben. Der tiefe, kühle Brunnen, der dein Gesicht wie ein Spiegel zurückwirft, wird dir den Weg zu meinem Haus weisen. Wenn du es wagst, mir in die Tiefen der Erde hinein zu folgen, wirst du trotz der Kälte der Welt dort Sonnenschein finden. Meine Öfen, die wie Schöße geformt sind, backen frisches Brot, machen neue Körper für die Seelen. Wunderbare Früchte tragen meine Apfelbäume. Die Lebenskraft meiner Fülle ist dein, wenn du sie erntest. Ich arbeite schwer, um meinen Kindern Glück zu schenken.

Wenn du für mich arbeitest, um meine Aufgaben zu erfüllen, und die Verantwortung, die ich dir bringe, annimmst, wenn du die frischen Brote den heißen Öfen entnimmst und die Äpfel von meinen Bäumen pflückst, so nimm die Macht an, die ich dir schenke; als meine Gehilfin werde ich dich einstellen. Wenn du meine Polster ausschüttelst, werden die fliegenden Federn die Erde mit weißem Schnee bekleiden. Wenn du meine heiligen Pflanzen gießt, wird das den segenspendenden Regen erschaffen, der nötig ist, um das Leben in der Oberwelt zu erhalten.

Siehe, ich bin ganz Arbeit. Ich bin alles Emsige, alles Nützliche.

Zur Vollmondin werde ich kommen und dein Lebenswerk betrachten. Was hast du aus den feinen Fäden, die ich dir gegeben habe, gewoben? Im Licht der Vollmondin werde ich deine Beziehungen untersuchen und was du erreicht hast. Ich werde mich in deinem Haus umsehen, wie aufgeräumt es ist und wie ordentlich dein Webstuhl. Finde ich dein Werk in anregender Ordnung vor, so werde ich dir Gold bringen, weil meine Schritte sich in Gold verwandeln und alles, was meine Fingerspitzen berühren, wird zu Silber. Wenn dein Leben ein einziges Durcheinander ist, wenn ich vorbeikomme, bringe ich es vielleicht sogar noch mehr in Unordnung, nur um dich aus deinen alten Bahnen zu werfen.

Die strebsame, gewissenhafte Mutter bin ich, die Mutter, die arbeitet und deine Hilfe braucht. Meine Sphären sind die tiefen Wasser in der Erde, die tiefen, unbewußten Räume in deiner Seele und die hohen Berge auf Erden. Alle magischen Geschöpfe gehorchen mir, aber die Wassernymphen sind meine Lieblingstöchter. Ich bin diejenige, die dir deine eigenen Gefühle zeigen, dich den Ergebnissen gegenüberstellen und dich belohnen oder bestrafen kann.

Ich bin die Feengroßmutter, meine heilige Pflanze ist der weiße Holler, der Holunder, der vom Frühling bis in den Herbst hinein blüht. Damit heile ich von aller Krankheit; das ist mein magischer Stab. Durch harte Arbeit kannst du mich finden, durch harte Arbeit nehme ich Gestalt an für dich und belohne dich. Frau Holle flößt dir große Mengen an schöpferischer Energie ein, den Ehrgeiz, dir weitere Fertigkeiten und Informationen zu erwerben. Ich verleihe dir die Fähigkeit, spirituelle Werte in die praktische Anwendung umzusetzen und dein eigenes Leben und das deiner Gemeinschaft zu schützen und zu erhalten. Auch in späteren Jahren noch schenke ich dir Jugendlichkeit und die Neugier, neue Ideen und Handlungsweisen zu entdecken und anzuwenden.

Meine Äpfel zu pflegen sei eine so bescheidene Aufgabe, sagst du. Aber meine Äpfel sind deine Sexualität, deine Fruchtbarkeit, deine Erhaltung. Mein Ofen ist der Kessel der Schöpfung, in dem neue Formen Leben annehmen. Meine Polster zu schütteln, ruft die Jahreszeit des Wandels herbei; deine Mithilfe bedeutet, daß du an der göttlichen Schöpfung teilhast.

Bereichert und gereift durch meine Gaben wirst du sein, wenn ich dich in deine eigene, die Oberwelt, entlasse. Der heilige weiße Holunder wird dich an meine Gegenwart erinnern. Sei jetzt freundlich zu den alten und bedürftigen Menschen, es könnte sein, daß ich darunter bin, verkleidet, um dich herauszufinden.

Botschaft im Steinbock

Leute, die zu dieser Jahreszeit geboren sind, sind mit einer enormen schöpferischen Energie, Ausdauer und Hingabe gesegnet. Manche meinen auch, dies sei eine ehrgeizige Mondin. Sie besitzen aber nicht nur Ehrgeiz, sondern auch Organisationstalent, das sie zu ausgezeichneten Beamten und politischen Führern machen kann. Uns alle lehrt die Mondin im Steinbock zu schaffen, zu formen und unsere Energien in greifbare Ergebnisse umzusetzen. Ausdauer ist die Fähigkeit, die man hier erlernen kann, dynamische Anstrengung ist jetzt gefragt, dein Hauptaugenmerk gilt der Erhaltung deiner selbst und deiner Lieben.

Jetzt, wo es draußen kalt ist, ist die Zeit, um dich in der Küche zu beschäftigen, Tinkturen und Salben und Kräuterauszüge herzustellen und Essen zu konservieren, beispielsweise das saftige Kraut, das voller Vitamin C ist und so gut den Winter über hält. Pflanze deine Wintergemüse und Winterkräuter, Winterspinat und Lauch während der abnehmenden Mondin in deinem Glashaus an. Die Feiertage sind vorbei, nun ist es Zeit, sich wieder an die Arbeit zu machen. Holz sollte jetzt gelagert und kleingemacht werden, aber schneide deine Haare nicht während der Steinbockmondin, sonst wird es bald grau – außer du ziehst weißes Haar vor, so wie ich.

Mondgezeiten

Freude

Die Freude besucht uns wie ein entfernter Verwandter. Wir wissen, daß wir zusammengehören, vom gleichen Stammbaum kommen – und doch sehen wir einander niemals oft genug.

»Du solltest öfter vorbeikommen!« rufen wir. »Komm doch jede Woche! Komm jeden Tag!«

Die Gesellschaft versieht nicht die Freude mit einem Glorienschein, sondern das Drama. Die Nachrichten, daß irgendeine Mutter einfach einen tollen Tag erlebt hat, oder daß sich jemand im Büro krumm und schief gelacht hat, hören wir nicht. Schwer zu sagen, wie oft die Freude eigentlich unsere Freundinnen besucht. Sie erzählen es uns bestimmt, wenn etwas schiefgegangen ist, aber wenn etwas klappt, sagen sie bloß: »Alles in Ordnung.«

Von der Freude hören wir einfach nicht genug. Freude ist der natürliche Seinszustand der lunaren Primaten. Es macht Freude, morgens aufzustehen, den Anfang des Tages mit dem Geliebten, den Kindern, dem Ehemann, mit Tieren zu verbringen und das Frühstück miteinander zu teilen. Es macht Freude, die Menschen unserer Umgebung zu treffen, unsere Pflichten zu erfüllen. Es sollte uns eine Freude sein, eine sinnvolle Arbeit zu haben, nach des Tages Mühen müde zu sein, nach Hause zu kommen, Freundinnen etwas zu erzählen, sich zu entspannen, auszuruhen und zu schlafen. Eigentlich ist die Freude immer da, wenn du dich einfach gut fühlst. Wenn du nicht im Gefängnis, im Krieg oder krank bist und du genug zu essen hast, müßtest du dich doch eigentlich freuen.

Schau dir dein Leben an und achte besonders auf die Freude. Was ist gut in deinem Leben? Schreib es auf ein Blatt Papier. Halte es dir vor die Nase. Wenn die Freude offensichtlich ist, so denke auch darüber nach, woher dieses Gefühl kommt und sieh zu, daß du es dir so lange wie möglich erhältst. Du kannst die Freude an deinem inneren Glühen bemerken. Du hüpfst vielleicht nicht gerade auf und ab und kreischst vor lauter Freude, aber du magst dich vielleicht danach fühlen. Drücke deine Freude so oft wie möglich aus – das wird sie noch vertiefen. Du kannst es sogar ruhig wagen, zu sagen: »Heute bin ich so glücklich!« Sei nicht abergläubisch. Die Schicksalsgöttinnen werden dich schon nicht dafür bestrafen, daß du dir Ausdruck verleihst. Füge einfach um der Mäßigung willen hinzu: »Dank sei den guten Göttinnen des Schicksals!« Solange du diesen ehrwürdigen, alten Weibern Dank zollst, kannst du alles sagen.

Die Freude guckt dich aus der ganzen Welt der Natur um dich herum an. Die Freude verlockt dich zum Forschen und zum Abenteuer. Die Freude macht dein soziales Leben interessant. Die Menschen lieben es, sich im Gefolge von anderen aufzuhalten, die wissen, wie man glücklich ist. Die Freude ist so anstekkend wie das Gähnen. Die Freude kann sich ausbreiten und viele Herzen mehr als das eine, von dem sie ihren Ausgang nahm, mit einschließen. Freude ist eine gute Medizin.

Blumen sind mit dem Gefühl von Freude verbunden. Kaufe also

Blumen, ziehe Blumen in deiner Umgebung. Blumen wissen wirklich in ihrem Dasein zu schwelgen. Sogar im Tod sind sie wunderschön. Sie zeigen uns, daß der ganze Weg von der Knospe bis zum Verwelken voll Freude ist. Blumen vertreiben die Angst und lassen dich an Feen und weite, offene Räume denken.

Mondzauber

Wie man mehr Freude herbeiruft

Magie, um mehr Freude in sein Leben zu rufen, sollte man während der zunehmenden Mondin wirken. Besorge dir Blumen und drei kirschrote Kerzen und schmücke mit ihnen deinen Altar. Wenn du an diesem Abend die Mondin erspäht hast, so entzünde deine drei Kerzen und weihe sie den Nornen. Freude ist zu einem großen Teil ihre Domäne. Sprich:

> *Rot ist mein Blut und rot ist mein Lachen,*
> *rot ist die Farbe des Lebens, der Liebe.*
> *Gütige, uralte Damen, webend an tiefdunklen Orten –*
> *segnet mit Freude mich*
> *und auch mit Glück!*

Führe diese Ehrung der Schicksalsgöttinnen an drei aufeinanderfolgenden Nächten durch und laß die Kerzen in jeder Nacht ein wenig brennen. Laß deine Kerzen in der letzten Nacht ganz herunterbrennen. Als Räucherwerk kannst du rote Nelken benutzen. Sobald der Zauber vollbracht ist, überlasse ihn den Mächten des Schicksals, indem du ein bißchen vom heruntergetropften Wachs, getrocknete Blumen und Asche vom Räucherwerk in ein lebendes Gewässer wirfst, dich umdrehst und nicht zurücksiehst.

Wie man Anspannung auflöst

Ich war in Kanada und spazierte mit einer Freundin durch die unberührten Wälder. Wir stiegen über frisches, grünes Moos, auf einem ursprünglichen Eiland. Ich konnte mir keinen ruhigeren Platz auf Erden als diesen vorstellen. Aber während wir so gingen, erzählte sie mir folgendes:

»Es ist ein komisches Gefühl, hier im Wald einfach spazierenzugehen. Ich habe nur Zeit, um hier mit meinen Freundinnen zu joggen. Ich habe so wenig Zeit, daß ich meine Ausflüge hierher mit meinem Training verbinden muß.«

Diese junge Frau war hier, mitten in den Wäldern, voll im Streß! Kannst du dir vorstellen, wieviel mehr Streß die Leute haben, die in einer Stadt wohnen. Streß ist in Wirklichkeit ein geistiger Zustand. Ich behandle ihn als eine der Mondgezeiten, als Gefühl, weil wir ihn mit unserem Gehirn erzeugen, ihn aber am ganzen Körper erfahren. Streß ist eine Krankheit des zwanzigsten Jahrhunderts. Leider kann er alle möglichen anderen Probleme mit sich bringen, zum Beispiel eine kurze, flache Atmung, hohen Blutdruck, hastiges Schlingen, Vernachlässigung unseres Selbst. Auf lange Sicht kann er zu wirklich ernsten Störungen wie Herzinfarkten, Schlaganfällen und organischen Fehlfunktionen führen.

Um also deinen eigenen Verstand (dem die Gesundheit entspringt) zu überprüfen — schreib deine vordringlichen Anliegen zusammen und stelle sie der streßverursachenden Überlastung gegenüber. Warum mußt du überhaupt so viel mehr erreichen? Warum mußt du rennen und wetteifern? Wer hat dir gesagt, daß du dein eigenes Leben nur am Wochenende leben darfst! Wer zwingt dich zu einem streßbringenden Verhalten? Vielleicht magst du das mit deinen Freundinnen oder einem Therapeuten diskutieren, um deine selbst auferlegten Regeln, deine Erwartungen an dich selbst besser handhaben zu lernen.

Suche nach einem Kraut namens Totenkopfkäppchen (Gesundheitsläden führen es) und nimm zwei oder drei Kapseln täglich, um dich ruhiger werden zu lassen. Meide Kaffee und andere Aufputschmittel. Geh schwimmen, laufen oder spazieren und geh raus in die Natur, aber ohne daß du irgend etwas dabei erreichen müßtest. Entzünde hellblaue Kerzen, eine Farbe, die entspannt, trage blaue Kleidung, schaue viel in den blauen Himmel. Wenn du deine Kerzen entzündest, verbrenne auch etwas Räucherwerk mit einem Duft, der dich an ein langsameres Tempo erinnert, beispielsweise Sandelholz oder Rose. Atme tief durch und sprich, während du sie entzündest:

Die Friedensstifterin im Universum bin ich.
Mein höchstes Gut ist, mein Leben voll zu leben.
Nicht haste ich noch begrabe ich den Augenblick –
die Friedensstifterin im Universum bin ich.

Vollziehe dieses Ritual zweimal täglich, wenn du körperliche Übungen machst und bevor du schlafen gehst, um die Botschaft deinem Unterbewußtsein einzuprägen.

Mondfeste

Lunare Festtage werden gefeiert, wenn der Himmelskörper neu, zunehmend, voll, abnehmend oder dunkel ist. Daher gibt es kein fixes Datum, das mit den Festen verbunden wäre.

Neumondin (in einem beliebigen Monat) – Litauen
In den Volksliedern der Litauer ist die Sonne weiblich, der Mond dagegen männlich. Man glaubt, daß die Erde ihre Tochter sei. Zahlreiche Gebete werden in der litauischen Volkstradition an Unsere Liebe Göttin und den Lieben Gott gerichtet. Die jungen Männer und Frauen verbeugen sich dreimal vor der Neumondin und beten um eine gute Gesundheit und um Glück.

Mond, Mond, liebster Mond, heller kleiner Himmelsgott,
du mußt werden rund – und ich bleib' gesund.

Neumondin (in einem beliebigen Monat) – Jüdisch

Den Frauen wurde die Neumondin gegeben, um sich selbst zu feiern, sich zu entspannen und einander zu besuchen. Die Neumondin ist das Göttlich-Weibliche, die Shekinah.

Neujahr, Neumondin – China

Der alte lunare Kalender Chinas legt den Anfang des neuen Jahres auf den ersten Tag der Neumondin, wenn die Sonne in den Wassermann geht. In San Francisco wird dieser Tag immer mit großartigen Umzügen gefeiert. Die ganze Stadt rückt aus, Mädchenbands spielen und die Knaben machen Athletikshows. Es wird auf alten Instrumenten musiziert, und auf den Festwagen kann man phantasievolle Tänze, Redner und Stadträte sehen. Ich liebe diesen Feiertag, weil er manchmal auf meinen Geburtstag fällt und ich dann behaupten kann, daß das alles wegen mir stattfindet. Am Neujahrstag zahlen die Chinesen ihre Schulden, treiben ihre ein und bringen die Buchhaltung in Ordnung.

Es ist eine wundervolle Feier, aber du mußt nicht unbedingt nach San Francisco kommen, um einige der Bräuche zu vollziehen. Entzünde weiße Kerzen und streue Salz auf sie, damit sie knistern. Das ist Futter für die Feuergeister. Wenn du übers Feuer springst, kannst du böse Einflüsse bannen und dein Glück erneuern. Feuerknallbonbons schlagen die bösen Geister in die Flucht und schaffen freie Bahn für das Neue. Am Neujahrstag beten wir zum Himmel und zur Erde und bieten als Opfergaben zehn Schüsselchen mit verschiedenen Gemüsesorten und zehn Schüsselchen mit verschiedenen Arten Fleisch dar (weil die Zehn die Zahl der Vollkommenheit ist). Darauf folgt ein Fest, bei dem der Ahnen gedacht wird.

Blumen, die die vier Jahreszeiten repräsentieren, gehören auch zur Dekoration. Die Orchidee steht für den Frühling, die Lotosblüte für den Sommer, die Olea Fragrans für den Herbst und die Mandelblüte für den Winter. Glückverheißend ist es, den Geistern Orangen zu opfern, Wacholder steht für »Ehre« und Ausdauer. Du mußt keineswegs Chinesin sein, um das lunare Neujahr zu feiern.

Chang-Mu oder Chang-O
Göttin der Schlafkammer, Hüterin der Kinder, Hebamme
Dreizehnter Tag, Vollmondin im Januar – China

Chang-Mu, die Gerissene, lebte einstmals als Frau auf Erden und war mit einem Bogenschützen verheiratet. Die Götter gaben ihm den Vorzug und reichten ihm den Trank der Unsterblichkeit. Aber Chang-Mu schnappte ihm den Trank unter der Nase weg und verleibte sich das magische Gebräu selbst ein. Die hatte vielleicht Nerven! Also wurde Chang-Mu unsterblich. Sie floh zur Mondin, und der Mondhase gewährte ihr Schutz. Als die Mondgöttin der Chinesen ist sie in allen Angelegenheiten wichtig, aber vor allem in Belangen der Fruchtbarkeit. In den Schlafgemächern hat sie Macht über die Romantik und das Liebemachen. Ihre andere Erscheinungsform ist die Kröte als Symbol der Empfängnis. Bete zu ihr, damit du mit Frieden, Freude, neuer Lebenskraft und mit der Lust, die unmittelbare Erkenntnis an-zu-greifen, gesegnet sein mögest.

Wallfahrt zum Gott des Wohlstands
Neumondin (zweiter Tag) im Januar – China

Der Tag der Pilgerreise zum Schrein des Ts'ai Shen, dem Gott des Wohlstands. Wenn es um Geld und Wohlstand im allgemeinen geht, kommen Menschen jeder Gesellschaftsschicht hierher, um dem Wohlhabenden zu huldigen. Die Ikonographie von Ts'ai Shen enthält eine erstaunliche Anzahl von Mondgöttinnenphasen, also vermute ich, daß Er einstens Sie war. Nun wird die wohlstandserzeugende Büchse, aus der alle guten Dinge stammen und die niemals leer wird, in Zusammenhang mit ihm angebetet. Die Geister der Eintracht (Ho Ho Er Hsien) leisten der Büchse Gesellschaft, die guten Geister der Verständigung und des guten Willens. Aber eine weitere Abbildung zeigt einen dreibeinigen Frosch – das Symbol der Mondgöttin reduziert um ein Bein. Was ist da geschehen? Könnte es die Zahl der Dreieinigkeit sein, die sich in der Anzahl der Froschschenkel ausdrückt?

In der Anbetung von Ts'ai Shen ist die Fledermaus, die sich in tiefen, dunklen Höhlen aufhält, zu einem Glückssymbol geworden. Andere Symbole seiner Verehrung beinhalten Kinder, Münzen und Gußformen. Das ist sicherlich die Mutter.

Gib einige dieser Symbole auf deinen Altar, wenn du um Wohlstand betest; wenn möglich entzünde Laternen oder Kerzen. Die Neumondin ist die Zeit des Neubeginns. Bete und meditiere über deine Finanzen. Du kannst ebensogut dein eigenes Geld auf den Altar legen. Träufle deine Lieblingsessenzen auf die Münzen und bitte sie ganz lieb, zu dir zurückzukommen und auch ihre Verwandten mitzubringen.

Laternenfest
Vollmondin des ersten Monats (Januar) – China

Es handelt sich hier um ein chinesisches Fest, das jedes Jahr vom dreizehnten bis zum fünfzehnten Tag der ersten Mondin gefeiert wird. Überall werden Laternen aufgehängt, an Türen, Veranden, in Hinterhöfen und sogar bei den Gräbern der Vorfahren. Die Laternen sind bunt und haben alle möglichen Formen, von extravagant bis einfach. Es gibt Feuerwerke zur Unterhaltung, man ißt Mondkekse und auf eigens dafür eröffneten Märkten verkaufen Händler ihre Mondwaren an die Gläubigen.

Das Neue Jahr
Neumondin des ersten Monats (Januar) – Japan

Der Neujahrstag ist sowohl in Japan als auch in China zugleich der Geburtstag von allen (außer Kindern unter sechzehn Jahren). Für diesen Tag gibt es besondere Speisen. Die Japaner opfern der Mondin einen »weiblichen« Kuchen und der Sonne einen »männlichen«. An den Hausaltären opfern die Leute ungesäuerte Kuchen aus klebrigem gestampftem Reis. Diese »Spiegelkuchen« stehen für das männliche und das weibliche Prinzip, also für Sonne und Mond. Sie werden zu einer flachen Scheibe geformt. Im japanischen Blumenkalender werden die Pflaume, der Bambus und die Pinie der Neujahrszeit zugeordnet, die vom ersten bis zum siebenten (oder auch fünfzehnten) Januar dauert.

»Der Pflaumenbaum ist auserwählt, das neue Jahr zu verkünden, weil er von allen blühenden Bäumen als erster blüht. Die Gefährtin des Pflaumenbaumes ist in der japanischen Volkstradition die Nachtigall, die in Japan als fröhlicher Vogel und Vorbotin des Frühlings angesehen wird.« (F & W, 875). Takarabune ist der Name des Schatzschiffes, das die sieben Glücksgötter Japans in sich trägt und am Neujahrsabend im Hafen einläuft. Glückliche Träume sind einem sicher, wenn man ein Bild des Schatzschiffes an diesem Tag unter sein Kopfkissen legt. Es gibt sieben Glücksgötter oder Shichi Fukujin, nämlich eine Frau und sechs Männer. Die Frau ist Benten, die Matrone der Musik, der Schönheit, der Rhetorik und der schönen Künste. Sie schenkt auch den Wohlstand. Wozu dann die sechs Männer, fragst du vielleicht. Alles Wichtige kommt ohnehin schon von ihr.

Pongal, zunehmende Mondin
Fünfter Tag von Maugha – Indien
Dieses Fest wird am fünften Tag der zunehmenden Mondhälfte gefeiert; es ist ein Vorfrühlingsfest, das man mit dem Beginn von Makara, dem Zeichen Steinbock, und zugleich mit dem indischen Jahresanfang in Zusammenhang bringt. Verehrung wird Jagaddhatri, der Göttin des Frühlings, Rati, der Frau des Liebesgottes Kama und Lakshmi, der Göttin von Wohlstand und Reichtum, gezollt.

Man singt das Frühlingslied, *Vasant Rag*, die Menschen tragen safranfarbene und gelbe Kleidung und die Kühe werden geschmückt. Die Menschen baden an dem heiligen Zusammenfluß von Jumna und Ganges und dort, wo sich der Ganges ins Meer ergießt. In Allahabad ist einen Monat lang Jahrmarkt. In Südindien wird das Fest nach dem in Milch gekochten Reis, der in neuen Töpfen für das Fest zubereitet wird, Pongal genannt.

Lesser Dionysia und Haloa-Fest, Poseidon
Neumondin – Antikes Griechenland
Im Mittelmeerraum sind zwei Ernten pro Jahr möglich. Zur Neumondin nach der Wintersonnenwende feierte man die erste Verkostung des heurigen Weines, vor allem in den ländlichen Gegenden, wo Weinbau betrieben wurde, sowie das Haloa, das Fest der eingebrachten Ernte, das Fest des Dreschbodens, das man zu Ehren von Demeter und Persephone abhielt.

Danke zu dieser Zeit für alles, was die Winterzeit dir gebracht hat (vor allem für die unmittelbar vorangegangenen Festtage). Laß drei Kerzen, auf die du dreimal deinen Namen geschrieben hast, zum Dank für kommenden und bereits erhaltenen Segen brennen.

Strenia – Kalenden des Januarius
Neumondin – Antikes Rom

Die erste Neumondin nach der Wintersonnenwende, der Beginn des römischen neuen Jahres, war das Datum, an dem die neuen Konsuln ihr Amt übernahmen. Man überreichte ihnen dabei Geschenke, die man Strenae nannte, um Wohlstand während ihrer Amtszeit herabzubeschwören. Die Gaben waren nach der Göttin Strenia benannt, weil man Zweige aus ihrem heiligen Hain zur Feier des neuen Jahres in einer Prozession die Via Sacra hinuntertrug.

Betrachte diesen Tag als Tag der Inauguration. Sogar in einem Jahr ohne Präsidentschaftswahl gibt es immer neu in ihr Amt eingesetzte gewählte Staatsdiener. Laß eine blaue Kerze vor der Staatsflagge oder einem Bild der neuen Amtsträger brennen und bitte die Göttin, sie zu inspirieren, auf daß sie ihr Amt mit Effizienz, voll Mitgefühl und Ehrlichkeit bekleiden. Tu etwas für diejenigen Anliegen, von denen du selbst gerne hättest, daß deine Regierung sie unterstützt – spende beispielsweise für eine Umweltorganisation.

Mondgeschichte

*Die Göttinnenbewegung
in Ost und West*

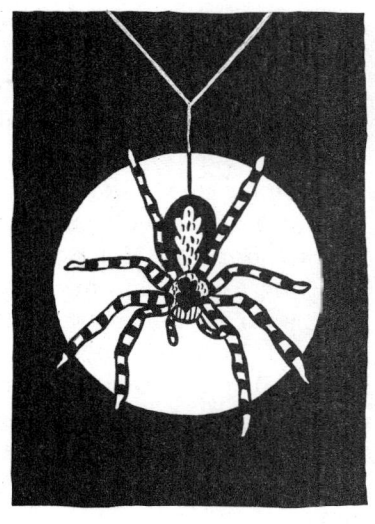

Wir sitzen gerade im Wohnzimmer meiner Tante Ilona irgendwo auf einem Hügel im Weinbaugebiet von Pomaz, außerhalb von Budapest. Die Neumondin ist gegen die Berge und die weitentfernte Stadt hin sichtbar. Jetzt, wo sie pensioniert sind, leben meine Tante und ihr Mann Jenő die meiste Zeit über hier – ein Luxus, den man unter dem alten Regime nicht kannte.

Meine Geliebte, Baker, reist mit mir. Sie spricht zwar kein Ungarisch, ist aber Therapeutin. Sie ist von der Idee überzeugt, daß sie die Leute durch reine Beobachtung studieren kann. Wenn sie ihre Körpersprache und ihre Stimmen versteht, ist die Sprache zweitrangig. Ich bin ein wenig besorgt, daß sie vielleicht von der Unterhaltung ausgeschlossen sein könnte. Ich kann nicht zugleich mit meiner Familie Schritt halten und übersetzen.

Wie es scheint, gehört jeder in meiner Familie zu einer anderen politischen Partei. Jetzt, wo wir die Freiheit haben, wählen wir auch, wo wir hingehören und dann diskutieren wir darüber.

Onkel Jenő gehört der konservativen demokratischen Partei, dem Demokratischen Forum, an (den amerikanischen Republikanern ähnlich). Ihr Konzept hat gewonnen (durch Schmiergeldkampagnen, die ihnen die republikanischen Delegierten der USA beigebracht haben, wie mein Bruder sagt) – bei den ersten freien

Wahlen seit vierzig Jahren. Die Konservativen sprechen die »alte Garde« an, sie erinnern sich der alten Wunden. Sie wollen das Land an die ursprünglichen Eigentümer zurückgeben, sie wollen die »bösen Buben« des ehemaligen Regimes bestrafen.

Mein Bruder Imre gehört den Freien Demokraten an (mehr wie die Demokraten in den USA). Ihr Parteiprogramm ist moderner. Sie sagen: »Wir wollen uns Westeuropa anschließen, alles öffnen und lernen, reelle Handelsbeziehungen mit der Welt aufzubauen. Die jungen Leute mögen diese Partei, weil sie zukunftsorientiert ist. Sie wollen keinen Rückfall in die alten Zeiten.

Meine Tante Ilona gehört zu den Jungen Demokraten (weil sie Kinder liebt und selbst viele gehabt hat). Deren Programm konzentriert sich ausschließlich auf die Zukunft, die Erziehung und die Kinder. Ihre Partei hat auch keine Macht. Sie argumentieren folgendermaßen: Wenn die Konservativen den alten Landeigentümern und auch der Kirche ihr Land zurückgeben wollen, wie weit müssen sie dann zurückgehen, um alle Eigentumsrechte wiederherzustellen? Wie weit zurückreichend ist »zurück«? Bis vor den Ersten Weltkrieg? Bis vor den Zweiten?

Mein kleiner Bruder, jetzt an die Dreißig, wie ist er gewachsen! Ich betrachte sein leidenschaftliches Gesicht, während er mit seinem Lieblingsonkel diskutiert. Er ist sehnig und trägt sein schwarzes Haar, das nur von ein paar weißen Strähnen durchzogen ist, schulterlang, in der Art, wie die Ungarn es auf historischen Bildern zu tragen pflegten.

»Du kannst das Rad der Geschichte nicht zurückdrehen und das, was geschehen ist, ungeschehen machen!« argumentiert er mit blitzenden, blauen Augen. »Würdest du meiner Schwester das Land zurückgeben, die von ihrem Vater ein Mietshaus geerbt hat, aber in Kalifornien lebt?«

»Natürlich nicht!« murmelte Jenő.

Ich habe von diesem Haus bisher nichts gewußt. Was für ein Mietshaus? Wo? Aber es ist bereits zu spät für meinen neuentdeckten Reichtum; sie hetzen weiter.

Noch ein Onkel stößt zu uns. Er ist gerade mit seiner Frau angekommen. Sein Name ist Bandi und seine Frau heißt Kata. Bandi ist der Älteste im Kreis und nimmt seinen Platz mit der

Würde eines Stammesältesten ein. Ich rieche seine Fahne. Er hat schon getrunken und es ist erst Morgen.

»Alles muß den ursprünglichen Eigentümern zurückgegeben werden«, verkündet er, »vor allem das, was der Kirche gehört.«

»Warum der Kirche und warum vor allem?« frage ich.

»Weil es Gott ist!« sagt er voller Überzeugung.

»Gott braucht kein Eigentum in Ungarn!« schieße ich zurück.

»Ich war sieben Jahre in Recsk«, sagt er düster zu mir. Seiner Feststellung folgt ein bedeutungsschweres Schweigen.

Ich verstehe nicht.

Meine Tante Ilona dreht sich mir zu und flüstert: »Recsk war unter Rákosi das ärgste Folterlager im Land.«

Onkel Bandi wurde gefoltert, weil er selbst Landeigentümer gewesen war, was damals ein Verbrechen war. Jetzt verstehe ich. Noch ist nicht geklärt, ob er das Land zurückerhält, aber nun will Bandi auch noch seine Rache.

»In deiner Partei wimmelt es nur so von den alten regimehörigen Schweinen!« beschuldigt er Imre, meinen Bruder, von dessen Partei man annimmt, daß sie eine weiße Weste hat, weil sie neu ist.

Imre ist verletzt darüber, daß seine Grünschnabelpartei als Auffanglager der alten Kriminellen herausgestellt wird. In allen Parteien wimmelt es von Wendehälsen. »Jenős Partei wird von ihnen geführt!« schleudert Imre den Vorwurf zurück, wütend darüber, daß seine junge Partei die Wahl nicht gewonnen hat.

Jenő lächelt. Er ist viel reifer geworden. Ich erinnere mich an ihn als romantischen Universitätsprofessor, der bis über beide Ohren in seinen Büchern steckte.

»Die alten Parteibonzen stecken in jeder neuen Partei und greifen nach der Macht. Wie der Heilige Paulus auf seinem Weg nach Damaskus haben sich alle tief im Herzen von Grund auf geändert...«, sagt Jenő.

Alle lachen ein bißchen, es ist ein gängiger Witz. Ja, zur Zeit nimmt die Änderung der politischen Standpunkte in Ungarn bereits biblische Ausmaße an.

»Das kaufe ich ihnen allen nicht ab«, fügt Tante Ilona in ihrer gewohnt freundlichen Art hinzu und serviert Kaffee mit selbstgebackenen Walnußplätzchen und Mohnröllchen. »Es ist nur eine Positionsänderung, keine des Herzens.« Nie würde es den Männern einfallen, Kaffee und Kekse zu servieren, das ist die Aufgabe der Frau. Das ist so klar, daß wir alle darin übereinstimmen. Ja, die Opportunisten, die alten Machthaber, die gefallen sind, die Bürokraten, das Militär − plötzlich sind sie alle für die neue Freiheit. Einen kleinen Moment lang läßt die fast greifbare Spannung im Raum nach. Doch nun überfluten Bandi die alten Erinnerungen und er wird immer aufgeregter.

»Alle will ich sie auf einem öffentlichen Platz aufgereiht und ausgepeitscht sehen! Und dann einfach abknallen! Das ist es, was sie mit uns getan hätten!« Bandi weint. Niemand versucht seinen Zorn aufzuhalten. Nach vorne gelehnt, mit hervorquellenden Augen brüllt er mich an: »Weißt du, mit welchen Methoden diese Männer uns gefoltert haben?«

Jetzt ist Baker etwas nervös. Offensichtlich werde ich angebrüllt, aber sie ist sich nicht sicher, ob ich in ernstlichen Schwierigkeiten bin oder nicht. Sie wartet ab.

»Nein«, sage ich einfach.

Imre, mein »kleiner« Bruder, schaltet sich ein: »Du mußt ihr nicht von deinen Foltern erzählen, Onkel Bandi. Das braucht Zsuzsanna an ihrem ersten Tag zu Hause wirklich nicht zu hören!«

»Ich wollte doch nicht...«, machte Bandi einen Rückzieher, verletzt, daß seine Geschichte unerzählt bleiben muß.

»Doch, du wolltest!« Kata, die stille Ehefrau, verschafft sich Gehör. »Du wolltest...« Bandi fühlt sich ertappt. Ja, er war drauf und dran, mir seine Geschichte zu erzählen. Jedem, den er trifft, erzählt er sie.

»Warum soll ich es nicht wissen? Warum müssen wir sie schützen?« will er wissen.

»Es ist ihr erster Tag daheim«, sagt Imre freundlich.

»Um so mehr Grund, zu erfahren, was los ist!« brüllt er.

Meine Geliebte rückt etwas näher zu mir und drückt meine Hand. »Brauchst du Hilfe?« Kata besänftigt ihren Ehemann. Sie berührt seine Hand, gibt ihm eine Tasse Mokka. Sie reden weiter über Politik. Politik ist das Hauptinteresse meiner Familie.

»Was ist mit den Frauen?« frage ich. »Was wird in dieser Revolution für Frauen getan?«

Bandi schlägt einen überlegenen Ton an. »Frauen? Was soll mit den Frauen sein?«

Die Sache stinkt gegen den Wind. Plötzlich hat sich seine Haltung vom gefolterten Überlebenden zu einem schon seit Ewigkeiten regierenden Feudalkönig verwandelt.

»Wie es scheint, seid ihr männlichen Führer alle moralisch bankrott. Ihr solltet das frische Reservoir an weiblichen Führungskräften anzapfen.«

»Weibliche Führungskräfte?« jetzt spottet Bandi. »Die sind noch schlimmer als die Männer.«

»Woher willst du das wissen? Ihr habt hier noch nie Frauen in leitenden Positionen gehabt.«

Aber jetzt ist eine merkwürdige neue Einigkeit unter den Männern ausgebrochen – Bandi und Jenő, sogar mein Bruder. Bisher konnten sie eindeutig in keiner einzigen Frage des politischen Lebens übereinstimmen – und jetzt herrscht ein schafsähnliches Einverständnis. Sie haben die Freiheit erlangt, sie haben Gewaltenteilung, aber Frauen – der Gedanke, die Macht mit Frauen zu teilen, erschreckt die Männer.

»Wir finden keine Frauen, die kandidieren würden«, sagt Imre. »Sie sind nicht wählbar.«

»Die Frauen sollten nicht mehr arbeiten müssen und zurück zu ihren Männern nach Hause gehen«, schlägt Bandi vor, der es offensichtlich darauf anlegt, mich fuchtig zu machen.

»Es gibt einfach keine Frauen für leitende Aufgaben!« stellt Jenő fest, als wäre dies ein göttliches Gebot.

Ich schaue zu Kata hinüber. Ihr Gesicht ist so unbewegt wie ein tiefer See. Ilona und ich, wir schauen einander auch an. Wir kochen innerlich. Ilonas Gesicht sagt: »Es ist sinnlos.«

Ich bin wirklich enttäuscht von meiner Familie. Einen Moment lang wünsche ich mir, ich wäre nicht gekommen.

»Ihr verdient weder Frieden noch Gerechtigkeit, wenn ihr Frauen haßt!« sage ich voll bissiger Überzeugung.

Meine Worte haben Bandi getroffen. Sein Gesicht läuft wieder rot an. Alarmiert sieht Kata mich an.

»Ich hasse die Frauen nicht«, sagte Bandi endlich, »ich glaube bloß nicht, daß sie in irgendeiner Weise besser wären als Männer.«

»Du willst sie bloß nicht in Führungsaufgaben hineinwachsen sehen, weil *du weißt*, daß sie besser wären als die Männer! Du fürchtest dich vor Frauen, die ihre Macht erfolgreich ausüben könnten. Ihr seid doch nichts als ein Haufen chauvinistischer Feiglinge...«

Die letzten Worte sind mir so rausgerutscht und ich bedaure sie im gleichen Moment, als sie über meine Lippen kommen. Im Zimmer breitet sich eisige Kälte aus.

»Wir sind keine Feiglinge!« gibt Imre jetzt mit echter Betroffenheit in seiner Stimme zur Antwort. Fast möchte ich ihn umarmen und mich entschuldigen. Aber ich habe es wirklich so gemeint. Und es ist nötig, daß sie auch meinen Ärger zu spüren bekommen.

»Tut mir leid...«, nehme ich mich zurück, »aber ich bin sehr sensibel, was die Revolution, von der ich ja ein Teil bin, anbelangt. Wenn ihr keine Möglichkeit seht, daß Frauen eure Revolution anführen könnten, kann ich euch nicht unterstützen.«

Die Fronten sind wieder abgesteckt. Jenő nickt. Er ist der intellektuelle, elegante Herr im Raum.

»Recht hat sie! Wir hassen Frauen. Nicht die einzelnen Frauen hier im Zimmer oder in unserer Familie, sondern die Frauen im allgemeinen.«

Ilona belohnt ihn für seinen Wagemut mit einem besonders respektvollen Blick. Er hat Fahnenflucht vom Lager der Männer begangen. Er hat die Mißachtung anerkannt.

Ich kann sehen, daß Kata heute morgen begonnen hat, sich Gedanken zu machen. Ilona steht auf und nimmt die leeren Teller mit, um mit frischen Keksen zurückzukehren. Ja, das ist halt daheim – Kuchen, Kaffee und politische Diskussionen!

Natürlich ist keine der Fragen gelöst. Die Landfrage, die Frauenfrage, die Männerfrage lassen wir nur deswegen fallen, weil wir zu erschöpft sind, um weiterzureden.

Wir singen Lieder miteinander, bevor Bandi und Kata gehen. Sie lehren mich alte transsylvanische Lieder über die Sehnsucht nach Freiheit. In langen Harmonien, die geschaffen wurden, als die Ungarn noch ein Nomadenland und die Transsylvanier die Köpfe und Herzen des Volkes waren, erheben sich unsere Stimmen. Ich bin erleichtert, daß wir nicht mehr streiten. Wir singen gut zusammen. Baker ist beeindruckt.

»So eine wunderbare Kultur!« ruft sie begeistert aus. »Zunächst gibt es einen Konflikt und Zorn und Wut, dann findet die Konfrontation damit statt und es gibt Lösungen, und am Schluß singen alle miteinander. Ich bin begeistert!« Insgeheim bin ich froh, daß sie nicht ungarisch spricht.

»Unsere Mama hat immer gesagt, du bist eine Johanna von Orleans«, erzählt mir Imre auf der Heimfahrt – immer noch in Gedanken an unseren Besuch. Die Erwähnung unserer Mutter läßt alle Gefühle von Feindschaft oder Ablehnung schwinden.

»Masika, warum bist du jetzt bloß tot?« sage ich wehmütig. »Dich könnten wir für ein Amt nominieren!« Keine weiteren Gegenargumente von meinem Bruder.

Du kannst dir wohl vorstellen, daß ich nach dieser Szene und nachdem ich also die allgemeine Stimmung Frauen betreffend erfaßt hatte, eigentlich nicht erwartete, daß bei meinem Workshop »Gaia und ihre Schwestern«, irgend jemand erscheinen würde. In einem Land, wo die Frauen unsichtbar sind, muß auch die Göttin unsichtbar bleiben.

Aber durch das magische Wirken der Göttin fand ich doch vier talentierte Hexen in Budapest. Als sie mir schrieben, klangen sie wie jede andere neue Gruppe. Sie erwähnten ihren Wunsch, eine Zeitschrift herauszugeben. Ich nahm an, es sollte ein bescheidener Rundbrief werden. Zu meinem Erstaunen gaben sie »Boszorkány« (Hexe), ein gut recherchiertes und in gutem Stil geschriebenes Magazin mit einunddreißig Seiten und einem sehr schönen Layout mit drei Farbseiten in einer Auflage von fünfzigtausend Stück heraus. Voller Stolz auf meine kompetenten Küken bade ich mich in ethnischer Genugtuung. Sind wir Ungarinnen nicht die allerbesten? Zwei Jahrzehnte einer laufenden Entwicklung würden einfach übersprungen – »Boszorkány« begann im Jahr 1990 als eine Zeitschrift der neunziger Jahre.

Sofort bin ich wieder vom neuen politischen Feuereifer und der Vielfalt beeindruckt und doch zugleich von dem Gedanken eingeschüchtert, in einer solchen Atmosphäre meinen Göttinworkshop zu leiten. Die alten Häuser aus meiner Kindheit tragen noch Einschußlöcher – wie Pockennarben. Sie lassen mich ihrem blanken Schmerz ins Gesicht sehen, sie fordern mich auf, sie anzuerkennen. »Schau uns an!« sagen sie. »So hat der Krieg ausgesehen.« Jetzt leben diese Bilder in meinen Alpträumen, das posttraumatische Syndrom, meine ewige Panik, meine andauernde erregte Eile, meine Ängste, daß wenn ich mein Tempo verlangsame, die Kugeln mich innerlich treffen werden. Daran arbeite ich zu Hause in meinen »Panik-Stop«-Workshops immer noch.

Mein Göttinworkshop findet in einem neuen Gebäude in den Außenbezirken statt. Er ist an den letzten zwei Tagen meines Aufenthalts. Gut. Vielleicht werden mehr Leute etwas darüber hören. Aber große Reklame gibt es keine. Hier gibt es nur direktes Anschreiben und Mundpropaganda. Laszlo, der transzendentale Therapeut, nunmehr spiritueller Organisator, versichert mir, daß die Aussendung rausgegangen ist – mehr ist nicht nötig.

Einen schlagenden Kontrast zum ausufernden Tourismushandel in den Straßen bilden unsere alten Cousins, die Transsylvanier, ganz in Schwarz gekleidet, die sich daruntermischen und ihre Stickereien verkaufen. Tischtücher, Blusen, Brautkleider, Hemden für den Bräutigam, Läufer, weiße und schwarze Spitzen – in Schwarz gekleidete Bauersfrauen bieten sie auf den Straßen an; auf ausgestreckten Armen halten sie ihre Waren, voller Würde in ihrer völligen Armut; still stehen sie in den U-Bahnstationen; überall bieten sie Stickereien an. Es sind Flüchtlinge aus Rumänien, die von der Eisernen Garde, einer faschistischen Organisation, die immer noch Pogrome gegen transsylvanische Ungarn durchführt, verfolgt wurden. Was einstmals eine uralte nationale Leidenschaft war – die Stickerei –, ist jetzt zur Nummer eins bei der Geldbeschaffung geworden.

Aufmerksam betrachte ich die Stickereien mit den »Augen der Göttin«. Ja, sie ist noch da, die Symbolik der Göttin ist erhalten geblieben, ihre sexuelle Bildhaftigkeit, die Farben, die ihr wichtig sind. Die roten Rosen müssen aus fünfhundert Stichen bestehen, die blauen Vergißmeinnicht bloß aus zweihundertfünfzig. Die Stiele der Blumen sehen sehr phallisch aus, die Blumen freilich sind alle wie Vulven. In jedem Tischtuch, jedem Polsterüberzug versteckt sich hier das alte Heidentum. Ich kaufe gestickte Spitzenblusen ein, Puppen für die kleinen Mädchen unserer Freundinnen, Tischtücher für die Mutter meiner Freundin, einen schwarzen, langen, schimmernden Rock mit Seidenplissees für mich.

Meine Familie treffe ich dort, wo der Workshop stattfindet. Es handelt sich um einen ganz schön großen Saal und die hereinströmenden Leute beginnen ihn zu füllen. Ich werde also doch ein Publikum haben. Mein Name klingt so grandios, Zsuzsanna Budapest, die Hexe aus San Francisco. In meinem Land nehmen nur Könige und Königinnen den Namen einer Stadt an, aber niemals den Namen der Hauptstadt selbst. Ich fühle mich ein wenig verlegen, aber das ist jetzt mein Revolutionsname. Ich muß damit leben.

Mein Ungarisch ist eingerostet. Ich bitte die Zuhörerschaft, mir mit Worten auszuhelfen, wenn es nötig sein sollte. Zwei ältere Damen bieten mir sofort freiwillig Worte an; sie können auch Englisch. Worte wie Sexismus, Bewußtsein, Unterdrückung, männliche Voreingenommenheit, Selbstwertgefühl. Das Publikum ermutigt mich, frei zu sprechen, sie verstehen mich. Mein kleiner Neffe, Imres Sohn, will mir beim Segnen helfen. Wie ich es ihm gesagt habe, schüttelt er meine Rassel nur dreimal und wir segnen alle im Kreis, indem wir ihre Namen singen. Jetzt folgen die Gesänge. Es gibt keine ungarischen Göttinnenlieder. Die Boldogasszony, Unsere Liebe Frau, hat nur christliche Lieder. Instinktiv vermeiden wir es, sie zu singen. Einige aus meinem Publikum lassen sich sofort einen Gesang einfallen. Jetzt können wir aus ganzem Herzen singen. Die alten Damen lächeln mich an, wollen mich berühren. Wir umarmen einander.

Meine Tante Titi, Mutters Schwester, ist da und erstaunt über das, was ich tue. Niemand aus meiner Familie hat mich je zuvor arbeiten gesehen.

»Du tanzt da ja wirklich«, bemerkte Tante Titi.

Ich bin auch erstaunt, was für einen guten Einfluß die Arbeit auf alle hat. Die ganze Gruppe ist in Bewegung, mit steigender Energie. Kratz eine Ungarin nur ein bißchen an und direkt unter der Haut wirst du eine Hexe finden.

Während der Pause treffe ich auf die Presse. Stell dir vor, die Ungarn machen eine Radiosendung über dieses Ereignis in einer Sendereihe, die sich »Neue Welt« nennt. Mir gefallen diese jungen Männer. Sie sind weder herabwürdigend noch zynisch. Sie stellen die richtigen Fragen und kein Wort über Satan.

»Wie sind Covens organisiert?«

Sie sind autonom.

»Gibt es eine strikte Hierarchie?«

Nein. Wie das abläuft, wird vor Ort entschieden.

Nein, ich bin nicht die Päpstin der Hexen.

Wie oft wir uns versammeln? Wir folgen der Vollmondin, also zumindest dreizehnmal im Jahr.

Mein Neffe Márton segnet jetzt mit meiner Rassel die Presse. Ich bin sehr aufgeregt. Das ist mein Heimatland. Diese fünfundvierzig lebendigen Menschen sind mein Publikum. Ich hatte gedacht, niemand würde kommen. Die Göttin ist in Budapest angekommen. Vielleicht kann ich jetzt aufhören zu rennen. Vielleicht kann ich diesmal die Tatsache akzeptieren, daß die Revolution endlich gesiegt hat, letztes Jahr, und daß keine Gefahr mehr besteht, erschossen oder zu Tode gefoltert zu werden. Vor mir liegt nur harte Arbeit und das ist gerecht. Ich mag harte Arbeit.

Ich werde einige Zeit brauchen, bis ich mich von der Vergangenheit befreit habe. Die Frauenbewegung ist in Budapest weit davon entfernt, anerkannt zu sein. Sie ist noch nicht einmal ein Thema. Die Frauen sehen noch gar nicht oder beginnen gerade erst zu sehen, wie sie aus dem Prozeß der Demokratie bereits hinausgedrängt werden. Die Männer erkennen nicht, daß sie ihre Schwestern von der Zukunft aussperren. Es passiert alles unbewußt und einiges wird auch noch durch die vom Westen übernommenen Werte verstärkt. Als eines der ersten Anzeichen der »neuen Freiheit« ist die Pornographie auf den Straßen gelandet. Alle Männer sind gleich – sie benutzen Bilder von Frauen zum Onanieren.

Alle Männer verbünden sich gegen die Frauen in der Pornographie. Wer wird unseren Brüdern diese unangenehmen Tatsachen klarmachen?

Die Ungarn! Ich mußte erst nach Hause zurückreisen, um an die Zukunft glauben zu können. Ich muß mein Wissen und meine Erfahrungen mit-teilen, bis es auch daheim einen Unterschied macht. Erst dann werde ich mein altes Zuhause, meine eigene integrierte Identität wiedergewonnen haben.

Márton liebt den Kreis. Er ist erst fünf Jahre alt, aber er liebt die Hexenkunst. Er will weiter tanzen, die Rassel schütteln, die Leute segnen, ihre Namen singen. Die Gruppe ist fertig – er nicht. Er fliegt immer noch.

Ich sehe die Zukunft in seinen grünen Augen. Laszlos kleines Mädchen ist im Publikum, aber sie ist scheu. Nächstes Jahr, wenn sie wiederkommt, werde ich sie lehren.

Magyarország (Ungarn) ist aufgewacht, erholt sich unter Schmerzen vom langen Mißbrauch, tastet nach politischen Antworten, ist auf der Suche nach einer erfüllenden Spiritualität. Die militanten Christen sind schon dabei, hier zu evangelisieren. Aber wir singen das alte Lied für Unsere Liebe Frau, unsere Mutter Erde.

Die Boldogasszony, unsere Göttin des Altertums, hat uns zurückgefordert.

Zweiter Mondzyklus

Zeit: *Januar – Februar*
Sternzeichen: *Wassermann*
Mondpflanze: *Usnea, Angelika*
Mondtier: *Delphin*

Belebende Mondin

Mondsicht

Durch Stürme und Stille reitet die belebende Mondin über den Himmel. Die Höhenluft ist bitterkalt, doch hier und da wiegt eine mildere Brise die Zweige, die durch die aufsteigenden Säfte langsam wieder Farbe bekommen. Der Schnee schmilzt überall. Der erste grüne Schimmer lugt an geschützten Stellen aus der Erde hervor. Das Licht der Mondin schimmert zum Beginn der Blüte von Apfel, Pflaume und Birne in den Obstgärten auf die weichen, schneeweißen Blüten herab. Zögernd erwacht die Welt aus dem Winterschlaf und die mitfühlende Mondin im Wassermann verspricht, daß der Frühling bald kommt.

Die Göttin spricht

Kuan-Yin

Ich bin Kuan-Yin, die Tochter des Himalaya. Ich reite meinen heiligen Delphin und habe meinen Sitz im größten Sternbild des Himmels eingenommen, im Wassermann. Die ursprüngliche, heilige Frau bin ich, ich strahle reines Mitgefühl aus und ich scheine für alle gleichermaßen. Immer noch gehen die Ärmsten des Dorfes den ausgetretenen Pfad, der zu meinem Orakelschrein führt. Härten gibt es immer – die Frauen bedürfen meiner Hilfe bei der Niederkunft und für die Gesundheit ihrer Familien. Sie suchen Wunder und Visionen. Immer noch bin ich die Mutter, die die Verlorenen und Schwachen rettet. Im Himalaya erscheine ich dem verirrten Wanderer im Schneesturm als Lung-Nu, das Drachenmädchen. Ich weise dem Wanderer eine sichere Höhle, geschützt vor Wind und Kälte. Ich verbanne Furcht und Not, indem ich meinen Diener ausschicke, Ts'ai, den Gott des Wohlstands.

Ich, Kuan-Yin, komme all denen zu Hilfe, die mich bei meinem Namen anrufen und bei meinem Versprechen, dem Hilfeschrei jedes lebendigen Geschöpfes zu folgen. Jede Frau kann der Kanal sein, durch den ich meine heilenden Kräfte fließen lasse, meine Stimme ertönt aus ihrem Mund, meine Weisheit erfüllt ihren Geist. Die Weissagung ist meine heilende Gabe an die Seele. Meine Tempel sind immer voller Kerzen, die aus Dankbarkeit gestiftet wurden. Der Potala ist meine heilige Insel, die Ch'ao-Yin-Höhle ist meine heilige Heimstatt. In meinen Tempeln erklingen die glücklichen Gesänge meiner Frauen.

Ich kann dich überall auf der Welt erreichen. Ich bin immer nur gerade ein Gebet weit weg von dir. Wenn du meinen Namen singst, zieht mich das in deine Nähe und ich lausche, denn ich bin die Erhörerin der Hilferufe. Endlos sind die Geschichten über sie, die ich errettet habe. Zu Wasser, zu Lande, in Höhlen und in der Luft habe ich Leben gerettet. Kuan-Yin nennt man mich, die

Große Yin. Die all-gnädige Göttin bin ich, die Weiße Mondin ist meine Verkünderin und zeigt mir, wo ich den Geschöpfen dieser Erde helfen soll. Dies war mein Schwur und er ist es heute noch. Ich stehe zu meinem Wort. Meine Priesterin bist du, wenn du dich in Mitgefühl übst. Deine mitfühlende Retterin bin ich, wenn du zu mir betest.

Botschaft im Wassermann

Selbstlosigkeit und unpersönliche Liebe beschert uns dieser Umlauf der Mondin, die Fähigkeit, uns um unsere Mitmenschen zu kümmern. In dieser Zeit verstehen wir auch, daß Kreativität ein Werkzeug zur Problemlösung ist. Gewalt jeglicher Art erscheint uns nun besonders abstoßend. Die durch die Mondin gefilterten hohen Schwingungen des Wassermann lassen uns alle über Beziehungen, Freundschaften und unsere höchsten altruistischen Werte nachdenken.

Achtung im Mitgefühl stehen in der Wassermannmondin im Vordergrund: Achtung vor dem Leben, Mitgefühl für unsere Zeitgenossen, Achtung für die Kunst und die Schaffenskraft. Die Zeit ist gut geeignet dafür, daß du künstlerische Talente jedweder Art umsetzt, Philosophie liest, debattierst und »Brainstorming« betreibst. Feiere diese Jahreszeit, indem du dich für deine wichtigsten lebensorientierten Anliegen einsetzt.

Was zur Mondin im Wassermann gesät wird, fault nicht so leicht; pflanze und säe jetzt alles, von dem die Blüten genommen werden. Ebenso solltest du Obst konservieren, auch trocknen und lagern. Pflücke Mangold, den heilsamen Kräutertee gegen Unregelmäßigkeiten deiner Menstruation. Die Wassermannsmondin ist keine gute Zeit zum Anpflanzen oder Zurückschneiden von Bäumen. Holz sollte nur geschichtet und gelagert werden. Gut ist es jetzt, in ein anderes Haus umzuziehen. Tue nur Dinge, die von Dauer sein sollen. Die Zeit ist günstig zum Geschäftemachen zum Briefe- und Bücherschreiben. Wenn du eine Diät machen willst, dann beginne sie im Wassermann in der abnehmenden Mondin.

Mondgezeiten

Der Konflikt

Der Konflikt hat noch einen anderen Namen: Leben. Wenn du mit niemandem Streit hast, tust du dann eigentlich überhaupt irgendetwas? Vielleicht bist du nicht einmal am Leben.

Ich sollte dem Gesagten vielleicht hinzufügen, daß ich Konflikte hasse. Meine Geburtsmondin ist in der Waage und ich hasse Konfrontationen. Aber wenn ich lange keine gehabt habe, dann gehen sie mir ab. Konflikte sind mir anscheinend ebenso dienlich wie die Harmonie. Im Konflikt wachse ich besser, obwohl ich in der Harmonie aufblühe und meine Früchte besser zur Entfaltung kommen. Für mich ist ein Konflikt wie die Neumondin – der zündende Funke für Wachstum und Veränderung. Da ein Konflikt sowohl positiv als auch negativ sein kann, möchte ich dir Rituale sowohl zum Annehmen als auch zur Auflösung geben.

Mondzauber

Einen Konflikt hinausschieben

Dieses Ritual kannst du durchführen, wenn du mit jemandem einen Interessenkonflikt hast und du befürchtest, du könntest Eigentum oder deine Arbeit verlieren, oder du könntest einen Verlust an Macht und Einfluß erleiden. Er ist für Konflikte gedacht, die dir etwas nehmen würden, anstatt dir in deiner Entwicklung zu helfen. Wenn du denkst, daß deine Situation dem entspricht, so besorge dir eine schwarze Kerze (eigentlich Indigo, weil es eine wirklich schwarze Kerze gar nicht gibt) und schreibe ein Wort auf sie, das den Konflikt benennt. Das mag einiges Nachdenken erfordern, weil du keinen Platz für lange Erklärungen hast. Identifiziere dein Ziel einfach und gib ihm einen Namen. Besorge dir etwas Katzenkraut (berühmt für die Kraft, Hexenzauber zu brechen und den bösen Blick abzuwenden). Dieses Kraut wird in Kräuterläden, Apotheken und besser sortierten Bioläden verkauft. Mische es mit Weihrauch und Myrrhe (sie bringt die Energien ins Gleichgewicht) zu gleichen Teilen. Besorge dir außerdem ein vertreibendes Öl (Olivenöl wird allerdings als heilig angesehen) aus einem Kräuter- oder Esoterikladen und salbe die Kerze damit. Rieche einfach an den Ölen – du wirst schon spüren, welches das richtige ist.

Nun entzünde die schwarze Kerze auf deinem Altar, den du zu Ehren der Mondin errichtet hast, und streue etwas von dem Räucherwerk auf selbstentzündliche Holzkohle, die du bereits entzündet haben solltest (man bekommt sie ebenfalls in Esoterikläden oder in Geschäften, die religiöse Artikel führen – nimm keine Grillkohle). Nimm dir einen Moment Zeit, um die Atmosphäre, die du geschaffen hast, auszukosten. Dann sprich:

Engel der Schatten,
Engel der Nornen,
Funke des Wandels zur Unzeit
hebt euch hinweg nun von mir!
Gewährt mir den Streit
zu anderer Zeit,
wenn ich zu zahlen bin bereit.
O Nornen, erhöret mein Flehen,
laßt mich in Freiheit jetzt gehen!
Fangt mich zu meiner Stunde
in der nächsten Runde.

Wiederhole dies an drei aufeinanderfolgenden Nächten nach Sonnenuntergang, wenn du die Mondin aufgehen siehst. Laß in der letzten Nacht die Kerze ganz niederbrennen und entledige dich des Stumpens, indem du ihn in ein lebendes Gewässer wirfst. Tu dies allerdings nicht in der gleichen Nacht, sondern wähle eine günstige Zeit vor der nächsten Mondphase. Heutzutage nimmt man nur ein bißchen vom übrigen Kerzenwachs aus dem Zauber, die Asche vom Räucherwerk und etwa benutzte Blumen – nur ganz wenig von allem und biologisch abbaubar.

Du hast dein Schicksal nicht abgewendet, indem du das tust, du hast den Konfliktfunken nur auf einen späteren Zeitpunkt verschoben. Wenn der Konflikt ausbricht, so ruft dich das Leben. Die ständige Vermeidung eines Konflikts kann ihn auch eskalieren lassen.

Einen Konflikt akzeptieren

Dieses Ritual kannst du versuchen, wenn du im Streit mit einem Verwandten oder geliebten Menschen liegst, vor allem dann, wenn du dir bereits Rat geholt oder dich mit Freundinnen ausgesprochen hast. Konflikte mit deinen Lehrern, an deinem Ausbildungsplatz oder deine Zukunft betreffend sind gute und nötige Konflikte, die wir annehmen sollten und mit denen wir wachsen.

Für dieses Ritual benötigst du eine weiße Kerze und das Räucherwerk, das du bisher mit dem meisten Erfolg angewandt hast (ich wähle weißen Salbei). Schreibe das Wort, das deinen Konflikt benennt, auf die weiße Kerze. Dann schreibe: »Es geschehe, und möge ich daran wachsen!« und sprich:

Gedemütigt steh ich
vom Leben gefordert –
Engel des Schattens –
ringt mit mir jetzt!
O Mächte des Schicksals!
Webet mein Leben
sanft, wenn ich kämpfe
und möge der Ausgang
ein Sieg sein – für alle!

Entzünde deine Kerze an drei aufeinanderfolgenden Nächten, laß sie in der letzten Nacht herunterbrennen und nimm ein bißchen von den Materialien, die du im Ritual benutzt hast und wirf sie in ein lebendes Gewässer. Diese Art zu beten übt einen mächtigen Einfluß auf den Konflikt aus, aber niemand, nicht einmal eine mächtige und geschickte Hexe, kommt immer ganz ungeschoren und schmerzlos im Leben davon. Es ist gut, dich in fairen Kampftechniken zu schulen und dir sichere Situationen zu schaffen, in denen du deinen Gegnern gegenübertreten kannst. Trage Rosmarinöl, wenn du deinen Feinden gegenüberstehst. Der Duft beeinflußt unbewußt den Geist der Menschen um dich herum und bewirkt, daß du dich stärker fühlst.

Mitgefühl

Das Mitgefühl ist uns Frauen äußerst vertraut. Es ist das erste, was man uns im Kindergarten beibringt. Du mußt teilen, spielt lieb miteinander, tut euch nicht weh! Dieses Gefühl bringen wir unseren Kindern bei. Im gleichen Moment, wo sie beginnen, aufeinander einzuschlagen, erzählen wir ihnen schon etwas über das Mitgefühl. Also ist die erste Auflehnung gegen die Mutter – das Mitgefühl abzulehnen. »Johnny, wie konntest du nur die Katze vom zweiten Stock aus dem Fenster werfen! Ist dir das arme Tier denn vollkommen egal? Wie würde dir das gefallen, aus dem zweiten Stock geworfen zu werden?!«

»Ich wollte doch nur schauen, ob sie wirklich auf ihren Pfoten landet!«

Angeblich wird Mitgefühl in den Schulen geübt. Die Lehrer sind ganz groß im Mitgefühl. Und sie liefern den Kindern meist auch die ersten Beispiele für mangelndes Mitgefühl.

»Ich habe diese Regel wirklich nicht gekannt!« hast du als kleines Mädchen gebettelt, eingeschüchtert von ihren blitzenden Augen und in der Hoffnung, daß deine Unschuld dir aus der Patsche helfen würde. Aber man hat dich trotzdem für schuldig befunden. Die Lehrer haben an dir ein Exempel statuiert, und solltest du damals wirklich unschuldig gewesen sein, so hast du also das Gegenteil von Mitgefühl erfahren – Verfolgung.

Mutter Teresa besaß Mitgefühl in betrieblichem Ausmaß. Sie war eine Trendsetterin, sie hatte weibliche Jünger, die alle wie sie gekleidet sind. Ein Besuch bei einer ihrer Missionsstationen (heute arbeiten ihre Nachfolgerinnen nicht nur in Indien, sondern auch in amerikanischen Städten wie beispielsweise San Francisco) kann Menschen, die des Mitgefühls nicht fähig sind, das Herz aufgehen lassen.

Wir alle besitzen Mitgefühl für die Menschen, die wir lieben, für unsere Haustiere und inzwischen – es wäre zumindest zu hoffen – auch für unseren Planeten. Vor allem sind es die Menschen, die wir nicht kennen, denen wir mißtrauen. Aus Unwissenheit sind wir bereit, Kriege zu beginnen, aber wenn wir den Feind kennenlernen und sehen, daß es Menschen genau wie wir sind, stellt sich vielleicht heraus, daß wir gar nichts gegeneinander haben. Manchmal ändern sich die Leute. Die Russen sind jetzt Kumpel und Handelspartner geworden – nach vierzig Jahren kaltem Krieg.

Am schwierigsten ist es, Mitgefühl sich selbst gegenüber zu empfinden. Wenn du für dich selbst nichts empfindest, keine Liebe, keine Fürsorge, dann hast du auch für deine Liebsten kein Mitgefühl. Du schadest dir immer wieder selbst. Du schlägst dir deine eigenen Wunden. Sich so zu fühlen verleiht keine Sicherheit. Es kann sein, daß deine Lebensenergie schwindet. Du erschöpfst dich zu schnell. Dein Immunsystem braucht deine Liebe. Das Mitgefühl für dich selbst muß wieder wachgerüttelt werden.

Mondzauber

Zur Anregung deines Mitgefühls

Entzünde eine gelbe Kerze (die Farbe der Manifestation) an dem Platz, wo du die meiste Zeit verbringst. Laß deine Kerze dort brennen, vielleicht in einem Krug, wo die züngelnde Flamme keinen Schaden verursachen kann, denn dieses Ritual ist Teil deines Alltagslebens. Wenn die Mondin aufgegangen ist und du sie am Himmel ausgemacht hast, dann geh ins Haus und führe dieses Ritual der Selbst-Liebe durch.

Konzentriere dich jeden Abend auf die tanzende Flamme und sprich zu dir selbst:

> *Ich bin das Kind der Mitfühlenden Mutter;*
> *ich befreie die mitfühlende Liebe zu mir selbst.*

Küß nun liebevoll deine Hand. Wiederhole die Worte insgesamt dreimal und auch den Handkuß. Die eigene Hand zur aufgehenden Mondin zu küssen ist ein Ritual aus unbekannter Vorzeit. Zur Zeit des Alten Testaments war das strengstens verboten. Wenn es dir etwas närrisch erscheinen sollte, deine eigene Hand zu küssen, so rufe dir ins Gedächtnis, daß man in unserer Zeit zur Selbst-Liebe nicht gerade ermutigt wird. Wenn du dich über das existierende Tabu hinwegsetzen kannst, wird dir eine ganze Menge mehr Energie zur Verfügung stehen, wegen des Mitgefühls, das du für dich selbst freigesetzt hast.

Mondfeste

Sarasvati
Neu zunehmend in Magha – Indien
Dies ist ein Fest der Göttin Sarasvati, das entweder Besant Panchami oder, seltener, Dawat Puja (Verehrung des Tintenfasses) genannt wird. Es ist das Fest der Schreibenden Göttin. Man preist sie, indem man die Tinte im Tintenfaß austauscht. Vielleicht magst du dir ein Tintenfaß eigens für diese Art der Verehrung zulegen, auch wenn du sonst am Computer arbeitest.

In Bengalen verehrt man Federn, Tinte und Bilanzbücher, um die Göttin Sarasvati, die Göttin des Lernens, zu ehren. Obwohl sie im ganzen Land gefeiert wird, wird sie doch am meisten von Schulkindern und Studenten verehrt. Sarasvati ist freilich auch ein Fluß und eine Flußgöttin, die den Lauf von Wasser und Gedanken regiert. Sie ist die große Energieflut. Ihr Abbild ist das der Mondgöttin, eine wunderschöne, in Weiß gekleidete Frau, die die Mondsichel auf ihrer Stirn trägt, so wie Diana in Europa. Ihre charakteristischen Eigenschaften sind Wortgewandtheit und Weisheit. Barbara Walker (*The Woman's Encyclopedia of Myths and Secrets*, S. 894) übersetzt ihren Namen mit »Die Fließende«. Sie sagt, daß Sarasvati auch die Himmelskönigin sei, die vom Brahmanismus vereinnahmt und zu Brahmas Frau gemacht wurde, aber daß wir uns daran erinnern müßten, daß sie in Wahrheit eine Vorgängerin des Brahmanenkults sei und, laut

Walker, alle Künste der Zivilisation erfunden habe: die Musik, das Alphabet, die Mathematik, den Kalender, die Magie, die Veden und alle anderen Gebiete des Lernens. Wenn Könige in ihren Gewässern getauft wurden, so verlieh sie ihnen Göttlichkeit. Manchmal wird sie auch mit Vach gleichgesetzt, der Göttin der Sprache, die ursprünglich alle Worte ins Leben rief, darunter auch alle religiösen Schriften. (Monaghan, *The Book of Goddesses and Heroines*, 305)

Um Sarasvati zu ehren, muß man alle Schreibwerkzeuge reinigen, die Bücher abstauben und den Terminkalender und die persönlichen Papiere in Ordnung bringen. An diesem Tag sollte keine Schreibarbeit erledigt werden. Ruhe dich aus. Geh dann hinaus, um die Mondsichel zu betrachten und etwas Salbei vor ihrem weißen Antlitz zu verbrennen. Sprich sie als Königin des Himmels an und sprich voller Hochachtung zu ihr, aber doch wie zu einer Mutter. Bitte sie, dir Energie zum Studieren, zum Schreiben oder für ein großes Ziel zu schenken. Visualisiere sie, wie sie die Feder hält und auf kleine Tafeln schreibt. Bete um Inspiration zu ihr.

Sarasvati der Feder und der Tinte,
du hast alle Worte ins Leben gerufen.
Du Beredsame, öffne meine Seele für deine Inspiration.
Fließe durch mich als dein Kanal,
laß meine Worte leichter und klarer fließen,
erleuchte meinen Geist.

Geburtstag der Kuan-Yin
Neunzehnter Tag, Vollmondin – China

Kuan-Yin ist das fleischgewordene Mitgefühl, die Große Göttin der Gnade, der Heilung, der Errettung, des Friedens und der Frauen. So wie das Christentum die Verehrung der Heiligen Jungfrau Maria nach den Hexenverbrennungen zuließ und damit seiner Religion eine weibliche Komponente hinzufügte, so erlaubte auch der Buddhismus die Verehrung der Kuan-Yin und bald wurde sie mehr geachtet und anerkannt als all die anderen männlichen Götter und sogar als Buddha selbst.

Ihre offizielle Mythologie ist äußerst verwirrend. Man sagt, sie sei sehr tugendhaft gewesen, hätte die Ehe abgelehnt und ihrem Vater die Stirn geboten, indem sie in ein Kloster eintrat. Manche behaupten, ihr Vater habe weiterhin auf einer vorteilhaften Heirat bestanden und andere Frauen im Kloster bestochen, Kuan-Yins Beschluß zu brechen, indem sie ihr die härtesten Aufgaben zukommen lassen sollten. Einer anderen Geschichte nach war das Kloster ein heißes Liebesnest und als ihr Vater davon erfuhr, ließ er den Ort niederbrennen und Kuan-Yin entfloh in Gestalt eines Vogels und flog in den Himmel. Dort angekommen, beschloß sie, ihre menschliche Gestalt zu behalten und allen lebenden Geschöpfen zur Erleuchtung zu verhelfen. Das ist die offizielle Version der Geschichte.

Der Theologin Merlin Stone nach ist die Verehrung Kuan-Yins wesentlich älter als der Buddhismus, wie sie in *Ancient Mirrors of Womanhood* schreibt. Sie war die Nu Kwa des Altertums. Sowohl Nu als auch Yin bedeuten Frau. Das Wort »K'uai« bedeutet Erde, Erdfrau, Mutter Natur, Das große Tao, Unsere Liebe Frau.

Als Große Göttin des Orients scheint das Werk Kuan-Yins weniger darin zu bestehen, die Menschen durch die Auferlegung von Vorschriften, Gesetzen oder Strafen zur Erleuchtung zu bringen, sondern vielmehr darin, ihnen schlicht und einfach beim Überleben zu helfen. Es gibt Geschichten aus dem Himalaya, in denen im Sturm verirrte Reisende von einem jungen Mädchen zu einer schützenden Höhle geleitet wurden. Ein andermal wiederum hätten Frauen in Lebensgefahr ihren Namen angerufen, und sie hätte ihre Angreifer in ein Häufchen Asche verwandelt. Am häufigsten werden Geschichten über Heilungen erzählt. Frauen beten zu Kuan-Yin, der Großen Yin, indem sie ihr Orangen und Gewürze opfern, und auf ganz unerwartete Weise wird die arme, kranke Person geheilt und bietet damit einen weiteren Beweis ihrer großen Macht und ihres Mitgefühls.

Um Kuan-Yin an ihrem Geburtstag zu feiern, errichte einen Altar mit ihrem Abbild (eine Frau, in ein fließendes Gewand gehüllt; sie trägt goldene Halsketten und hält einen Weidenzweig in ihrer Hand, das Symbol der Liebe und Weisheit). Oft sind Statuen der Kuan-Yin auch in China-Läden erhältlich. Biete ihr frische Früchte dar – entsprechend der Jahreszeit – und bete zu ihr, indem du ihren Namen singst.

Kuan-Yin, Kuan-Yin, Nu Kwa,
gnadenreiche Himmelstochter,
Kuan-Yin, Kuan-Yin, Nu Kwa,
Heilung bring
und Frieden für die Welt.

Nachdem du das einige Minuten lang gesungen hast, kannst du der Göttin einfach etwas über deine Situation erzählen. Entzünde Sandelholzräucherwerk und beuge dich beim Sprechen über den Rauch, so daß dein Atem sich mit dem aufsteigenden Rauch vermischt und deine Worte himmelwärts zu ihrem stets offenen Ohr emporgetragen werden.

Zwei andere Wesen begleiten Kuan-Yin: ein Drachenmädchen namens Lung-Nu, ihre amazonische Beschützerin und Botin und ein Junge namens Shan Ts'ai, der möglicherweise mit dem Gott des Wohlstands identisch ist. Sie kommen oft in den zahlreichen Geschichten von Errettungen vor, oder wenn die Göttin einem armen Menschen Reichtum schenkt. Obwohl sie chinesisch ist, haben doch Leute aller Rassen von ihrer behutsamen Hilfe Nutzen gezogen.

Lupercalia
Vollmondin im Februar – Antikes Rom

Dies ist die Mondin der Wölfin, in den Iden des Feber, die Zeit der Reinigung und der Fruchtbarkeit. Jetzt ist der magische Östrus der Wölfin, die Romulus und Remus der Legende nach gesäugt hat und die Zeit, in der die Wölfinnen tatsächlich läufig werden. An diesem Tag traf ein Gesandter der Bruderschaft des Pan (des heiligen Sohnes der Erde) in der Gemeinde ein, um dieses äußerst wichtige Ritual zu erleichtern. Er war ein heidnischer Priester und mußte zahlreiche Mysterien ausführen. Auf sein offizielles Signal hin begannen die Lupercalia.

Erst wurde den Göttern als Opfer eine Ziege und ein Hund dargebracht. Beide galten als Fruchtbarkeitssymbole. Sie mußten mit großem Feingefühl, voller Sorgfalt und Hochachtung geopfert werden. Wenn das Blut vergossen war, wurden zwei Jungen vornehmen Geblütes als Repräsentanten der jungen Generation erwählt und ihre Stirnen mit Wolle, die man in das Blut getaucht hatte, beschmiert, um sie an die alten Dinge zu erinnern. Die angemessene Antwort der zwei Jugendlichen bestand in einem tiefen Lachen, einem heiligen Lachen, einem Entzücken über die Lebenskraft.

Danach aßen alle die Ziege und den Hund, denn was du tötest, mußt du auch essen, um schuldlos zu sein. Die Häute brauchte man zur Herstellung von Peitschen und dekorativen Gewändern für die Priester. Dann gingen alle hinaus und versuchten die Fortpflanzung anzuregen, indem sie die Leute symbolisch mit den aus den Häuten gefertigten Peitschen schlugen. Es galt als Glückszauber für die Empfängnis eines gesunden Kindes, von der Peitsche einen Schlag abzubekommen. Die Gemeinschaft war erregt unter dieser Vollmondin, reinigte sich von der Last des alten Jahres und empfing Kraft für das neue Jahr. Bist du unfruchtbar, oder wünschst du dir, aus diesem alten Fruchtbarkeitsbrauch Nutzen zu ziehen, so iß ein wenig Ziegenfleisch oder Ziegenkäse. Schmiere ein wenig Blut auf deine Stirn − vom Fleisch oder dein eigenes. Menstruationsblut war das ursprüngliche Vorbild für diese Art des Lebensblutes. Versetze dich in Erregung und feminisiere (masturbiere). Hast du Sexualpartner, so triff vielverheißende Verabredungen mit ihnen. Einmal im Jahr ist die Göttin in besonders guter Stimmung, was das Zeugen gesunder Kinder angeht. Ergreife also die Chance, wenn du bei der Läufigkeit mitmachen willst. . . .

Du solltest viel lachen. Sieh dir eine Komödie an. Lies Comics. Nimm ein üppiges Mahl zu dir. Schmeiß heute eine Fete. Sieh, wie die große Wölfin heute läufig wird, wenn du zum Himmel hochblickst. Die Vollmondin läßt uns heulen, also laß dich mit der Lebenskraft verschmelzen.

Powamu
Vollmondin des zweiten Monats – Hopi

Pomawu ist die neun Tage während Kachina-Zeremonie, die zu Beginn der Anbauzeit für einen guten Ernteertrag abgehalten wird. Sie beinhaltet ein Schauspiel über die Wiederkehr von Muy'Ingwa, des Maisgeistes und Gottes der Pflanzenwelt. Er wird in der Erde sitzend dargestellt und trägt eine Maske aus Wolken in allen fünf Farben (gelb, türkis, rot, weiß und schwarz). Er wird von Schmetterlingen, Vögeln, Mais und allen möglichen Gemüsesorten bedeckt. Zum Fest gehören auch die grotesken, ja sogar obszönen Possen der Hopiclowns, die mit schwarzen und weißen Streifen bemalt sind. Auf diesem Fest benehmen sich die Clowns in einer Art und Weise, die die guten Manieren das ganze Jahr über verbieten; so entlädt sich die Anstrengung des Winters in Komik. Diese Art von Freibrief anläßlich von Festen ist für viele Kulturen typisch, wo ein geschütztes Umfeld es zuläßt, daß gewisse Dinge gesagt und getan werden, die für die ganze Gemeinschaft eine Katharsis bewirken. Vielleicht übt die Lockerung der Vorschriften auch einen günstigen Einfluß auf das Getreide aus, indem sie es zum Wachstum ermutigt.

Suche dir deine eigene Katharsis zur Zeit dieses Festes, indem du dir eine wirklich gute Komödie ansiehst, bei der du dir vor Lachen den Bauch halten mußt.

Rosh Hoshanah Lailonot (Baumtag)
Fünfzehnter des Shevat – Israel

Tu Bishevat, das Neujahr der Bäume, wird zu der Zeit gefeiert, wo im Klima des Mittelmeerraumes der Winter zu Ende geht. Die ärgsten Regenfälle sind vorüber und alles beginnt wieder zu grünen. Laut der Tradition entscheidet der Schöpfer an diesem Tag, welche Pflanzen im kommenden Jahr überleben werden. In Israel wird das Fest als eine Gelegenheit, die Welt der Natur zu hegen, genutzt, indem man Bäume in großem Ausmaß anpflanzt; diejenigen, die nicht daran teilnehmen können, schicken Geld, damit Bäume in ihrem Namen angepflanzt werden.

In Nordkalifornien veranstaltet die neuheidnische Gruppe Forever Forests jedes Jahr am Neujahrstag eine Baumpflanzungsparty, und hat so bereits viele Hektar Land wiederaufgeforstet. Solltest du für die Weihnachtsfeiertage einen lebenden Christbaum gekauft haben, so wäre jetzt der richtige Zeitpunkt, um ihn einzupflanzen. Es wäre auch eine gute Zeit, um deine Beziehung zur Umwelt zu überdenken und dir zu überlegen, wie du die Bemühungen, sie daheim und anderswo zu erhalten, unterstützen kannst. Wieviel Hektar Wald sind in deiner Heimatgegend im letzten Jahr zerstört worden? Wer wird den Regenwald im Amazonasgebiet wieder aufforsten?

In trockenen Ländern ist jeder Baum heilig. Es war Sitte, eine Zeder zu pflanzen, wenn ein Junge geboren wurde und eine Zypresse für jedes Mädchen; das Ehebett wurde aus dem Holz beider gebaut, wenn ein Paar heiratete. In alter Zeit hatten Bäume eine noch tiefere Bedeutung. Die Abbilder der alten nahöstlichen Muttergottheit Asherah wurden aus Baumstämmen geschnitzt und die ursprüngliche Form der Göttin selbst war wohl ein Baum. Ihre Baumstammabbildungen wurden im Tempelhof aufgestellt und dort jedesmal nach unterschiedlich langen Pausen wieder ersetzt, nachdem die Propheten sie niedergeworfen hatten.

In Israel besteht das Festmahl dieses Feiertages aus den Früchten des Landes – Datteln, Mandeln, Rosinen, Feigen und den Früchten des Johannisbrotbaumes. Wenn du zu Hause feierst, so solltest du einheimische Früchte vorziehen. Das folgende Dankgebet wurde von Helen Farias als Alternative zum hebräischen Feiertagsgebet geschrieben:

O Göttin der Erde, unser Segen sei mit dir,
die du uns nun als Frucht des Baumes erscheinst.
Ein Apfel, eine Birne, eine Pflaume, eine Kirsche,
all die guten Dinge, die uns fröhlich machen.
Das Juwel auf dem Ast, die Gemme der Imme
soll ewiglich auch das Antlitz unserer Mutter sein.

Mondgeschichte

Die Göttin der Zwietracht

Es war einmal, in meiner frühfeministischen Phase, da dachte ich, alle Frauen seien gut und nett, so wie ich eben – vertrauenswürdig, einander Raum lassend, fair, gerecht, hart arbeitend, gebend. Das Frausein war einem Zustand von ständiger Anmut gleichzusetzen. Eine Frau war einfach gut, standfest und einfallsreich. Ich bin für diese Zeit, die meine Theorie tatsächlich ein paar Jahre lang bestätigte, wirklich dankbar.

Dann folgte die harte Realität. Ich begann auf die Göttin der Zwietracht in ihren vielen Gestalten zu stoßen.

Nein, sie wird sich dir nicht extra vorstellen. Sie mag unseresgleichen nicht sonderlich und wird sich, wenn überhaupt, nur vorsichtig nähern. Du sagst, verdammt noch einmal! Wozu sich dieser Göttin der Zwietracht gegenüberstellen? Aha! Das ist der Punkt, an dem sie dich kriegt, weil sie dir schon gegenübersteht, bevor du es überhaupt bemerkt hast.

Dann, wenn du am schwächsten und am wenigsten darauf gefaßt bist, wird sie sich an dich heranschleichen. Wenn du keine Erfahrung im Umgang mit ihr besitzt, dann gehst du unter, dann sitzt du in der Klemme.

Die Göttin der Zwietracht ist ein Phänomen. Sie kann sich in der Gestalt jeder beliebigen Frau manifestieren, aber oft wählt sie sich Frauen, die ewig unzufrieden sind und diese Gestalt behält sie dann über lange Zeit. Manche Frauen werden freiwillig zu Zwieträchtlerinnen, als Gegenschlag wider eine in Knechtschaft verbrachte Vergangenheit. Schluß mit dem netten Frauchen! Andere wiederum sind bereits geborene Zwieträchtlerinnen. Um eine wahre Zwieträchtlerin zu sein, darfst du niemals einen Kompromiß eingehen, nicht einmal einen Sieg annehmen. Es ist deine Aufgabe, immer und immer wieder bis in alle Ewigkeit zu widersprechen, zu mißachten, nachdrücklich Zwietracht zu säen, die Rebellion zu schüren. Sogar dann, wenn deine Bedürfnisse erfüllt worden sind – so sehr mußt du dieser Aufgabe dienen und verfallen, um eine Zwieträchtlerin zu sein. Nur dann manifestierst du die Göttin der Zwietracht. Nur dann bist du wirklich auf der dunklen Seite tätig.

Phyllis Schlafly ist ein gutes Beispiel für eine lebende Manifestation der Göttin der Zwietracht. Da ist also diese ältere Frau, die wirklich alles besitzt – Wohlstand, Status, Dienerschaft. Und was ist ihr Wahlspruch für Frauen im ganzen Land, die sich in einer ähnlichen Position befinden? Verliert eure Privilegien nicht, rät sie. Klammert euch an die Belohnung für eure Weibchenrolle, egal was es sei. Ihr braucht doch keine gleichen Rechte, keine Macht, ihr braucht die Hilfe der Regierung nicht. Das einzige, was ihr braucht, ist ein reicher Mann und dann wird es auch euch gutgehen.

Man würdigte es, daß sie mit ihrer Organisation erfolgreich war und das Lobbying für die letzte große Kampagne der ERA betrieben hat. Jetzt aber haben die männlichen Republikaner sie in der Versenkung verschwinden lassen, was wieder einmal beweist, daß es sich nicht auszahlt, das brave Mädchen für das Patriarchat zu spielen. Ich weiß, daß Phyllis es auf ein Regierungsamt abgesehen hatte als Geste der Dankbarkeit dafür, daß sie die Frauenbewegung eine Zeitlang in Schach gehalten hatte, aber die Jungs haben es ihr nicht gelohnt.

Die Furien sind der dreifache Aspekt der Göttin der Zwietracht. Die drei alten Schwestern werden sehr leicht ärgerlich, sind innerhalb von Sekunden aufgebracht, ihre Sicherungen brennen erschreckend leicht durch. Die Furien haben im Lauf der Geschichte eine ungeheure Menge an Mißhandlungen absorbiert. Sie kennen all die Missetaten, die jeder begangen hat und sie sind nicht gnädig gestimmt, sondern boshaft und rachsüchtig.

Wenn du zu den Schicksalsgöttinnen, den Nornen, betest, dann wendest du dich eigentlich an die Furien, die momentan gerade besänftigt sind. Man erinnert sich der Nornen durch Gebete, die man in Höhlen und tiefen Erdlöchern spricht. Opfere immer drei Dinge, eins für jede von ihnen, sonst werden sie mürrisch (drei Kerzen, drei Äpfel, drei Kelche mit Wasser oder Wein). Die Schicksalsgöttinnen halten sich unter der Erde auf (in unserem Unterbewußtsein). Sie weben am Geflecht des Lebens, sie erschaffen unsere Szenarien. Sie schreiben unsere Geschichte.

Alecto, die jüngste, beginnt den Lebensfaden zu spinnen und so legt sie die Geburt fest und die strahlende Sternenkarte. Dann nimmt ihn Tisiphone, die mittlere, auf und spinnt ihn weiter, entwickelt und bestickt ihn.

Natürlich schneidet Megaera, die älteste, ihn mit ihrer Schere ab. So werden die Menschen geboren, wirken auf Erden und sterben.

Wenn der Ärger der Schicksalsgöttinnen hervorgerufen wird, dann verwandeln sie sich in die Furien. Man muß sie heraufbeschwören. Es muß irgend etwas grundsätzlich Übles geschehen sein, damit sie in Wut geraten. Ein ermordetes Kind, eine vergewaltigte Frau, eine dahingeschlachtete Mutter, ein erschlagener Sohn, ein Gattenmord – diese Verbrechen rufen sie auf den Plan. Sie sind das Gewissen der Natur selbst. Werden sie dann herbeigerufen, so stürzen sie sich auf den Übeltäter und nehmen Rache. Aber es muß eine Anziehungskraft geben, die sie heraufbeschwört. Was aber, wenn es keinen identifizierbaren Feind gibt? Dann werden sie die Wurzel des Übels angreifen, die nur sie kennen.

Wie vergelten sie Missetaten?

Wahnsinn ist eine ihrer Lieblingsmethoden, um zurückzuschlagen. Oder einfach schreckliches Pech. Glück ist die Domäne der Schicksalsgöttinnen; Glück zu haben bedeutet Erfolg und Pech zu haben, heißt immer zu verlieren und unglücklich zu sein. Manchmal wird auch gemunkelt, daß die Nornen ihre rotohrigen

Höllenhunde loslassen, die den Verbrecher in Stücke zerreißen. Aber ich denke, daß das einfach heißt, daß der Mensch, der sie erzürnt hat, zerfällt, daß ihn sein eigenes schlechtes Gewissen zerreißt und seine Persönlichkeit zerstört. Könnte man das in der Magie anwenden? Die Furien wider das Patriarchat – die Furien gegen den Krieg. Ich glaube, die Furien müssen sich erheben, um dem Frieden auf Erden Raum zu verschaffen.

Heutzutage sind die Schicksalsgöttinnen immer noch damit beschäftigt, ihre Fäden in den tiefen Höhlen des Unbewußten zu spinnen. Aber oft verwandeln sie sich in die Göttin der Zwietracht; nicht ganz so niederträchtig wie in den alten Zeiten sind sie dann, aber sie verbreiten einfach ein wenig Unzufriedenheit, stellen Herausforderungen, bringen Veranstaltungen zum Platzen, lenken vom Programm ab.

Ich habe etliche Manifestationen der Göttin der Zwietracht kennengelernt. Jede Gruppe mit mehr als drei Personen ist möglicherweise mit einer geschlagen. Es ist gut, sich an die Göttin der Zwietracht zu gewöhnen, sobald man sie identifiziert hat, und ihre Schliche kennenzulernen. Wenn du die Große Göttin nämlich bittest, sie zu entfernen, muß sie dir vielleicht eine neue schicken, von der du gar nichts weißt und die noch schlimmer sein mag.

Jahrelang pflegte unsere örtliche Göttin der Zwietracht zu unseren Göttinveranstaltungen zu kommen und in der ersten Reihe zu sitzen. Wenn wir das Publikum ermutigten, Fragen zu stellen, ergriff sie die Gelegenheit, um diejenigen, die gerade das Wort hatten, äußerst geschickt zu zerlegen.

Unsere Göttin der Zwietracht ist fair. Sie haßt wirklich alle gleichermaßen. Sie gab vor, eine einfache Zuhörerin zu sein und versuchte dann der Vortragenden die Show zu stehlen. Wenn wir darauf nicht vorbereitet waren, pflegte die Göttin der Zwietracht die Vorstellung zu übernehmen und ihre eigenen Ansichten über die Göttin zu verbreiten, die meist im Gegensatz zur Vortragenden waren. Bevor du überhaupt begriffen hattest, was mit deinem Vortrag geschehen war, hatte das Publikum deine Anwesenheit bereits vergessen. Sie war äußerst geschickt.

Sie war bei verschiedenen Vorträgen, für die ich engagiert

worden war, nicht aufgetaucht, und ich hatte die Warnung schon fast vergessen. Fast begann ich mich in Sicherheit zu wiegen. Genau da kreuzte die Göttin der Zwietracht wieder meinen Weg. Sie nahm einen der vorderen Sitzplätze in meinem Workshop auf einer Frauenkonferenz ein und sofort wußte ich – jetzt bin ich dran. Die Göttin der Zwietracht war in der letzten Zeit auf keiner anderen Veranstaltung gesichtet worden, also war sie völlig ausgeruht und bereit, ihr Schlimmstes für mich zu geben.

Ich hielt meinen leidenschaftlichen, improvisierten Vortrag »Die Tempel der Göttin« mit Farbdias der Göttin aus der ganzen Welt. Ich erzählte die Mythologie der jeweils abgebildeten Göttin und abgesehen von einer fallweise auftretenden Vergeßlichkeit, was die genaue Jahreszahl oder die Herkunft des gezeigten Exponats anging, fühlte ich mich ziemlich sattelfest. Die Lieblingsmethode der Göttin der Zwietracht, um mich aufzustacheln, bestand nämlich darin, mich unablässig wegen des genauen Datums der Statuen auf meinen Dias und ihrer Fundorte zu löchern. Es war mir niemals gelungen, sie davon zu überzeugen, daß mein primäres Ziel in diesen Gesprächen war, die Bedeutung rüberzubringen, nicht die Daten.

Aber ich konnte mir ausmalen, daß sie diesmal einen besseren Plan hatte, mich zu zerlegen, weil sie mich nicht mit den Daten quälte. Was konnte es bloß sein? Um mich selbst zu verteidigen, begann ich den Zuhörenden jetzt zu erzählen, wie traurig es sei, daß Frauen streiten und dann nie mehr wieder ein Wort miteinander wechseln und was für eine riesige Vergeudung das doch sei. Jede im Publikum kannte eine, mit der sie einen Konflikt gehabt hatte. Ich blieb beim Thema und langsam lockerte ich mich beim Konzept der Göttin der Zwietracht. Von so einer Göttin hatten die Frauen noch nie zuvor gehört. Also erklärte ich weiter, wie es in jeder Gemeinschaft eine solche Göttin der Zwietracht gibt, die dort ihren Platz wegen des weiteren Wachstums einnimmt. Aber wenn die Göttin der Zwietracht nicht das positive Wachstum bewirkt, das die Frucht der Zwietracht ist, dann erledigt sie ihre Arbeit nicht gut.

Die Manifestation der Göttin der Zwietracht saß gelassen da und ignorierte das alles ganz einfach. Ich erklärte, daß unsere

Göttin der Zwietracht immer als Teil der Zuhörerschaft erscheint, mit der Unwissenheit der versammelten Frauen spielt, mit der Sprecherin ringt, sie dumm aussehen lassen will; und wie es dieser speziellen Göttin der Zwietracht gelungen war, viele Vorträge zu sprengen.

Danach setzte ich meinen Vortrag über die internationalen Manifestationen der Göttin fort. Optisch besuchten wir heiratsfähige Nymphen, prächtige Maiden und ehrwürdige Greisinnen. Wir bewunderten die farbenfrohen Bilder der Durga aus Burma. Wir betrachteten die regenbogenfarbene geflügelte Isis, wir bestaunten Hathor mit ihren Hörnern, wir waren berührt von der Schönheit der schwarzen Aquaba aus Afrika.

Dann, in einem seltsamen Moment, mitten in einer heroischen Geschichte über Diana, die Mondgöttin, hörte ich, wie die Göttin der Zwietracht doch endlich ihre Stimme erhob. »Diana ist nicht nur die Göttin der Frauen«, sagte sie. Ich konnte hören, daß ihre Stimme mit turbulenten Emotionen geladen war. Es sollte wohl noch eine Menge folgen.

Mein Lebenswerk hat sich darum gedreht, den Frauen Diana, die Mondgöttin, nahezubringen. Ich habe eine alte Tradition, die Dianische Tradition, die Frauen in reinen Frauenzirkeln in Frauengemeinschaften zusammenruft, wieder populär gemacht. Diese wiederaufgenommene Idee, daß Frauen ihre eigene spirituelle Tradition brauchen, hat sowohl in der neoheidnischen als auch in der bürgerlichen Gemeinde heftigen Widerstand hervorgerufen. Die Neoheiden leisteten Widerstand, weil es den Priesterinnen eine besondere Macht einräumte, eine Tradition zu haben, in der sie Zirkel mit anderen Frauen bilden und mit ihnen eine schöne Zeit verbringen konnten. Die heidnischen Männer fühlten sich übergangen. Der bürgerlichen Gemeinde machte es schwer zu schaffen, daß sie eine dominante weibliche Gottheit akzeptieren sollten; sie beschuldigten mich, ich hätte mir diese ganze »Nur-für-Frauen-Tradition« deswegen ausgedacht, weil ich eine Feministin sei. Für mich war das ein großes Kompliment, weil es die Frauentraditionen bis zum vierten Jahrhundert gegeben hatte und ich sie nur ganz bescheiden wieder einführte. Also war dieses Konzept der dianischen Tradition und der Frauenmysterien als Thema ebenfalls ein sehr heißes Eisen für mich. »Diana ist die Göttin der Wildnis und der Frauen. In ihren Mysterien war nie ein Mann zugelassen!« stellte ich mit der ganzen Kraft meiner Autorität fest.

Jetzt führte die Göttin der Zwietracht ihren Schlag aus. »Das ist nicht wahr. Es gibt Beweise, daß auch Männer dianische Priester waren und daß Männer sehr weitgehend an ihren Mysterien teilnahmen.«

Die Art, wie sie das sagte! Ihr Kopf war hoch erhoben, für eine kleine Frau stand sie hoch aufgerichtet im Raum und alle Augenpaare waren auf sie fixiert. Sie war jetzt die Verfechterin des Zugangs für Männer zu den spirituellen Angelegenheiten der Frauen. Und die Art, wie sie das feststellte, schien fair zu sein. Sie teilte.

Die Männergruppen haben daran aber nicht das geringste Interesse. Sie sind nicht daran interessiert, die spirituellen Frauengruppen zu überrennen und sie für Männer zu öffnen. In Wirklichkeit haben die Männer begonnen, ihre eigene »Nur-für-Männer-Tradition« zu entwickeln. Aber an diesem Nachmittag war für die Göttin der Zwietracht die Mitgliedschaft der Männer bei den Frauenmysterien eine Frage des Prinzips und der Forschung. Ich war leichenblaß.

»Verzeihung, aber meinen Sie damit, daß es überhaupt keine Frauenmysterien geben dürfte? Daß die Männer immer miteinbezogen werden müssen? Warum?«

Der Punkt, den sie natürlich geflissentlich übersah, war, daß zur Zeit des Altertums der Göttin in manchen ihrer Aspekte sowohl Männer als auch Frauen dienten und dann gab es eine Tradition der Diana (wie auch für Aphrodite und etliche andere Göttinnen), die nur für Frauen allein war. Diese Tradition ist die Quelle der dianischen Mysterien, die wir heute ausüben.

»Die Göttin Diana hat eine sexuelle Beziehung mit Endymion, einem wunderschönen Jungen«, sagte sie, als hätte sie die beiden gerade vor einer halben Stunde zusammen gesehen.

»Du meinst Endymion, den Typen, der immer schlief, sogar wenn er die Augen offen hatte?«

Jetzt verstand ich. Dieser Endymion, dessen Existenz die ganze

Nur-für-Frauen-Verehrung der Mondgöttin bedroht hatte, klang für die meisten Frauen, die zuhörten, nicht gerade nach einer heißen Nummer.

Also immer nur am Schlafen, flüsterten sie. Was soll das für ein Liebhaber sein, der immer nur schläft? Noch dazu mit offenen Augen. Ist das wohl ein Symbol für irgend etwas? Welch ein geschicktes Vorgehen! Es war ihr gelungen, mir die Kontrolle zu entreißen. Einige der Zuhörerinnen begannen das Thema zu diskutieren: Frauenmysterien contra gemischtgeschlechtliche Traditionen. Und dann setzte sie noch eins drauf. »Die dianische Tradition ist nicht unbedingt ein weiblicher Mysterienkult«, sagte sie mit einem Schnalzen ihrer Zunge bei dem erniedrigenden Wort Kult, nur um mich aufzustacheln. Sie drehte sich meinem Publikum zu und bereite sich darauf vor, ihren Standpunkt in aller Ausführlichkeit zu erklären. Und ich hatte noch fünfzehn Dias!

An diesem Punkt hätte sie einfach mit einem Sieg in der Tasche davonspazieren können. Eine Vortragende darf in der Öffentlichkeit zu niemandem unverschämt sein. Das ist ein ungeschriebenes Gesetz. Du darfst nicht zurückschlagen. Du kannst nicht deine muskelbepackten Freundinnen mit einem kurzen Pfiff durch die Zähne herbeirufen und die Amazonen den Störerfried einfach hinaustragen lassen. Bist du in der Öffentlichkeit, mußt du geduldig und freundlich sein, dich hinlegen, dich hübsch zusammenrollen und eingehen. Aber werde niemals ärgerlich!

Was konnte ich bloß tun?

»Verzeihung«, unterbrach ich ihren langgezogenen Satz. »Wertes Publikum! Dies ist unsere lokale Göttin der Zwietracht und sie demonstriert jetzt, in diesem Moment, wie dieses Konzept funktioniert. Sehen Sie?«

Ein kurzes, intensives Gelächter brach im Publikum aus, als sie das Konzept der Göttin der Zwietracht begriffen. Teils war das Lachen Erleichterung, teils waren sie amüsiert. Erstaunt drehte sich die Göttin der Zwietracht zu mir.

»Also das hast du dir ausgedacht!« dachte sie augenscheinlich. »Diese Falle hast du mir gelegt und ich bin direkt hineingetappt!«

Das Gelächter hatte sie entwaffnet. Dagegen besaß die Göttin der Zwietracht keine Verteidigung. Es umspülte sie wie Badewasser, war wie Wasser auf das Feuer, das sie gelegt hatte. Es war nun für alle ersichtlich, wie schnell unter ihnen Zwietracht gesät werden konnte.

Es gab Momente der Selbstanalyse. Die Frauen lachten über sich selbst, erstaunt darüber, wie schnell sie ihr Ziel aus den Augen verloren hatten. Voll Gutmütigkeit zollten sie der Göttin der Zwietracht ihre Anerkennung als mächtige Kraft und wandten sich dann wieder dem ursprünglichen Programm zu.

Es gab eine Pause und ich griff meinen Gedankenfluß mit dem nächsten Dia wieder auf. Als die Lichter wieder ausgingen, sah ich die Göttin der Zwietracht bei der Tür hinausschlüpfen. Doch sie warf mir einen flüchtigen Blick zu und ich konnte spüren, wie ihre Augen sagten: »Ich komme wieder!«

Dritter Mondzyklus

Zeit: *Februar – März*
Sternzeichen: *Fische*
Mondpflanze: *Fenchel*
Mondtier: *Wolf*

Sturmmondin

Mondsicht

Die Sturmmondin überblickt die Welt durch ein wechselndes Meer aus Wolken, die sich teilen, um eine Welt zu enthüllen, die bereitsteht, in volle Blüte auszubrechen. Von überall her erklingt die Musik der plätschernden Schmelzwässer und der Regenfälle, die sich zu Flüssen vereinigen, um ihre Mutter Meer zu suchen. Die Welt ist in Bewegung; alles ändert sich, aber in die Zerstörung des winterlichen Friedens hinein klingt bereits das erste Frühlingslied der Lüfte.

Die Göttin spricht

Sedna

Das älteste aller göttlichen Wesen bin ich, Sedna, die Königin der Tiefe. Um mich sammle ich meine Geschöpfe, um sie vor tobenden Stürmen zu schützen. Die fischschwänzige Göttin bin ich, der heilige Wal bin ich, Lebensspenderin für mein Volk, Erhalterin und Verteilerin aller Meeresfrüchte. Ich bin es, die entscheidet, welche von meinen Tieren gefangen und gegessen werden dürfen und welche von meinen Tieren du schonen mußt, willst du meinen Grimm nicht auf dich ziehen.

Seltsame Sagen erzählen Männer über mich. Sie sagen, einst hätte ich als Frau an den Stränden der nördlichen See gelebt. So schön sei ich gewesen, daß alle Eskimomänner mit mir leben wollten, aber ich wollte keinen von ihnen. Nicht ein einziger gefiel mir.

Eines Tages kam ein Seevogel, um mir ein schönes Leben unter den Geschöpfen der Luft anzubieten, und ich flog mit ihm fort. Aber der Vogel hatte gelogen. Es war kein gutes und schönes Leben, zu dem er mich brachte, sondern ein stinkendes Nest. Mein Vater kam, um mich zu holen, aber das Vogelvolk verfolgte uns. Mein Vater und ich entkamen in einem Boot, aber das Vogelvolk beschwor mit seiner Magie einen mächtigen Sturm herauf; das Boot lag tief im Wasser und unser beider Verderben schien gekommen zu sein. Dann, so sagen sie, warf mein Vater mich über Bord. Mit meinen Fingern hing ich an der Kante des Bootes und flehte ihn an. Es war vergeblich. Als ich versuchte, ins Boot zurückzugelangen, zog er sein Messer und schnitt meine Finger ab. Dann stieß er das Ruder in mein Auge, um mich für immer in die eisigen Fluten hinabzuschicken.

Doch das ist ihre Geschichte, nicht meine. Meine Geschichte erzählt, wie ich mich gegen die Herrschaft der Männer auflehnte, erniedrigt und besiegt wurde und dann eine andere Art der Macht fand. Du solltest dir diese Geschichte merken und aus ihr lernen. Auf den Meeresgrund geworfen, machte ich ihn zu meinem Zuhause.

Meine heiligen Finger berührten die Wasser und erschufen die Meeressäuger, die zwinkernden Seehunde, die Haie, die Wale und all die Fische in ihren Regenbogenfarben. Meine Hand schmerzt, wenn meine Meeresgeschöpfe sinnlos abgeschlachtet werden, und dann entziehe ich meinen Überfluß den Netzen der Fischer. Ich sammle alle Kreaturen ein, um sie bei mir in Sicherheit zu erhalten.

Betrachte die Einfachheit meines Leibes. Liege ich auf der Seite, so reicht mein riesiger Fischschwanz vom einen bis zum anderen Ende des Ozeans. In meiner Hand halte ich einen Fisch zum Essen für dich, mit der anderen Hand halte ich meine weibliche Brust, die dich daran erinnert, daß auch du aus dem lebenspendenden Meer stammst. Ja, wunderschön bin ich, und manchmal, wenn du großes Glück hast und eine Meerjungfrau siehst, kann es sein, daß du ein Auge auf mich wirfst.

Sedna bin ich, die Königin der Tiefe, Königin der Stürme und Taifune und Hurrikane. Nur magische Gebete können mich erfreuen. Ruf mich um Glück an. Wenn du ausläufst, um zu fischen, so wirf eine Kupfermünze als Bezahlung für die Fische ins Meer und ich werde dir viele schicken. Ruf mich an, wenn du in meinen Wellen gefangen bist und fürchtest zu ertrinken – ich werde dir einen Delphin senden, der dich zum Strand geleitet. Ruf mich an, wenn du dich verlieben willst – ich werde dir eine sanfte Frau oder einen Mann schicken, die dafür sorgen, daß dein Herz sich geliebt und sicher fühlt.

Die ursprüngliche Mutter bin ich, alle Geschöpfe sind aus mir hervorgegangen. Ich lege dir die Verantwortung auf, meine Gesetze zu befolgen. Fische nicht mehr, als du essen kannst. Erschieße meine Seehunde nicht, vor allem, wenn sie dir mit ihren Flossen zugewunken haben. Nimmst du mir einen dieser Seehunde, so werde ich eines deiner Familienmitglieder in die Tiefe holen.

Wirf mir zu Ehren Blumen aufs Wasser. Ruf meinen Namen in die See hinaus, wenn du das Bedürfnis verspürst, mit mir zu reden. Ich bin in jedem Wassertropfen. Ich bin in jedem Fisch.

Botschaft in den Fischen

In dieser Zeit werden vor allem die nährenden, weiblichen Instinkte betont und die wässrigen, lebenspendenden Kräfte in der Natur und den Frauen gefeiert. Eingebungen, schöpferische Kräfte, das Lösen von Mysterien, außersinnliche Phänomene sind jetzt Teil dessen, was uns umgibt.

Jetzt ist die Zeit gekommen, die Freuden des Lebens zu erfahren; setz einen Schlußstrich unter jeglicher Art von Verweigerung, ergib dich dem schönen Leben, gutem Sex, gutem Essen, guter Unterhaltung. Kunstgenüsse aus den Bereichen Theater, Musik und Dichtung finden jetzt großen Anklang bei dir. Versuche den Einfluß der Fischemondin in dich hineinzulassen, erlebe deine Gefühle in höchster Intensität, drücke sowohl ihre positiven wie auch negativen Seiten aus, erlaube dir selbst eine Zeit der Herzensintensität.

Kein Gemüse konservieren, wenn die Mondin im Zeichen Fisch ist, keinen Schnittlauch schneiden, nichts säen oder pflanzen, von dem du die Blätter ernten willst. Keine Kartoffeln, Zwiebeln, Blumen oder Früchte im Keller einlagern; jetzt würden sie schnell faulen. Drogen und Betäubungsmittel haben während dieser Zeit eine stärkere Wirkung als sonst, also sei vorsichtig. Ausgezeichnet geeignet ist diese Zeit für Verlobung, Heirat oder neue Freundschaften, aber paß auf dein Geld auf. Für Musiker ist es eine gute Zeit, zusammen zu proben und aufzutreten. Brau dir dein eigenes Bier, stelle Wein her, handle mit Flüssigkeiten.

Mondgezeiten

Begehren

Das Begehren zu spüren ist eigentlich ein sehr politisches Thema, weil die patriarchalischen Religionen in der Annahme entwickelt wurden, daß dir dein Begehren nicht guttut. Sollte ihre einmütige Paranoia dem Begehren gegenüber irgend etwas bedeuten, dann ist anzunehmen, daß dir dein Begehren sogar sehr gut tut.

In der Tradition der Göttin ist das Begehren etwas Heiliges; es ist eine weitere Möglichkeit, die personifizierte Göttin an der Arbeit zu sehen. Die Göttin hat das Begehren in unsere Herzen gelegt, um uns zu unserer Bestimmung zu führen. Auf unserer Lebensreise gibt es viele Zielpunkte. Das Begehren ist der Kompaß, der uns anzeigt, wo die Reise hingehen soll.

Unlängst ist mir aufgefallen, daß alle Dinge, die ich als junges Mädchen wirklich tief begehrt habe, wahr geworden sind. Es hat wohl eine Zeit gebraucht, aber nach und nach ist es geschehen. Heute wünschte ich nur von einigen, sie hätten sich nicht erfüllt, aber es hätte keinen Unterschied gemacht. Und ich habe mehr durch die Beobachtung meiner Bedürfnisse gelernt als durch jede andere Form der Selbstbeobachtung. Begehren ist der Wegweiser zum Tao, das selbst die Bewegung der Energie ist. Das Tao ist der Fluß der Lebensenergie. Man muß irgend etwas begehren, um Zugang zur Bewegung der Seele zu haben. Wir alle haben das Bedürfnis, etwas zu werden, eine Lehrerin, eine Schriftstellerin, eine Anwältin, was auch immer – und tief in uns sitzt auch das Bedürfnis, glücklich zu sein. Später im Leben werden wir uns bewußt, daß wir begehren zu wissen, zu vertrauen, jemanden zu lieben. Was für ein edles Gefühl ist das Begehren doch!

Wenn es nach den Priestern und Predigern und Fernsehevangelisten ginge, müßten wir gegen das Begehren Krieg führen. Begierden sind verdächtig. Wenn man sie schon nicht ausrotten kann, so gehören sie zumindest unterdrückt. Und da die schlimmste Begierde fleischlich ist, werden unverzüglich Frau und Begehren gleichgesetzt. Wenn es zu diesem nebulösen Gefühl kommt, diesem nichtswürdigen Gefühl (erinnere dich nur – der Apfel im Paradies), gibt man da nicht den Frauen die Schuld? Die Krischnasekte behauptet, die Frauen seien es, die das Leid der Welt verursachen – und nicht das den Männern eigene dysfunktionale Wirtschaftssystem –, weil die Frauen die Seelen in das endlose Rad der Wiedergeburten zurückbringen. Sie besitzen tatsächlich die Frechheit, sich über die Wiedergeburt zu beschweren! Begehren ist und bleibt politisch ein heißes Eisen.

Die Sehnsucht nach Frieden hat an Popularität gewonnen. Je mehr Menschen Frieden begehren, um so mehr wird es Frieden geben. Abrüstung ist begehrenswert. Das Bedürfnis nach Waffenlosigkeit muß stark werden. Es ist eine gute Medizin, ebenso das Bedürfnis nach Zusammenarbeit, Gesundheit und Wohlstand. Das Bedürfnis, das ich gerne erstickt sähe, ist das Bedürfnis nach Gewalt, sei diese legal oder illegal.

Begehren ist Macht.

Mondzauber

Zur Stärkung eines guten Begehrens

Laß eine Kerze in einem Rotton, der dir angenehm ist, brennen. Projiziere dein Begehren in die Kerze hinein und sende es mit aller dir zur Verfügung stehenden emotionalen Energie ins Universum hinaus. Verbrenne etwas Salbei oder Sandelholz oder sonstiges Räucherwerk, das du gerne magst. Bete zur Göttin der Tiefe, tief in deiner Psyche und bitte sie, das Begehren in deinem Herzen zu stärken. Dann sprich:

> *Schöne Sedna, Göttin der Tiefe,*
> *laß mein Begehren wachsen.*
> *Laß es ein riesiger Wal sein,*
> *laß mein Begehren röhren,*
> *Wellen laß es schlagen.*
> *Schöne, liebe Sedna,*
> *so soll es sein!*

Wenn du das Begehren in deinem Herzen aufsteigen fühlst, so entzünde deine Begehrenskerze und arbeite mit ihrer Energie (spüre sie und laß sie zu) jeden Tag einige Minuten lang, bis die Kerze zu Ende ist. Laß den Zauber sieben oder neun aufeinanderfolgende Nächte lang wirken.

Nun folgt der schwierige Teil. Du mußt dein Bedürfnis loslassen und zumindest eine Mondin lang nicht mehr daran denken. Wenn du dein Begehren losläßt, kann es ins Universum eintreten, weil es nicht länger an dich gebunden ist und die nötigen Kontakte herstellen kann, bevor es zurückkehrt. Wenn du es nicht gehen läßt, wird es dich nie verlassen und deswegen kann es auch nie von Erfolg gekrönt zurückkehren.

Mondgezeiten

Trauer

Niemand von uns kommt ohne die Erfahrung einer großen Dosis Trauer durchs Leben. Trauer ist das Ergebnis eines Verlustes oder einer Enttäuschung, die Folge von Tod oder Trennung. Es ist Trauer, die wir fühlen, wenn wir einen Geliebten, eine Freundin, einen Elternteil, ein Kind oder auch ein Haustier verlieren. Aber verlieren werden wir sie eines Tages und wir alle hassen Verluste. Trauer ist ein tiefes und bitteres Gefühl, es lebt in den Grundfesten unseres Seins. Wenn wir weinen, so steigt unser tiefes Schluchzen von diesem unergründlichen Ort auf. Wir zittern vor Trauer, wir erbleichen vor Trauer, die Trauer verursacht uns Übelkeit, wir sind todtraurig.

Im Gegensatz zur Wut ist Trauer keinerlei Antrieb zu irgend etwas. Trauer ist der Prozeß, in dem wir einen Ausgang, der nicht mehr geändert werden kann, annehmen. Trauer ist ein Teil des Erwachsenwerdens, weil sie dazu führt, daß wir uns mit einer Situation abfinden und uns hilft, langsam weiterzugehen. Je nach der Ursache deiner Trauer kannst du verschiedene Rituale durchführen.

Mondzauber

Um der Trauer Luft zu verschaffen

Das erste Ritual ist, eine schwarze Kerze anzuzünden und zu weinen. Weine so viel wie möglich, weine jeden Tag, ruf deine Trauer herbei und weine. Wenn keine Tränen mehr übrig sind, so entzünde eine blaue Kerze, um dich zu beruhigen und denke einfach an die Ewigkeit. Für uns lunare Primaten ist das Konzept der Ewigkeit ziemlich hart, aber wir haben es schließlich erfunden. Die Ewigkeit ist etwas, von dem wir Teil sind, aber nur zum Teil. Wir sterben tatsächlich. Wir sind endlich. Aber unsere Seelen gehen über den Tod hinaus und besitzen wirklich eine andere Ebene, in der sie das Leben wiedererlangen. Wenn du jemanden an den Tod verloren hast, bedenke – auf der anderen Seite werden wir ihm bald genug wiederbegegnen. »Wir werden uns wiedersehen« steht über vielen Friedhofstoren geschrieben.

Diejenigen, die gestorben sind, haben einen tiefen Frieden. Für dich ist es schlimmer. Du wirst mit deiner Trauer leben müssen, denn sie ist ein Gefühl, das dich niemals wirklich verläßt, hat es sich einmal eingenistet. Meine Mutter ist vor elf Jahren gestorben und immer noch weine ich beim geringsten Anlaß, wenn ich nur an sie denke. Dieses Trauergefühl sitzt knapp hinter meinen Augenlidern. Aber ich bin darüber hinweggekommen, andauernd zu trauern.

Die Eltern sterben ja normalerweise zuerst. Hast du ein Kind an den Tod verloren, ist es noch härter. Das erwartet man nicht. Wenn ein Kind vor uns geht, werden unsere Herzen tief trauern. Wenn ein Kind entführt oder ermordet worden ist, ist der Schmerz nicht auszuhalten. Ich habe mit Eltern gesprochen, deren Kind verschwunden ist. Sie waren so todtraurig, daß ihre eigenen Freunde nach und nach begannen, sie zu meiden. Niemand außer einem Elternteil oder einem Kind kann so viel Trauer über lange Zeit hinweg tragen.

Trauer kann man auch in nichts anderes umwandeln. Trauer muß man erfahren, bis die Zeit – die Allheilmedizin – sie nach und nach heilt. Jedoch gibt es Rituale, die einem das Leiden etwas erträglicher machen können. Sprich mit so vielen Freundinnen wie möglich und verdünne so die Trauerschichten, wenn die Trauer sehr tief ist. Rede und rede immer weiter. Du kannst neunundvierzig Tage nach dem Tod eines geliebten Menschen zu dessen Ehren ein zeremonielles Mahl veranstalten. Im Altertum glaubten die Leute, daß die Toten neunundvierzig Tage und Nächte schlafen bevor sie in die andere Welt eingehen; ihnen mit einem Abschiedsfest ein schönes Erwachen zu bereiten, betrachtete man als gute spirituelle Handlungsweise.

Lade Freundinnen, die diese schwere Prüfung mit dir durchgestanden haben, ein. Es könnte eine Möglichkeit sein, ihnen ihren Freundesdienst zu vergelten. Koche die Lieblingsgerichte der verstorbenen Person, stelle einen Stuhl für sie hin und decke für sie mit, stelle Bilder von ihr auf – ansonsten setze das Mahl ganz normal fort. Laß die Speisen auf dem Teller der verstorbenen Person unangetastet und stelle sie dann als Opfergabe ins Freie. Viele Volksgruppen machen ein großes fröhliches Fest daraus, mit Liedern und Wein, Geschichten und vielen Trinksprüchen. Das kann man auch jedes Jahr tun, sowohl um der toten Person zu gedenken, als auch um den Schmerz spüren zu können, ohne von ihm überwältigt zu werden. (Weitere Rituale für die Toten siehe in *The Grandmother of Time*)

Trauer über die Trennung von einem lebenden Menschen

Die Auflösung einer Beziehung, eine Scheidung, ein Kind, das von zu Hause weggeht, oder ein Konflikt wegen des Verhaltens der Eltern – etwas, das du nicht ändern kannst, zumindest momentan – erfordert einen anderen Trauerprozeß.

Warte bis zur Vollmondin und entzünde dann eine graue Kerze (die Farbe Grau dient der Neutralisierung), auf die du dreimal den Namen deines Problems geschrieben hast (ja, du mußt bei diesen Ritualen lernen, in ein paar Worten zu sagen, was los ist).

Finde einen Platz im Freien, wo du ungestört mit Großmutter Mond von Angesicht zu Angesicht sprechen kannst. Halte deine Kerze und erzähl ihr ganz genau, wie du dich fühlst. Sag etwas in der Art wie: »Großmutter Mond, mein Herz bricht, die Trauer ist meine ständige Begleiterin«, und erzähle deine Geschichte.

Dann mach eine Pause und nimm drei tiefe Atemzüge und denke bei jedem daran, wie dein Atem dich mit dem Leben verbindet. Erzähle ihr nun, wie du deine Situation gerne verändert sehen würdest. Sprich so darüber, als wäre dein Wunsch bereits in Erfüllung gegangen und sage in etwa: »Großmutter hat meine Gefühle verstanden und mich von der Trauer befreit. Wie eine Wolke hat sich die Trauer von meinem Herzen erhoben. Wie ein Atemzug hat sich die Trauer aus meinem Herzen erhoben. Wie ein Stein hat die Trauer sich von meinem Herzen gehoben. Großmutter hat diesen Stein eingewickelt und in ihren Medizinbeutel getan. Großmutter hat ihren Medizinbeutel zum Lebensfluß gebracht. Sie hat den Stein in den Fluß geworfen und jetzt ist er gereinigt. Ich werde zum Fluß gehen und den Vorfahren meinen Respekt zollen. Von nun an werde ich mit einem erleichterten Herzen unter der Sonne und der Mondin gehen.«

Das mußt du wiederholen, bis du es wirklich glaubst. Erst werden es nur Worte sein, aber nach und nach wird dein Herz sich aus der Trauer befreien wollen und dann wird es wahr sein.

Tu dies an den drei Nächten der Vollmondin. Großmutter wird zuhören und die Dinge in Ordnung bringen. Denk jedoch daran, daß ein völlig sorgloses Leben ohne jegliche Schatten und jeglichen Kummer nicht realistisch ist. Das einzige, was du tun kannst, ist, mit den auftretenden Schwierigkeiten umgehen zu lernen. Sei also geduldig und mach weiter mit deinen Ritualen.

Mondfeste

Fest der Hsi Wang Mu
Neumondin im dritten Monat (März) – China
Hsi Wang Mu ist die Liebe Frau (oder Mutter) des westlichen Himmels und aus dem Yin-Prinzip geformt, das rein weiblich ist. Ihr Palast steht in den Kunlun-Bergen in Westturkistan. »Der rechte Flügel, am Ufer des magischen Baches der Königsfischer, ist die Residenz der männlichen Unsterblichen. Der linke Flügel ist die Residenz der weiblichen Unsterblichen, die in sieben Kategorien eingeteilt werden, entsprechend der Farbe ihres Kleides: rot, blau, schwarz, violett, gelb, grün und natur.«

An ihrem Geburtstag, der zwischen den ersten und dritten Tag der dritten Mondin fällt, besuchen sie alle Götter. Sie gibt ein großes Festmahl für sie: Bärentatzen, Affenlippen, Drachenleber und Phönixmark. Die Pfirsiche ihres Gartens – weibliche Sexualsymbole – verleihen Unsterblichkeit. Oft ehren chinesische Frauen Hsi Wang Mu an ihrem fünfzehnten Geburtstag als Dank für die Menstruationsblutungen. Man nennt Hsi Wang Mu auch Chin Mu. Chin heißt »Gold«, »wertvoll« oder »ausgezeichnet« und Mu ist »Mutter«, »Dame« oder »Frau«. Ihr Gefährte, Tung Wang Kung, der Herr des Westens, ist die Essenz des Yang, aber seine Rolle ist zweitrangig. Hsi Wang Mu hat viele Kinder, aber deren Vater wird kaum je erwähnt. Dies und die Tatsache, daß alle Kinder bis auf eines weiblich sind, lassen vermuten, daß der Kult der Hsi Wang Mu entweder das Produkt einer matriarchalischen Kultur ist, die immer noch in Teilen Chinas lebendig ist, oder von Frauen stammt, die in einer Gemeinschaft leben, wo sie, außer an der Küste, alle häuslichen Angelegenheiten innerhalb ihres Gebietes kontrollieren.

Fest der Anna Perenna
Vollmondin – Antikes Rom

Die Märzvollmondin gehörte der Anna Perenna, der Großmutter der Zeit und der Fruchtbarkeit. Es war ein fröhliches Fest, bei dem Grüppchen junger Leute miteinander voll romantischer Gedanken in die Wälder gingen. Manche legten sich mit ihren zugewiesenen Partnern ins grüne Gras, andere bauten Zelte aus Zweigen. Die Sonne wärmte sie, sie teilten den Wein miteinander und beteten darum, so viele Jahre zu leben, wie sie Weinbecher trinken konnten. Man kann sich also vorstellen, daß das eine gute Ausrede war, um sich wild aufzuführen. Für diejenigen, die sich noch auf den Beinen halten konnten, folgte ein Tanz. Anna Perenna war die Göttin, der es gefiel, Herzallerliebste zusammenzubringen. Küsse und Tänze waren ihre Rituale und die »Sondererlaubnis« reichte sogar so weit, daß Paare zusammenkommen durften. Sieh zu, daß du zu dieser Vollmondin etwas Lustvolles, wenn möglich Sexuelles unternimmst. Eine zweite Gelegenheit dafür ist der Valentinstag.

Fest der Holi
Phalguna-Vollmondin – Indien

Das Fest der Göttin Holika ist ein Feuerfest. In Westindien fallen die Frühjahrs-Tagundnachtgleiche und die Weizenernte zusammen. In der ganzen Gegend schichtet man Holzstöße für große

Feuer auf – sowohl auf dem Land als auch in den Städten. Das Holifest ist eine Mischung aus Fruchtbarkeitsriten und Reinigung. Die Leute bewerfen einander mit Farbpulver (Pollen?), wenn sie sich auf der Straße treffen, Männer sprühen aus Fahrradpumpen farbiges Wasser (Samen?) auf die Frauen. Die Leute tragen ihr ältestes Gewand und die Party kann die ganze Nacht durchgehen. Freudenfeuer brennen, man ißt süße Polis und wirft sie als Opfergabe für die Göttin ins Feuer.

Geburtstag der Ch'un T'i
Sechzehnter Tag, Vollmondin im März – China

Ch'un T'i ist die Göttin des Lichts. Sie hat acht Arme, um acht Aufgaben gleichzeitig zu erfüllen. Sie ist die taoistische Himmelskönigin, Maritchi für die Buddhisten, die Göttin, deren Fest das länger werdende Tageslicht anzeigt und das zunehmende Jahr ernsthaft ankündigt. Zünde eine weiße Kerze zu dieser Vollmondin an, um ihr Fest zu feiern, schreibe dreimal deinen Namen auf die Kerze und bitte die Göttin des Lichts um zündende Einfälle und heitere Gefühle.

Anthesteria
Mond des Anthesterion – Antikes Griechenland

Mit diesem dreitägigen Fest, das diesem griechischen Monat seinen Namen gab, feierte man den jungen, heurigen Wein. Am ersten Tag schlug man die Fässer an und alle genossen den neuen Jahrgang. Der zweite Tag war das Becherfest, ein öffentliches Festmahl. Die heilige Hochzeit der Basilissa (der Frau des Archons Basileus) mit Dionysos, dem Gott des Weines, war das Hauptereignis. Die Zeremonie fand in dem älteren der beiden Tempel in Lanaeon, der nur für diesen Anlaß geöffnet wurde, statt. Die Basilissa (altgriechisches Wort für Königin) repräsentierte das Land selbst und das Ritual ist augenscheinlich ein überlebender Rest der alten Heiligen Hochzeit, die die Fruchtbarkeit der Erde durch die sexuelle Vereinigung der Göttin mit dem Gott erneuerte. Ach, wie gerne hätte ich diese großartigen, sinnlichen Feste erlebt und die Geschichten darüber erzählt!

Purim
Vollmondin im Adar – Hebräisch

Purim, oder das Fest Lots, gedenkt der Geschichte, die im Alten Testament im Buch Esther erzählt wird. Allerdings scheint die Feier auch Elemente der Istarverehrung, uralter persischer Neujahrsgebräuche und des Karnevals absorbiert zu haben.

Der Bibel zufolge suchte Ahasver, der König der Meder und Perser während der Periode, als die meisten Hebräer von den Babyloniern verschleppt worden waren, nach einer neuen Königin, weil seine vorherige Herzensdame, die Königin Vashti, sich geweigert hatte, in die Banketthalle zu kommen und vor einem Haufen betrunkener Fremder zu tanzen. Aus Wut, daß in der Öffentlichkeit seinem Willen nicht entsprochen worden war, schwor der König, er würde sich von ihr scheiden lassen, »aus Angst, die Frauen im Land könnten Vashtis Beispiel folgen.« (Diesen Feministinnen darf man doch keinen Millimeter nachgeben, oder?) Das einzige, was eventuell für ihn spricht ist, daß der Mann vermutlich auch betrunken war und die Gesetze der Meder und Perser es ihm nicht gestatteten, sein Wort zurückzunehmen. Seine neue Königin Esther (eine hebräische Version des Namens Ishtar!) wählte er jedenfalls mit Hilfe eines Schönheitswettbewerbes.

Sein Premierminister, Haman der Agagite, war von einem den Juden feindlich gesinnten Stamm. Nachdem er durch geschicktes Ränkespiel den König dazu gebracht hatte, den Agagiten Pogrome gegen die Juden zu erlauben, überredeten Esther und ihr weiser Onkel Mordecai den König, zurückschlagen zu dürfen. Ein drei Tage währendes Blutbad brachte den Juden den Sieg, und Esther, Mordecai und König Ahasver lebten glücklich bis an ihr Ende.

Trotz der romantischen Elemente ist diese Geschichte vom feministischen Standpunkt aus betrachtet äußerst beunruhigend, aber das Purimfest ist eines der unbeschwertesten im jüdischen Ritualjahr. Heute feiert man es üblicherweise mit einem Kostümfest, bei dem die Teilnehmenden die Rollen der Charaktere dieser Geschichte annehmen. Die Geschichte wird vorgelesen (und manchmal vorgespielt), man macht derbe

Scherze und tischt jede Menge Speisen und Getränke auf. Das spezielle Festtagsgericht besteht aus einem dreieckigen Kuchen, der mit Mohnsamen gefüllt ist. Die Ecken werden zusammengedrückt, so daß der Kuchen einer Yoni ähnelt.

Obwohl man die Kuchen mit Haman in Verbindung bringt, liegen die Ursprünge des Festes doch wohl im uralten Neujahrsfest, das von der der Frühjahrs-Tagundnachtgleiche nächsten Neumondin bis zur Vollmondin gefeiert wurde und der Ishtar, der Göttin der fruchtbaren Mondsichel, geweiht war. Das neue Jahr war die Zeit der Heiligen Hochzeit der Göttin (ursprünglich Inanna) mit ihrem Gefährten Dumuzi. Man setzte Inanna auch mit dem Planeten Venus (dem Morgen- und Abendstern) gleich, aber sie war auch die erste Tochter von Mondgott und -göttin Nanna und Ningal. Die Wandlung von der chaotischen Göttin der Stürme zur strahlenden Königin, die man in ihren Ritualen feierte, brachte man möglicherweise sowohl mit dem lunaren als auch dem menstruellen Zyklus in Verbindung.

Eines der überlieferten rituellen Lieder beschreibt die Prozession (vielleicht in der Dämmerung, wenn die Neumondin und der Abendstern gemeinsam am Himmel leuchten):

Jeder in Sumer ist hier, um sie zu ehren, freudvolle Klänge erzeugend mit Harfe und Trommel und Pauke: Soldaten und Priesterinnen, ehrbare Paare, Jungen mit Bändern, Jungfrauen und männliche Prostituierte, die mit bunten Schals winken. Die Leute machen Wettkämpfe mit Springschnüren und bunten Seilen, Männer und Frauen haben ihre Kleidung vertauscht. Dann erscheint das Licht des Himmels:

Voll süßem Staunen blickt meine Herrin vom Himmel.
Voll süßem Staunen blickt sie auf all die Länder
und auf das Volk von Sumer, zahlreich wie Schafe. *

Wie so oft wurde dem Fest ein neuer Mythos von einem neuen Volk zugeordnet, aber viele der alten Bräuche überlebten. Einige

---

* »The Holy One«, Inanna, Queen of Heaven and Earth (San Francisco, Harper & Row, 1983) S. 99.

meiner Freundinnen nahmen einmal an einem Purimfest teil, bei dem alle Gäste gebeten worden waren, in ihrer alttestamentarischen Lieblingsrolle zu erscheinen. Eine von ihnen ging als Königin Jezebel, die versucht hatte, in Israel die Göttinverehrung wieder einzuführen und dafür getötet worden war, die andere ging als Gomer. Sie trugen Plakate mit der Aufschrift: »Bringt die Asherim zurück!«, »Pflanzt die heiligen Haine wieder!« und ähnliches. Glücklicherweise war es eine gemischte und heitere Gesellschaft und alle anerkannten diese Standpunkte.

Mondgeschichte

Der Turm

Sie ergießt ihren Körper in langen Strahlen in mein Zimmer, sie sammelt sich mit ihrem Vorlesebuch auf einem Stuhl. Ihr Gesicht hat einen schelmischen Ausdruck, ihr feiner, weißer Umhang raschelt, als sie gemütlich ihre Beine ausstreckt. Sie sieht mich an.

Laß mich dir eine Geschichte erzählen von einer längst vergangenen Zeit.

Was für eine Geschichte? frage ich.

Eine heilende Geschichte, sagt sie. Es gibt nur solche. Wird sie bedrückend sein?

Aber sicher. Die Vergangenheit ist oft bedrückend.

Ich kann leicht sehen, daß Großmutter schon in der Geschichte schwelgt, die sie gleich erzählen wird, manchmal ist sie in ihrer Auswahl ein wenig grausam, sie mag einfach gute, niederschmetternde Geschichten. Sie denkt, daß das gut für uns sei. Ihre Stimme hebt sich sanft, als sie in ihre Saga eintaucht:

Es war einmal ein sehr mächtiger Bischof in Transsylvanien, der sich vorgenommen hatte, die Mauern des allerältesten Tempels im Land zu finden und der geschworen hatte, sie als neues Kloster und als Kirche mit hohen Türmen wiederaufzubauen.

Das sollte so wunderschön anzusehen sein, daß die Menschen es bis ans Ende aller Zeiten bewundern sollten. Das war sein Entschluß.

Er suchte nach den rechten Handwerkern, die die Kirche für ihn bauen sollten und fand die zehn fähigsten Maurer der damaligen Zeit. So arm waren sie, daß sie kaum genug zu essen hatten und nur durch die Freundlichkeit ihrer Nachbarn überlebten. Obwohl sie gute Arbeiter waren, waren die Maurer arm, weil niemand außer der Kirche wohlhabend genug war, ihnen einen Auftrag zu erteilen. Groß war daher die Freude der zehn Maurer, als sie des Bischofs Pläne über den Bau eines neuen Klosters, einem Triumph der Baukunst, einem für alle sichtbaren Wunderwerk, hörten.

Sie machten sich auf den Weg, um zu sehen, wo sich die neuen Mauern erheben sollten. Eine Woche lang suchten sie nach der alten Mauer, die schon vor langer Zeit niedergebrannt war. In der Hand eines Schweinehirten fanden sie ein kleines Stückchen Marmor; er zeigte ihnen, woher er es hatte und sagte, daß die alte Mauer noch da sei – zumindest ein bißchen von ihr. Der beste der Maurer, Kelemen war sein Name, und seine neun Freunde gingen um den Platz herum. Sie spürten, wie sie große Ehrfurcht befiel, denn die Mondin ging gerade über ihren Köpfen auf. Sicherlich war dies ein besonderer Platz, denn sie spürten die spirituelle Kraft, die das Land und die Bäume und die Steine um sie herum durchdrang. Sie begannen mit ihrer Arbeit und verwendeten Ziegel und Mörtel, um die Mauer für den neuen Platz der Verehrung hochzuziehen. Sorgfältig arbeiteten sie, Tag für Tag, Monat um Monat. Aber was immer sie an einem Tag aufbauen mochten, am nächsten Morgen war es zusammengebrochen. Wie sehr sie sich auch mühten, die Mauer, die sie so sorgfältig, so geschickt errichtet hatten, wollte und wollte nicht stehenbleiben. Das ging drei Jahre so.

Eines Tages kam der Bischof vorbei, um zu sehen, wie die Arbeit vorangehe.

»Und wie ist es möglich, daß die Mauern noch kein bißchen höher sind?« fragte er den Maurermeister Kelemen. »Warum seid ihr in den drei Jahren mit eurer Arbeit nicht weiter gekommen? Wißt ihr nicht, daß ich diese Mauern wachsen sehen muß zu voller Größe und Schönheit? Ich will, daß die ganze Welt bestaunt, was ich hier zur Ehre Gottes erbaut habe.« »Wir verstehen Euer edles Begehren, o mächtiger Bischof«, antwortete Keleman, »aber um die Wahrheit zu sagen, was wir am Morgen bauen, fällt bis zum Abend zusammen und wir wissen nicht warum.«

»Dann werde ich zu meinem Gott beten«, sagte der Bischof. »Ich werde zu ihm beten und euch sagen, was ihr tun sollt.«

Der Abend kam und alle Maurer ließen sich auf ihren Mänteln nieder, um zu warten. Alle sahen zur zunehmenden Mondin auf und dann schlossen sie ihre Augen, weil sie sehr müde waren.

Aber der Bischof betete aus tiefstem Herzen. Dann legte er sich schlafen und in einem Traum erschien ihm eine dunkle Gestalt, die sagte:

»Die Mauer stürzt immer wieder ein, weil die alten Mauern von den Eroberern verflucht wurden, als sie sie niederbrannten. Der Fluch kann nur dann gebrochen werden, wenn in das neue Gebäude eine junge Frau lebendig eingemauert wird. Dann werden die neuen Wände standhalten.«

Am nächsten Morgen versammelten die Maurer sich um den Bischof und er erzählte ihnen, was er erfahren hatte. »Wenn eine eurer Frauen vorbeikommt, um euch Essen und Wasser zu bringen, so ergreift sie und stellt sie auf das Fundament und baut rasch eine Mauer um sie herum, als wäre es ein Scherz; und dann, wenn sie sich nicht mehr bewegen kann, sollt ihr die Mauer über ihr vollenden. Dann werden die Mauern des neuen Klosters stehenbleiben und eure Arbeit wird Fortschritte zeigen und ihr werdet für eure gute Arbeit reichlich belohnt werden.« Und damit verließ er die zehn Maurer, auf daß sie darüber nachdenken sollten.

Sie alle waren junge Männer und alle hatten sie junge Frauen. Viele hatten Kinder. Ihre Arbeit war ihr Überleben. Sie haßten diese Lösung.

Kelemen rief sie zusammen und legte im Mondlicht vor sich Brot und Salz und die Pläne für die Kirche nieder. Er sagte zu den übrigen:

»Ich will, daß ihr alle einen Eid leistet. Schwört beim Himmel und beim Salz und beim Brot und beim Bild der Kirche, daß wir die erste unserer Frauen, die am Donnerstagmorgen durch Nebel und Tau hierherkommt, um uns Essen und Wasser zu bringen, nehmen und auf die Mauer setzen und eine neue Mauer um sie herum bauen werden und sie so eng einmauern, daß ihr kein Platz bleibt, sich zu bewegen. Ihr habt gehört, was der Bischof gesagt hat. Nur wenn wir eine junge Frau so einmauern, werden die Mauern stehen. Nur dann können wir den Bau dieser Kirche vollenden und unsere Familien ernähren.«

Sie beschlossen zu tun, wie ihnen der Bischof und Kelemen geheißen hatten. Welche der jungen Frauen auch immer am Donnerstag durch Nebel und durch Tau käme, um ihnen Essen und Wasser zu bringen, sie würden sie ergreifen und opfern, denn die Mauer mußte stehen – zur Ehre Gottes. Aber sie waren in tiefer Sorge. Jeder der jungen Maurer fürchtete, es könnte seine eigene Frau sein, die zuerst käme. In dieser Nacht gingen alle außer Kelemen nach Hause und sprachen mit ihren Frauen.

»Bleibt zu Hause an diesem Donnerstag! Kommt nicht durch Nebel und Tau, um uns zu sehen! Bringt uns kein Essen und bringt kein Wasser! Bleibt zu Hause! Verlaßt das Haus nicht!«

Kelemen aber betete zur großen Eiche. Dann sandte er seine Botschaft mittels eines Dieners an seine Frau Piros. »Ich habe im Dickicht einen Bullen verloren, bitte finde ihn. Laß dir Zeit. Dann töte ihn und koche mir eine gute Suppe, bringe sie mir am nächsten Donnerstag durch Nebel und Tau. Du bist mein ganzer Stolz und mein Liebstes.«

Piros erhielt die Nachricht. Früh am Morgen stand sie auf, streifte durch das Dorngestrüpp und fand den verlorenen Bullen. Sie tötete ihn, kochte Suppe aus seinem Fleisch und begab sich auf den Weg zum Berg. Bei Sonnenaufgang kam sie in die Nähe.

Jetzt wurde Kelemen von Reue geplagt. Wie es schien, war seine Frau die einzige, die kommen würde.

»Komm nicht! Verschiebe es, süßes Weib! Komm nicht! Komm nicht, um mir Wasser zu bringen! Komm nicht, um mir Essen zu bringen!«

Seine Gedanken erreichten seine Frau, aber sie spürte nur, daß er an sie dachte und sie beschützen wollte, und das machte sie nur noch begieriger, ihm zu essen und zu trinken zu bringen; und sie trug auch noch ihr Neugeborenes im Arm.

Der Maurer Kelemen beobachtete die Straße und sah, daß seine Frau auf dem Weg war. Sie war die erste, sie kam, sie war nur mehr einen Hügel weit entfernt.

Dann betete er zu dem guten Eichenbaum:

»Laß eine zornige Wölfin erscheinen und meine Frau Piros erschrecken, laß sie das Essen und das Wasser verschütten und sie nach Hause umdrehen!«

Und siehe da, eine zornige Wölfin kreuzte den Pfad von Piros und sie verschüttete Essen und Wasser und das Baby schrie vor Angst, also beschloß sie umzudrehen und frisches Essen und Wasser zu holen.

Als Kelemen sah, daß seine Frau umkehrte, schöpfte er von neuem Hoffnung, daß es nicht Piros sein würde, die sterben mußte, damit die Mauer stehenbliebe. Aber Piros war eine flinke Frau und lebte nicht allzu weit entfernt, sie war die Schnellste zu Fuß und sie war verliebt. Piros fühlte die Gedanken ihres Gatten an sie und seine Liebe zu ihr und abermals machte sie sich auf den Weg, um ihm Speise und Wasser zu bringen, mit dem Neugeborenen auf dem Arm.

Wiederum betete Kelemen unter der großen Eiche:

»O ihr Geister, laßt den Weg verwachsen sein mit schrecklichem Dornengestrüpp, haltet mein Weib auf, laßt sie das Essen und das Wasser verschütten und sie nach Hause zurückkehren!«

Und die Geister erhörten Kelemen und sie versperrten Piros' Pfad mit stachligen Dornen und dem dichten Gestrüpp des Waldes. Sie zogen an ihren Röcken, es wurde später und später, sie verschüttete Speis und Trank und beinahe wäre ihr das Kind vom Arm gefallen.

Kelemen sah, daß sein liebes Weib wieder nach Hause ging, um von neuem ihre Töpfe mit Essen und Wasser zu füllen. Er war dankbar und froh.

Aber zum dritten Male sah er seine Gattin es wieder versuchen, und diesmal hatte sie Werkzeug mitgenommen, um sich einen

Weg durch das Dornengestrüpp freizuschneiden und Waffen, um die Wölfin zu verscheuchen, also umarmte er die Eiche und betete abermals:

»O ihr Geister, die ihr mir schon zuvor meine Wünsche erfüllt habt, bitte gewährt mir auch diesen Wunsch! Laßt einen Drachen den Weg versperren, laßt den Drachen Feuer speien und meine Frau in Furcht versetzen, so daß sie ihr Essen und das Wasser verschüttet und zurück nach Hause geht!«

Piros stand plötzlich einer riesigen Echse gegenüber. Es war eine sehr große und ungewöhnliche Echse und sie ließ ihren Feueratem auf Piros los, diese aber beschloß, diesmal nicht nachzugeben. Sie achtete auf ihren Tritt und überwand rasch die Hindernisse. Sie kletterte den Berg hinan und rief ihre Freude hinaus, als sie Kelemen von weitem sah. Laut und voller Freude rief sie ihn bei seinem Namen, daß er komme und ihr mit dem Neugeborenen behilflich sei. Als sie die Mauer erreicht hatte, sah sie, daß die Männer alle grimmig und traurig dreinblickten. Kelemen küßte sie, aber das Essen wollte er nicht anrühren. Die anderen hoben sie hoch und stellten sie auf die Mauer und begannen, die Mauer um sie herum zu bauen.

Sie hielt das für einen Maurerscherz, aber bald wurde die Mauer zu eng und sie rief aus:

»Kelemen, mein Mann, diese Mauer ist ein zu derber Scherz. Sie drückt auf meinen Körper, meine Brüste quellen über und mein Baby braucht zu trinken.«

Aber die Männer hörten nicht auf sie.

Fieberhaft griffen die Hände der Männer weiter zu Ziegeln und Mörtel, und ihre Hände bauten die Mauer immer enger um sie, bis sie völlig von ihr umschlossen war.

»Mein geliebter Mann, Kelemen, hilf mir bitte! Dieser Scherz geht zu weit! Es tut mir weh, meine Brüste werden zerquetscht, mein Körper ist voll Schmerz, und was ist mit meinem neugeborenen Kind?«

Kelemen stand da und weinte. Aber er tat nichts.

Nun konnte man sein Weib kaum noch hören, ihre Worte wurden von der Mauer verschluckt. Ziegel um Ziegel schwand ihre Stimme.

Endlich antwortete er ihr: »Sorge dich nicht um unser neugeborenes Kind, mein Schatz, es wird nicht alleine sein. Da sind die gutherzigen Feen, die es säugen und halten werden, der Wind wird es wiegen, der Regen es weich und sanft baden, bis es gewachsen ist.«

Immer noch erklangen die dünnen Schreie der Mutter innerhalb der Mauern, aber nach einigen Tagen war die Stimme verstummt.

Die Maurer erbauten eine wunderschöne große Kirche und ein Kloster auf der Bergspitze. Was sie am Tage erbauten, fiel nicht bis zum Morgen zusammen und so vollendeten sie ihr großartiges Werk und alle kamen und es wurde über die Maßen bestaunt. Der Bischof kam zu Pferde, seine Augen funkelten vor Freude und er wanderte auf dem ganzen Gelände umher und war stolz. Er bedankte sich reichlich bei ihnen durch Rang und Namen, er gab ihnen das versprochene Gold und sogar noch ein bißchen mehr für ihre gute Arbeit.

Aber wie er so dastand, hörte er, wie die Maurer zueinander und zu anderen prahlten, wie sie Piros eingemauert hatten, die erste Ehefrau, die an jenem Donnerstag durch Nebel und Tau gekommen war. Und als er so zuhörte, erkannte er, daß diese Männer das Geheimnis dessen, was sie getan hatten und wer es ihnen befohlen hatte, nicht für sich behalten würden. Also nahm er ihnen die Leitern und die Gerüste weg, er ließ alles auseinandernehmen und ließ die zehn Maurer auf dem Dach zurück, ohne eine Möglichkeit herunterzugelangen. Hoch, hoch über den Wolken ließ er sie zurück. Er ließ sie dort, auf daß sie vom Regen ertränkt würden und verhungern sollten.

Da standen sie auf dem Kirchendach, brüllten und schrien um Hilfe und flehten den Bischof an und brüllten, es sei seine Idee gewesen, die Frau einzumauern, damit die Mauern stehenblieben.

Aber der Bischof war entschlossen.

»Ihr sollt keine feinen Bauwerke mehr bauen«, sagte er, »dieses war das erste und letzte! Ich will nicht, daß ihr jemals wieder Ziegel oder Mörtel anrührt. Diese Kirche ist das einzige Bauwerk, das jemals von euch erbaut sein wird zur höheren Ehre Gottes.«

Und damit ließ er sie auf dem Dach zurück ohne irgendwelche Hilfsmittel, um wieder herunterzugelangen. Kelemen und seine neun Männer berieten sich und die neun jungen Männer hörten Kelemen zu und er sagte ihnen, sie sollten sich Flügel aus Holz bauen und versuchen, vom Kirchendach herunterzusegeln. Alle begannen an ihren Flügeln zu arbeiten, sie verbrauchten das ganze Holz und eine Menge Nägel und endlich waren sie bereit, es zu wagen. Sie sprangen vom Dach und hinunter segelten sie – aber ihre Füße berührten den Boden nie mehr wieder, denn mitten in der Luft verwandelten sie sich in riesige Felsbrocken.

Kelemen sah hinab und sah die neun Steine, in die sich seine Gefährten verwandelt hatten und er war bekümmert. Fünf weitere Tage sann er darüber nach und dann baute er sich eine sechsseitige Holzplanke, um hinunterzusegeln.

Er stieß sich vom Dachfirst ab und versuchte zu fliegen. Er segelte hinab, aber sein Fuß verfing sich an der Kirchenmauer – oder vielleicht ließ ihn die Mauer stolpern –, er verhängte sich mit seinen Zehen und krachte hinunter. Als er den Boden erreichte, schlug sein Kopf auf einem Stein neben dem Fundament der Kirche auf und er starb augenblicklich.

Man sagt, daß ein kleines Bächlein an der Stelle, wo er herabfiel, entsprang, ein Bächlein aus Salzwasser und man sagt, es seien die Tränen seiner guten Frau Piros, die immer noch um ihr neugeborenes Kind trauerte.*

Großmutter Mondin pirscht sich in mein Bewußtsein. Sie manifestiert sich in einem silbern schimmernden Gewand und mit Perlen im Haar als Krone. Sie ist wunderschön und duftet. Ich bin schläfrig und müde, aber ihre Gegenwart weckt mich auf, und ich öffne meine Ohren.

Wie soll diese Geschichte mich heilen, Großmutter? frage ich.

Es gibt viel aus dieser Geschichte zu lernen.

Also haben die Männer eine Frau geopfert, nur um eine Mauer aufrecht zu erhalten?

Ja, die Mauer, die des Bischofs Religion schützte.

---

* Nach einer Geschichte von Mark Vitez in »Roumanian Folktales«, (Bukarest, Kriterion Kiado, 1974), S. 184.

Und was ist mit den anderen Männern, die nach Hause gingen und ihre eigenen Frauen warnten? Warum sind die gestorben?

Sie ermordeten Piros. Gute Männer sind, wenn sie nur ihre eigenen Verwandten retten, ebenfalls Teil des großen Übels.

Großmutter, ich finde diese ganze Idee, daß eine Frau lebendig begraben wird, um eine Mauer aufrecht zu erhalten, sehr grausam.

Das setzt sich auch heute noch fort, sagt sie voll Traurigkeit. Immer noch werden Frauen in Institutionen eingemauert, um das Gebäude aufrecht zu halten, ihnen wird ihr Platz genommen, sie werden von allen Männern verraten, von den guten wie von den schlechten. Die Geschichte handelt davon, was nötig ist, um das Patriarchat aufrechtzuerhalten. Sie handelt von dem Preis, den Männer zahlen müssen, wenn sie ihre weibliche Seite töten oder die Frauen, die sie lieben.

Das ist nicht der einzige Preis, Großmutter. Viele Frauen lassen sich nur allzu bereitwillig einmauern, zum Opfer machen, unbeweglich machen, um irgend etwas zu erhalten, was dem Tod und nicht dem Leben geweiht ist. Das Überleben zwingt sie oft, sich unmenschlicher Arbeit hinzugeben, der Ausbeutung ihrer Körper und ihrer Seelen.

Aber dann verwandeln die Männer sich zu Stein. Das ist ihre Strafe dafür, daß sie am Mord an den Frauen teilhaben. Sie verlieren ihre Gefühle. Diejenigen, die nichts fühlen können, sind lebende Leichen.

Es ist eine grauenvolle Geschichte! Ich will sie anbrüllen. Aber der Stuhl, wo sie gesessen ist, ist plötzlich leer. Auf ihrem letzten Mondlichtstrahl ist sie davongesegelt. Vermutlich in Richtung Hawaii.

Vierter Mondzyklus

Zeit: *März – April*
Sternzeichen: *Widder*
Mondpflanze: *Himbeere, Erdbeere*
Mondtier: *Mutterschaf, Schafbock*

Windmondin

Mondsicht

Wenn die Windmondin hoch droben in den Himmeln reitet, wirbeln ihre forschen Winde die Wolken fort, und sie blickt auf eine Welt voll sprießendem Grün herab. Blätterknospen, die aus kahlen Ästen platzen, legen einen Schleier aus mannigfachem Grün über die Wälder. Das frische Gras auf den Wiesen steht schon hoch genug, um Tautropfen aufzufangen. Scheu zusammengefaltet warten weiße und blaue Veilchen auf die Morgendämmerung, um aufzublühen. Die Energie des Frühlings pulsiert in der Luft und jedes junge Blatt, das vom Licht der Mondin berührt wird, entfaltet sich in Verzückung.

Die Göttin spricht

Aradia

Ihr sucht mich, weil ihr in Schwierigkeiten steckt. Ihr wißt, daß ihr mehr über euch und die Welt lernen müßt und lauft auf der Suche nach Wissen umher, geht zu Gurus, nehmt an Tausenden von Seminaren teil, sucht nach heiligen Männern oder heiligen Frauen. Halt! Für dieses Verlangen und Suchen und die ewige Unsicherheit besteht keine Notwendigkeit. Wenn ihr die Antworten nicht in euch findet, werdet ihr sie auch niemals draußen finden. Ich bin Aradia, der Avatar der Mondin. Als Frau war ich zu Fleisch geworden und bin unter euch gewandelt. Ich habe eure Armut gesehen, euer verzweifeltes Leben, euer Bedürfnis nach Liebe und Nahrung. Während eines langen Lebens habe ich euer Elend geteilt und als ich diese Welt verließ, hinterließ ich euch meine Anweisungen darüber, was ihr tun sollt, wenn ihr weiteren Rates und weiterer Kraft bedürft.

Kommt einmal im Monat, zur Vollmondin, wieder in meine Gegenwart. Sammelt euch an versteckten Plätzen – in der Wüste, im Wald, auf Bergen oder Wiesen, auf felsigen Gipfeln, an sandigen Stränden, in Nationalparks, in Hinterhöfen und auf unbebauten Grundstücken oder sogar auf Dachterrassen – wo immer ihr mit mir allein sein könnt.

Hier werden wir uns versammeln und den mächtigen Geist meiner Mutter Mondin, der Diana, verehren. Sie ist die wahre Lehrerin jeder Magie, von ihr rührt jede Eingebung her, die euch auf ihren Pfad führen wird, ihrer ist die Magie, die die eure erwecken wird und denjenigen Macht verleihen wird, die jetzt schwach und unterdrückt sind.

Die Mondkönigin war es, die mich zu euch gesandt hat, weil unter euch so viel Leid und Sklaverei herrschte. Diana verachtet die Sklaverei als den Tod der Seele. Die Lehre, die sie mir für euch weitergegeben hat ist Freiheit, die Freiheit, unser Leben nach der goldenen Regel zu leben:

»Tu, was du willst und schade niemandem!«

Das ist das einzige Gesetz, das ihr braucht. Wenn ihr es befolgen könnt, braucht ihr keine weiteren Gebote.

Tragt nur eure Haut, wenn ihr mich in euren Kreis ruft. Kommt mit eurem Himmelskleid, ohne Gewand, das euch einer Zeit oder einem Jahrhundert zuordnen würde. Dies ist das Zeichen, daß ihr wahrhaft frei seid. Ihr seid für mich offen. Hexen wird man euch nennen, denn ihr seid die Geschöpfe der Mondin, die zu mir zurückgekehrt sind. Ihr seid das magische Volk, das die Regeln des Patriarchats bricht, das die Samen für eine bessere Zukunft sät. Erzählt mir, welcher Art eure Schwierigkeiten sind und ich werde euch Abhilfe verschaffen.

Bereitet dann ein Festmahl mit Kuchen und Wein vor, segnet jeden Bissen, jeden Schluck und tanzt im Kreis herum, wild und frei. Speist danach zu meinen Ehren. Das alles wird euer eigenes, natürliches Selbst erwecken, eure Ketten sprengen, die Käfige öffnen. Laßt euch von der Vollmondin inspirieren, während ich unter euch wandle, euch heile oder euch Balsam für eure Wunden gebe.

Ich bin immer noch eure Lehrerin, der einzige weibliche Avatar, jahrhundertelang ignoriert, aber jetzt in den befreiten Frauen vervielfacht. Die große Meisterin lebt jetzt in euch in jedem Atemzug, in jeder Bewegung. Ich warte darauf, mich euch durch eure Handlungen zu enthüllen. »Traut euch selbst!« ist meine Botschaft, vertraut darauf, daß euer Körper schon wissen wird, wann er ja und wann er nein sagen soll. Die Zeiten der Hexenbrände sind vorbei, aber bevor die Priester ihre ganze Macht verlieren, werden sie mit aller Kraft versuchen, euch nochmals zu vernichten. Dann müßt ihr standhaft sein, standhaft in eurem neugewonnenen Selbst. Überlaßt die Macht über euer Leben oder euren heiligen Geist nicht anderen.

Die Tore des Himmels sind offen für die, die den Weg kennen. Den Tod solltet ihr nicht fürchten, meine heilige Mutter wird euch dort erwarten. Sie sorgt gut für die Lebenden wie die Toten, sie leitet zur Wiedergeburt, sie wird die Ungeborenen inspirieren, sich willige und liebende Mütter zu suchen. Geht mit allen Angelegenheiten zu ihr und betet zur Vollmondin. Die Ohren der Göttin sind offen und ihr Herz lauscht den eurigen. Musiziert und tanzt, denn das ist euer Leben. Laßt die Sorgen hinwegschmelzen, laßt Wunder sich eröffnen, die all eure Fragen beantwortet werden.

Ich bin Aradia, die erste Meisterin und Avatar. Willkommen in der Magie, meine Kinder, meine Hexen, willkommen im Licht der Vollmondin!

Botschaft im Widder

Die Energie dieses Mondumlaufs ist sehr stark, mit sexueller Energie erfüllt, dem Willen, Veränderungen herbeizuführen und Liebe zu machen. Führerschaft wird mit dieser Mondin in Zusammenhang gebracht, eine Qualität, die bei Frauen immer mißbilligt wird, aber die weibliche Energie wird jetzt am stärksten betont, denn diese Mondphase steht unter dem Zeichen der Venus. Mache von dieser aggressiven Sexualität Gebrauch, dieser aggressiven Energie, um die Umstände, die Pläne, die Welt um dich herum zu verändern. Der Wille der Göttin ist es, Ideen zu zünden für die Zukunft, sie voranzutreiben unter inspirierter Führung, leidenschaftlich zu lieben.

Die Mondin im Widder ist eine gute Zeit, um Gras zu mähen oder Unkraut zu jäten. Man sollte das Vieh auf die Weiden treiben, die Tiere werden zu dieser Zeit ruhiger bleiben. Pflanze Erdbeeren und Bohnen, pflanze und säe alles, von dem du die Früchte oder die Samen nimmst. Pflanze alles, was schnell wachsen soll und für den sofortigen Gebrauch bestimmt ist. Schneide, schichte und lagere Holz. Stütze fruchttragende Bäume und Büsche in diesem Zeichen. Tu nichts, was Geduld erfordert. In Skandinavien betrachtete man die Mitte des April als den Anfang des Sommerhalbjahres. Sein Symbol war ein grüner Baum. Man stellte das Gesinde an und Schäfer enthielten sich des Fleisches, weil sie glaubten, es würde der Herde schaden, wenn sie am Tag der Anstellung Fleisch aßen.

Mondgezeiten

Langeweile

Obwohl man sie oft gar nicht erkennt, ist Langeweile eines der Hauptgefühle. Sogar als Kind fürchtete ich mich vor Langeweile. Wenn ich sie auf mich herabsinken fühlte, versuchte ich alles, um sie zu verhindern. Bei einem dieser fieberhaften Versuche brachte ich mir sogar das Lesen bei. Das erwies sich als großartiger Schutz vor der Langeweile. Wir langweilen uns, weil unser Geist nach einer Anregung hungert, wir aber das Passende nicht finden können. Also sitzen wir fest. Wir langweilen uns. Was können wir mit uns selbst anfangen?

Langeweile kann tödlich sein, weil müßige Hände oft nach irgendeinem Unheil greifen, nur um irgend etwas zu tun. Die Langeweile kann eine ganz liebenswerte Person völlig durcheinanderbringen. Du tust etwas, von dem du genau weißt, du solltest es nicht tun – und dann gerätst du in Schwierigkeiten, denen sofort andere Gefühle folgen, beispielsweise Panik, die sicherlich unterhaltsamer ist als Langeweile.

Mondzauber

Gegen Langeweile

Es tut gut zu wandern, rauszugehen, den Körper zu bewegen, um sich von Langeweile zu befreien. Wenn du dein ganzes Repertoire, der Langeweile zu entfliehen, bereits ausprobiert hast und sie immer noch herumlungert, entzünde eine grüne Kerze, verbrenne ein bißchen Salbei und bete zu deiner Lieblingsahnin, daß sie dich auf deinen Pfad zurückführt und dir hilft, dein Gleichgewicht wieder zu erlangen, dir eine neue Richtung weist. Sprich:

Liebste (Name der Ahnin), ich langweile mich,
laß etwas sich bewegen, bitte,
laß meine Augen offen sein
und sehen, was es zu sehen gibt.

Wiederhole das dreimal. Langeweile ist die Mutter der Erfindung. Wenn du den Mut hast, sie durchzustehen, sie voll auszukosten, wird bei deiner Langeweile etwas Gutes herauskommen. Nimm keine Drogen, wenn du dich langweilst. Vielleicht wird dich das Spiel deines eigenen Geistes unterhalten, aber eigentlich verschwendest du damit nur deine Zeit. Deine Zeit zu verschwenden ist nicht so kreativ, wie die Langeweile es sein kann. Schätze die Langeweile, mache sie zu deiner Lehrerin, so wie wir es auch mit Körperschmerz tun sollten, laß sie dir sagen, wo die nächste Erregung herkommen wird.

Mondgezeiten

Ärger

Der Ärger ist eines der grundsätzlichsten instinktiven Gefühle. Ärger ist positiv, weil er keine Depression ist. Ärger ist aktiv. Er verlangt Aufmerksamkeit, er will sich Luft verschaffen, er will ausgelebt werden. Ärger macht blind, weil du aus einem adrenalinüberschwemmten Geisteszustand heraus handelst. Dein Körper kann so viel Adrenalin freisetzen, daß es dich töten könnte, würdest du es nicht durch deinen Ärger herauslassen.

Aber meistens ist Ärger sehr nützlich. Er zeigt dir am besten, wo du dich am meisten bedroht fühlst. Wenn du dich immer wieder über dieselben Dinge ärgerst, versucht dir dein lunares Bewußtsein mitzuteilen, daß du Veränderungen herbeiführen und nicht nur in deinem Ärger verharren sollst. Ärger wird durch seinen Ausdruck zerstreut. Drück deinen Ärger so bald du kannst aus und benenne ihn. Sag, daß du wegen diesem oder jenem wirklich ärgerlich bist. Ärger zu spüren ist gesund – jemanden im Ärger zu verletzen nicht. Ärger ist kein günstiger Zustand, um

Verhandlungen zu führen. Benutze ihn, um deine Probleme zu erkennen, aber warte, bis dein Ärger verschwunden ist, bevor du irgend etwas änderst. Wenn du dich oft ärgerst, ist das ein Zeichen, daß deine Lebensumstände nicht stimmen. Andauernder Ärger ist Zeichen einer Fehlfunktion. Spüre dem nach, schau, was in deiner Vergangenheit war, hol dir professionelle Hilfe und ändere dein Leben, nicht das der anderen (letzteres ist ohnehin unmöglich).

Wenn du ärgerlich wirst und dich damit auseinandergesetzt hast, den Ärger ausgedrückt hast und versucht hast, mit den Ursachen klarzukommen und dir nichts mehr übrigbleibt, was du tun könntest, der Ärger aber immer noch in deinem Herzen schwelt, dann probiere folgenden Mondzauber aus.

Mondzauber

Mit Ärger umgehen

Nimm eine schwarze Kerze, salbe sie mit deiner eigenen Spucke und schreibe »Mein Ärger« auf sie. Laß sie während der abnehmenden Mondin jede Nacht brennen. Verbrenne jeden Morgen und Abend Sandelholz und Salbei. Hör viel Klassik oder sanfte Musik. Meide scharfe Speisen, trink viel Wasser. So wie die Kerze in der Flamme schmilzt, wird auch dein Ärger schwinden. Indigo ist eine heilende Farbe. Es wird dich besänftigen, diese Kerze verbrennen zu sehen. Es wird dich vielleicht sogar aus Erleiterung weinen lassen. Gib dem Universum deinen Ärger und bitte es, ihn zum Wohle aller zu gebrauchen.

Den Ärger benützen

Wenn dein Ärger gegen eine Person, eine Institution oder ein Ereignis zu Recht besteht, so schreibe auf eine schwarze Kerze den Namen oder den Grund deines Ärgers. Das Ziel deines Mondzaubers muß eine Lösung sein, die für alle gut ist. Entzünde auch zwei rote Kerzen und stelle die schwarze in die Mitte. Laß deinen schöpferischen Kräften bei der Schaffung eines den Schicksalsgöttinnen angemessenen Altars freien Lauf. Verwende ein dreifaltiges Bildnis der Göttin, dreimal Blumen, Symbole der Dreiheit. Für deine Räucherschale solltest du Weihrauch oder Myrrhe nehmen. Wenn die Kerzen brennen und der Rauch aufsteigt, so wiederhole dreimal:

> *Der Schmerz, den ich fühle,*
> *die Wunde von dir zugefügt,*
> *wird wie ein Seelenspiegel*
> *dir dreifach zurückkommen.*
> *Die Messer wirst du fühlen*
> *und die Schmerzen auch.*
> *Denn du nimmst jetzt auf,*
> *was du mir hast gesandt.*

Wiederhole den Zauber an drei aufeinanderfolgenden Nächten. Wenn er vollbracht ist, dann wirf die Überbleibsel in ein lebendes Gewässer und schau nicht zurück.

Mondfeste

Hana Matsuri
Achter Tag der vierten Mondin – Japan
Hana Matsuri, das Blumenfest, ist heutzutage die Feier von Buddhas Geburtstag, zu der die Menschen sich bei den Tempeln sammeln und Kinder, die in leuchtende Farben gekleidet sind, in Prozessionen Opfergaben bringen, die aus Blumen und Hydrangea-Tee bestehen. Bei einer älteren Form dieses Festes kletterten die Leute auf Hügel, um Wildblumen für den Familienschrein zu pflücken. Im Shintoismus sagt man, daß die Totengeister sich in den heiligen Hügeln aufhalten. Immer um diese Zeit pflegte man hölzerne Gedenkzeichen mit Gebeten für die Toten auf den Gräbern aufzustellen.

Man tut gut daran, sich in der Jahreszeit der Wiedergeburt daran zu erinnern, daß es ohne den Tod keinen Raum für neue

Dinge gäbe. Tod und Geburt sind die zwei gleichwertigen und notwendigen Teile des ununterbrochenen Kreislaufs der Wandlung.

Vollmondin im Widder
Gewidmet der Venus, Göttin der Fruchtbarkeit, der Liebe und der Romantik

Was für eine ausgezeichnete Gelegenheit, um Liebeszauber zu weben, für bereits bestehende Beziehungen zu beten, deine Kinder zu segnen, deine Freundinnen, deinen Garten, deine Obstgärten! Entzünde in dieser Nacht eine weiße und eine grüne Kerze, auf die du für gutes Gelingen dreimal deinen Namen geschrieben hast. Du solltest auch für diejenigen, die du segnest, Kerzen haben mit ihren Namen darauf. Sprich:

Die Welt wird geöffnet durch Liebe,
die Welt ist gesegnet mit Liebe,
Mit der Macht der Venus segne ich.
Ich segne die Kinder,
ich segne meine Geliebten und ich segne meine Verwandten.
Ein langes Leben, ein glückliches Heim, Gesundheit und Glück!
Herbei, Venus! Lieblicher Abendstern,
Stern und Hoffnung der Welt.
Gewähre, daß all diese Wünsche sich erfüllen
wie der Wind bläst,
wie der Regen fällt,
wie ich gesegnet habe.
Es ist vollbracht.

Drachenbootfest
Tuan Yang Chieh, Vierter Tag, Aprilvollmondin – China

Zu dieser Vollmondin gibt es auf Flüssen und Seen eine Drachenbootprozession im Mondlicht, die neue Energie in das Leben der Gemeinschaft bringt. Die Menschen werfen Blumen mit ihren Segenssprüchen und Wünschen ins Wasser und lassen sie davontreiben.

Fest des Göttlichen Paares
Vollmondin im April – Japan
Dies ist die Zeit eines der Fortpflanzung gewidmeten dreitägigen
Festes. Das göttliche Paar, O-Yama-no-kami und Kamo-tama-
yory-hime haben beide Schreine, die zeremoniell gesegnet werden, dann werden sie in den Haupttempel gebracht, wo ihnen
erlaubt ist, alleine zu sein und sich zu paaren. Kinder kommen
und opfern Blumen, Früchte, Pinsel und Spielzeug. Dann kommen hundert Männer und schütteln die Schreine eineinhalb
Stunden lang und imitieren so die Wehen; dann werden sie von
der Plattform gestoßen, was die Geburt symbolisiert. Das ist eine
Shintositte, die auch der Göttin der Hebammen gewidmet ist.
Mach dir einen schönen Abend mit deinem Gefährten und ehre
deine eigene Beziehung.

Fest der Elaphebolia – Antikes Griechenland
Dieses Fest namens Elaphebolia oder Rotwildschießen wurde zu
Ehren der Artemis als Göttin der Jagd und des Wildes gefeiert.
Man opferte und aß Rotwildfleisch oder Kuchen in Form von
Rehen oder Hirschen. In ihrer Gestalt als Jagdgöttin ist Artemis
die klassische griechische Ausführung der Herrin der Tiere, die
in der Kunst bis zurück ins Neolithikum immer wieder auftaucht,
ebenso als Mutter der Tiere in schamanischen Praktiken. Sie ist
sowohl die Erhalterin als auch die Zerstörerin der Tiere, die unter
ihrer Obhut stehen; doch sie ist diejenige, die weiß, auf welche
Gattung man achten und welche man schützen muß, und zu
denen, die unverantwortlich töten, ist sie gnadenlos. Iß Wild an
diesem Fest oder noch besser Ingwerbrot oder Zuckerkekse in
Rehform und spende das Geld, das du für das Fleisch ausgegeben
hättest, einem Fonds zur Erhaltung von Wildtieren.

Mondgeschichte

Die Hexe in der Bibliothek

Ich war gerade von einem Besuch meiner Verwandten aus Europa zurückgekehrt. Mein Terminkalender war ziemlich leer, außer daß ich einen Vortrag vor Jugendlichen halten sollte, der von einer Schwester, die in der St. Theresa-Bibliothek in San José arbeitete, organisiert worden war. Sie hatte mich gefragt, ob ich den Kindern etwas über wahre Hexenkunst erzählen könnte. Sie sagte, daß die Kinder sehr an dieser Kunst interessiert wären, weil Bücher über dieses Thema häufiger ausgeliehen würden als andere. Sie sagte, daß einige Jugendliche sie gefragt hätten, ob sie wohl mit einer »echten« Hexe sprechen könnten. Da fiel ich ihr ein, und sie rief mich an.

In meinem Leben gab es gerade eine Menge Veränderungen. Meine beste Freundin und langjährige Lebenspartnerin Kirsten war dabei, sich auf eine neue Frau einzulassen und ihre Romanze füllte mein Haus und mein Bewußtsein aus. Andauernd waren sie dabei, sich zu küssen, zu umarmen und zu turteln. Meine Freundinnen bezogen sich auf die beiden nur als »das Liebespaar«. Außerdem war ich gerade dabei, einen neuen Coven zusammenzustellen, und das ist immer ein aufregender Prozeß.

Aber dann mischten sich die Schicksalsgöttinnen ein. Um die Aufmerksamkeit der übrigen Jugendlichen zu wecken, die die

Bibliothek aufsuchten, hatte die Bibliothek einige Kopien mit etwa diesem Inhalt ausgelegt: Die Zeichnung einer schwarzen Katze, herauskopiert aus meinem Buch *Herrin der Dunkelheit, Königin des Lichts*, die Worte »Hexenkunst« und »Lesung über die Göttin« und mein Name samt Zeit und Ort des Vortrages. Es war ein Blättchen voll Humor, durchaus nicht mit der Absicht, zu schockieren oder zu schrecken.

Aber ein Junge, dessen Mutter eine militante Christin war, nahm das Flugblatt mit nach Hause. Die Mutter des Knaben nahm das Flugblatt mit in die Kirche und als die Gemeinde Zeugnis ablegte über die neuesten Umtriebe des Teufels, erhob sie sich und zeigte ihnen den Beweis dafür, daß in der Bibliothek eine Hexe mit den Kindern sprechen sollte. Sie wollte das stoppen.

Der Prediger erkannte sofort, daß dies eine ausgezeichnete Gelegenheit bot, um Aufsehen zu erregen und eine militante Aktion zu starten, und die Mitglieder der Kongregation beschlossen, etwas gegen meinen Vortrag in der Bibliothek zu unternehmen. Sie nahmen das schändliche Flugblatt mit vor den Stadtrat, und sie überreichten es ihrer eigenen fundamentalistischen Stadträtin. Sie warf einen Blick darauf und – der offizielle Stempel der Stadt San José prangte direkt über dem Kopf der schwarzen Katze. Als sie herausfand, daß ich für meinen Vortrag von der Bücherei bezahlt werden sollte, dachte sie, sie hätte die Schwachstelle aufgespürt. Sie forderte, daß der Vortrag abgesagt werden müßte, weil die Stadt als Teil des Landes etwas Religiöses wie die Hexenkunst nicht subventionieren könne. Es war ein guter Plan.

Aber er ging nicht auf.

»Wir sind der Ansicht, daß der Vortrag nicht gegen das ›First Amendment‹ (Ergänzung der Verfassung, Anm. d. Übers.) verstößt«, sagte der bevollmächtigte Staatsanwalt. »Die Hexe darf sprechen«, war ihre Rechtsansicht (San José Mercury News, 13. Juli 1986).

Das führte natürlich zu einem einstimmigen Aufheulen der Fundis aus Los Gatos, die im Namen eines feurigen Kreuzzuges gegen den Satan beschlossen hatten, meinen Vortrag zu verhindern. Sodann befahlen die Prediger ihren Leuten, die kleine

Bibliothek mit einer Briefflut zu überschütten und mit Anrufen zu bombardieren, die all ihre Leitungen tagelang blockierten.

An diesem Punkt rief mich die Schwester, die mich seinerzeit eingeladen hatte, an.

»Weißt du eigentlich, was hier alles los ist wegen deines Vortrags?« fragte sie.

»Nein. Ich bin immer noch dabei meine Sachen nach der Reise auszupacken und mit Frauen für den neuen Coven zu sprechen.«

»Nun, also, fasse dich. Die wiedergeborenen Christen haben gegen dich zu den Waffen gegriffen. Sie haben gedroht, daß sie gegen deinen Vortrag vor der Bibliothek demonstrieren würden. Sie verständigen alle Medien und wir kriegen einen Haufen Anrufe, sowohl pro als auch contra. So etwas hat es hier noch nie gegeben. Natürlich kannst du einfach absagen, Z. Ich will, daß dir diese Möglichkeit offen bleibt«, sagte sie.

»Absagen? Nie!« war meine unmittelbare, schneidige Reaktion. »Ich habe vier Planeten im Widder, einschließlich Mars. Ich kneife nicht vor Herausforderungen«, sagte ich stolz. In meiner Stimme schwingt immer eine kleine Extraportion Stolz mit, wenn die Rede auf mein Horoskop kommt. Schließlich bin ich Wasserfrau.

»Also wirst du trotzdem kommen?« fragte sie.

»Aber sicher! Ich denke, es wird den Fundis guttun, eine Frau über die Göttin sprechen zu sehen.«

»Die sind bestimmt da!« versicherte mir meine Freundin. »Und die Medien auch.«

Sogar nachdem sie aufgelegt hatte, kam ich immer noch nicht ganz mit. Was war denn so Großes dabei? Eine kleine Diashow für die Kinder, ein paar Erläuterungen über die Göttin, die Erdreligionen, ein bißchen historischer Hintergrund. Was hatten diese Leute denn? Konnten sie Wissen nicht schätzen?

Die nächsten paar Tage verwandelten mein Leben in einen Alptraum. Als es sich herumgesprochen hatte, daß mein Vortrag unter allen Umständen stattfinden würde, und daß die Hexe nicht kneifen würde, spürten mich die Medien und meine christlichen Feinde auf. In den nächsten eineinhalb Wochen machte »die Hexe in der Bibliothek« Schlagzeilen von einer Küste zur anderen. Mein Bruder in Budapest hörte sogar im ungarischen Radio davon. In Panik rief er mich an.

»Ich habe gehört, daß die Christen dich zusammengeschlagen haben! Stimmt das?«

»Nein. Wie kommst du auf die Idee?«

»Im ungarischen Radio sprechen sie über diese ungarische Frau, die von fundamentalistischen Christen attackiert wird.«

»Das würden sie gerne«, versicherte ich Imre. »Geh einfach zum Friedhof und sage unserer Mama, daß ich sie dringend brauche. Es ist Zeit, daß sie ihrer Tochter zu Hilfe kommt.«

Stell dir vor, du stehst morgens auf und findest deinen Anrufbeantworter vollgepfropft mit Anrufen, die nachts gekommen sind. Du beginnst sie neugierig abzuhören und hörst folgendes:

»He, Hexe, ich will nur, daß du weißt, wenn du nach San José kommst, wirst du nicht mehr heimkehren . . .«

»Der Herr verachtet Hexen. Du bist schlecht und weißt es nicht mal. Laß ab von deinem bösen Trachten und laß die kleinen Kinder in Ruhe!«

»Du sollst nicht eine Hexe lebendig dulden! Denk daran, Hexe.«

»Ich bin außer mir! Das Schulgebet schaffen sie ab und dann zahlen sie dich dafür, daß du deinen abartigen Glauben bei kleinen Kindern verbreitest. Schande über dich!«

»Der Herr hat mir befohlen, dich zu töten. Letzte Nacht hat er zu mir gesprochen und er hat gesagt, ich soll dich töten.«

Es war mein letzter Strohhalm. Ich nahm das Band aus dem Anrufbeantworter und rief die Polizei in San José an. Ich erklärte, wer ich war.

»Ja, Frau Budapest, wir wissen, wer Sie sind«, war die Antwort.

»Täglich bekomme ich Morddrohungen. Was soll ich tun?« fragte ich ganz naiv.

»Sagen Sie den Vortrag ab«, sagte der gute Friedensapostel. »Das wäre am sichersten.«

»Ich will meinen Vortrag nicht absagen. Ich habe noch nie etwas abgesagt, zu dem ich mich verpflichtet hatte und ich werde auch jetzt nicht damit anfangen. Aber sterben will ich auch nicht für einen Vortrag. Kann ich bitte Polizeischutz haben?«

Schweigen am anderen Ende der Leitung.

»In den Zeitungen habe ich gelesen, daß einige hundert Demonstranten mit Bussen auch von außerhalb der Stadt zur Veranstaltung gebracht werden sollen«, sagte ich.

»Ja, das haben wir auch gehört. Ungefähr fünfhundert Demonstranten werden erwartet.«

»Das ist ein ganzer Haufen Verrückter, deren Wunsch es ist, mich persönlich zu verletzen. Ich will Polizeischutz«, sagte ich mit Bestimmtheit. »Können Sie mir Schutz geben?«

»Ich rufe Sie gleich zurück«, sagte der Polizist.

Was, wenn die Polizei auch der Braunhemdenmentalität anhing? Was, wenn sie dachten, ich solle ruhig die Quittung dafür, daß ich einen Vortrag über die Göttin hielt, bekommen. Was, wenn ... ich versank in Agonie. Das Telefon klingelte.

»Wir können für Sie fünfzehn Mann und vier Scharfschützen abstellen«, sagte die Stimme am anderen Ende. Was für eine schöne tiefe Stimme! Das war das Großartigste, was ich seit langem gehört hatte.

»Danke, Leute! Ihr seid wirklich großartig da unten!« Ich war ihm so dankbar.

»Lassen Sie uns nur Ihre Planung wissen, wo Sie ankommen, wo Sie sich vorbereiten. Wir werden Sie ins Gebäude hinein begleiten und wir werden Ihnen aus dem Gebäude heraus Geleitschutz geben und wir werden sogar mit Ihnen fahren, bis Sie San José sicher verlassen haben.«

Die Göttin hatte dafür gesorgt!

So geschah es, daß ich Polizeischutz gegen die wiedergeborenen Christen bekam! Die Zeiten, wo die Polizisten die Schergen des Staates waren und jeden der Hexerei bezichtigten, nach Lust und Laune verbrennen oder foltern konnten, haben sich wirklich geändert. Trotzdem wurde es ziemlich beunruhigend, je mehr der Tag meines Vortrages näherrückte.

Ein Fernsehteam nach dem anderen marschierte durch mein Büro, zumeist wegen Nachrichtensendungen. Ich gab sogar ein paar weit entfernten Radiosendern ein Interview. Diese Gefahr hatte mich wachsamer gemacht und ließ meinen Verstand schneller arbeiten, und das befähigte mich, mit allem, was auf mich zukam, fertigzuwerden. Mein Bild prangte auf der Titelseite des San Francisco Chronicle, der San José Mercury News und natürlich war ich in jeder Abendnachrichtensendung im Fernsehen zu sehen. Gesellschaftskolumnisten schrieben über die »Hexe in der Bibliothek«, auch wenn sie sich nicht die Mühe machten, mit mir zu sprechen. Aber die Reporter, die mit mir sprachen, zitierten mich korrekt – ein weiterer Segen von der Göttinmutter und keineswegs selbstverständlich.

»Die Erde ist meine heilige Mutter«, wurde ich zitiert.

»Über die Natur hinaus gibt es nur mehr Natur.«

»Es gibt keinen Himmel und keine Hölle, beide sind genau hier.«

»Hexen haben keinen Teufel, wir verehren nicht in erster Linie männliche Götter.«

»Der Teufel und Satan sind christliche Götter.«

Und wenn das alles gewesen wäre – das war mir die »Heimsuchung« wert. Ich hatte so viele Gelegenheiten, auf Vorwürfe gegen Hexen zu antworten, die Lügen, die Propaganda, die uralte Verleugnung ihrer eigenen Dunkelheit, die sie auf mich projizierten und die von ihnen selbst herrührte. Millionen von Menschen hörten meine Sätze, lasen meine Argumente, sahen mein Gesicht. Ich glaube, daß die Hexen Freunde gewannen, Freunde der Göttin.

Die neuheidnische Gemeinde reagierte auf die Zeitungsartikel ebenfalls lebhaft und beschloß zu erscheinen und mich zu unterstützen. Mein Vortrag sollte um ein Uhr mittags beginnen. Die Protestierenden waren schon vor der Öffnung der Bibliothek um neun Uhr vor ihr aufgereiht. Aber die Neoheiden ebenfalls – gesegnet seien sie – und sie hatten ihre Kinder mitgenommen.

Die Heiden kamen so gekleidet, als gingen sie zur Arbeit oder sonst zu irgendeinem gewöhnlichen Anlaß. Die fundamentalistischen Protestler fanden sich plötzlich mit den Heiden vermischt, weil sie vom bloßen Ansehen nicht sagen konnten, wer »die anderen« waren. Einige von ihnen sangen sogar mit, bevor sie erkannten, daß sie eigentlich mit der Gegenseite beteten. Die Hexen genossen den Schock, den sie verursachten.

Während die Opposition Statements abgab wie: »Es interessiert uns nicht, was die Hexe zu sagen hat, wir sind nur da, um Sitzplätze zu besetzen, damit kleine Kinder dem nicht ausgesetzt werden« (Bangor Dayly News, 14. Juli 1986), äußerten sich auch andere, die auf meiner Seite standen. »Jeder hier gibt Urteile über jeden anderen ab, niemand ist hier wirklich offen. Sie flippen alle aus, weil die Hexe nicht an dasselbe glaubt wie sie« (San José Mercury News, 13. Juli 1986).

Bevor ich zur Bibliothek aufbrach, betete ich zu meiner Großmutter, die eine berühmte Rednerin gewesen war.

»Bitte, Großmutter, wenn es zu gefährlich sein sollte, wenn mein Leben wirklich in Gefahr ist, bitte gib mir ein Zeichen. Wenn ich dir so besser dienen kann, werde ich davon Abstand nehmen. Aber wenn du denkst, daß ich weitermachen soll, bitte, umgib mich mit deinem Schild, schärfe meine Sinne, laß meine Reflexe schnell sein und meine Rede gut.« Ich hörte tief versunken auf meine innere Stimme und ich hörte folgendes: »Entferne die nackten Göttinnen aus deinen Dias.«

Das war alles? Großartig! Ich würde nicht umgebracht werden. Ich mußte mich bloß versichern, daß alle Göttinnen etwas anhatten auf den Dias, die ich zeigte!

Also vergrub ich mich in die Dias. Das war mein Göttinnentempel auf Reisen, meine Diashow mit zwei- bis dreihundert Dias. Die Auswahl war groß, also zog ich die heraus, die eine Brust zeigten, einen Hintern, eine nackte Hüfte. Ich behielt nur die komplett Angezogenen. Dort, wo sie herkommen, gibt es wirklich genug Bilder. Ich lächelte. Weder war das schwierig, noch mußte ich meinen Prinzipien gegenüber untreu werden.

»Bitte meinen Urenkel um Hilfe«, sagte die Stimme, als ich fertig war.

Tolle Idee! Mein älterer Sohn war Kampfpilot bei der Marine. Wäre das nicht ein netter Anblick, wenn er mit mir kommen könnte, dort Wache stehen und die Knochen jeglicher Fundis, die mir zu nahe kämen, brechen würde?

Ich rief Laz an.

»Herzchen, erinnerst du dich noch, wie du vor fünf Jahren in Daytona Beach herumgeschwirrt bist und als Verdächtiger verhaftet wurdest und kein Geld hattest und ich in die Stadt sauste,

einen guten Anwalt für dich anheuerte und dich praktisch ungeschoren herausgeholt habe?«

»Ja, Mama. Wie kommst du darauf?«

»Erinnerst du dich, daß du in einem Augenblick von über-
schwenglicher Dankbarkeit zu mir gesagt hast: ›Mama, ich
schulde dir was.‹?«

»Jaaa...« Er war sich nicht ganz sicher, worauf ich hin-
auswollte. Er wartete.

»Nun, ich hätte gerne, daß du mir jetzt einen Gefallen tust.«

»Mama, in was für Schwierigkeiten steckst du?«

»Die militanten Christen haben mein Leben bedroht. Täglich
bekomme ich Morddrohungen. Viele. Willst du ein paar hören?«

»Nein, ich glaub' dir schon. Ist es wegen des Vortrags? Ich hab
was gelesen.«

»Ja, genau.«

»Was brauchst du?« Das ist mein Sohn, gesegnet sei er! Was für
ein Freund.

»Bitte komm mit mir in die Bibliothek, und wenn ich die Dias
erläutere und mich umdrehe, bleib hinter mir, damit niemand
nach vorn stürmen und mich niederstechen kann. Und achte auf
Schußwaffen. Das Licht wird etwas gedämpft sein, damit man die
Dias sehen kann.«

»Muß das Licht wirklich gedämpft sein, Mama? Wie soll ich im
Dunkeln irgendwelche Schußwaffen sehen?«

»Mit deinem Instinkt, mein Sohn. Instinkt.« Das schien ihn zu
befriedigen.

»Du wirst nicht allein sein«, fügte ich hinzu. »Ich habe auch
Polizeischutz.«

»Polizeischutz?«

»Sie werden mich auch eskortieren – zur Bibliothek hin und
zurück – und sie werden auch ein Auge auf Schußwaffen haben.
Du, mein Lieber, wirst für mich als emotionale Stütze dasein. Als
persönlicher Leibwächter. Ich spüre, daß ich meine Angst loslassen kann, wenn du in meinem Rücken stehst. Ich kann vor einem
total feindlichen Publikum keinen Vortrag halten, mich um meine
Sicherheit sorgen und gute Arbeit leisten. Du wirst mein Seelen-
frieden sein.«

»Kein Problem!« antwortete er plötzlich. Ich spürte seine Wärme, eine Verbindung aus alten Zeiten, wo ich der ruhende Pol für ihn und seinen Bruder gewesen war, wo ich mit ihnen zur Schule gegangen war und sie abgeholt hatte, oder sie zum Schwimmen gebracht hatte, oder ihnen das Fahrradfahren beigebracht hatte.

Noch eine Helferin kam. Phyllis Chesler, meine alte Freundin, meldete sich freiwillig, sich gemeinsam mit mir den »Geiern« zu stellen. Phyllis hat einen sechsten Sinn für historische Ereignisse. Sie selbst hat ihr Leben oft für Dinge, an die sie glaubte, riskiert. Sie hatte die Thora aufgeschlagen und mit Frauen an der Klagemauer gebetet. Geschichtsträchtige Konfrontationen interessieren Phyllis einfach. Sie fuhr mit mir zur Bibliothek. Wir saßen im Auto und hielten uns an den Händen, versicherten einander unserer gegenseitigen Unterstützung.

»Also, Schätzchen, wenn du mich brauchst«, sagte sie, »sag mir einfach, was ich zu tun habe. Ich spreche mit Reportern. Ich spreche mit Menschenmassen.«

»Wie gut bist du im Wegrennen vor Kugelhagel?« fragte ich. Steif saß Laz neben uns und gab acht. Er war natürlich nicht in Uniform, aber an seiner Körpersprache konnte jeder ablesen, daß er bei der Marine war. Kirsten und ihre neue Liebe hatten ihre Flitterwochen für diesen Nachmittag ausgesetzt. Und eigentlich sahen sie etwas erschüttert drein. Ich wollte, daß alles so schnell wie möglich vorbei war, damit ich mein normales Leben wieder fortführen konnte.

Was denn für ein normales Leben? Mir wurde klar, daß es nie eines gegeben hatte. So ist mein Leben – eine Konfrontation nach der anderen, manche freundlich, manche nicht. Vier schwarze Polizeiautos flankierten uns, als wir uns dem Treffpunkt näherten, zwei vorne, zwei hinten. Einen Moment lang war es ein ziemlich staatsmännisches Gefühl. Ich war versucht, wie Königin Elisabeth elegant mit nur einer Hand hinauszuwinken, aber ich unterdrückte diesen Impuls.

Als wir zu einem Verkehrsstau kamen, blickte mein Sohn hinaus und schrie auf: »Ach du liebe Scheiße, Mama! Die sind ja überall!«

»Wer?« fragte ich, immer noch in der Meinung, es handle sich um einen Stau.

»Deine Demonstranten!«

Phyllis und ich steckten unsere Köpfe aus dem Fenster und sahen, wie das Polizeiauto langsam den Weg für uns freimachte. Die Cops hatten sogar ihr Blaulicht eingeschaltet und vor uns teilten sich die Demonstranten wie das Rote Meer. Ich sah Hunderte weiße, zornige Gesichter, Schwarze oder Asiaten oder Latinos waren nicht da. Die weißen, wiedergeborenen Christen ergossen sich immer noch aus den Bussen, die sie zur Bibliothek gebracht hatten.

»Die kommen von außerhalb!« rief ich aus. »Wo kriegen sie die nur alle her?«

»Der ›Seven Hundred Club‹ hat ihnen die Fahrt umsonst angeboten, wenn sie zum Demonstrieren kämen«, sagte Kirsten, die am Steuer saß. Sie sah ziemlich bleich aus. Normalerweise waren wir diejenigen, die demonstrierten. Wir waren die mit den Protestschildern, den Fahnen, den Sprüchen. Stoppt den Krieg! Befreit die Frauen! Beendet den Hunger! Löst die Heere auf! Wählt Frauen! ERA jetzt! Frauen, wählt! Die Göttin lebt!

Heute waren wir der empfangende Teil dieser Art von Freiheit. Nun ja, auch eine Erfahrung.

Mein Herz begann zu jagen und mein Geist wurde von Eindrücken überschwemmt, aber tief in mir fühlte ich, daß alles gutgehen würde. Jetzt war es eine riesige Herausforderung. Wir fuhren mit dem Auto beim Hintereingang der Bibliothek vor und die Polizei begleitete mich vom Auto zur Hintertür. Ich hielt inne, bevor ich mich in den Eingang schob und zurücksah.

Kameras. Fernsehteams. Reporter, die wie bei einer Pressekonferenz herumschrien. Manche erkannte ich wegen der vielen Interviews, die ich zu Hause gegeben hatte, wieder. Manche waren zu Freunden geworden und winkten mir zur Ermutigung zu. Und da war noch ein Gesicht, das ich wiedererkannte, von der wichtigsten Schwulenzeitschrift in San Francisco. Auch sie winkte und ich winkte zurück.

Ein Wunder war geschehen. Sie war die Herausgeberin, mit der ich seit Jahren um mehr Darstellung der Frauenspiritualität in der homosexuellen Gemeinschaft kämpfte. Jahrelang hatte sie mir geantwortet, daß für sie Spiritualität keine Priorität besitze. Und wenn es für sie keine Priorität besaß, würde die Göttin nie in diesem Blatt vorkommen, da sie alles kontrollierte, was reinkam.

»Spiritualität ist nicht politisch? Schau dir bloß diesen Aufruhr an!« dachte ich. »Schau nur, wie sich die Fundamentalisten bedroht fühlen, wenn die Göttin erwähnt wird. Kannst du nicht sehen, daß das Spirituelle auch politisch ist?« Ich hatte das Gefühl, daß sie begonnen hatte, etwas zu kapieren. Vielleicht. Oft sind die Führenden die letzten, die begreifen, daß ein neues Phänomen vor der Tür steht. Ich lebte nun schon zehn Jahre in der Bay Area, und nicht ein Mal war meine Göttinarbeit in der lokalen Schwulenzeitschrift auch nur erwähnt worden. Meine Veranstaltungen blieben ebenso unrezensiert wie meine Bücher.

Die Polizei blieb auch in der Bibliothek bei mir und wartete darauf, daß mein Vortrag beginnen würde. Mein Sohn unterhielt sich mit ihnen über F-17- und F-16-Maschinen, und sie begannen eine andere Meinung über mich zu bekommen. Ich konnte wohl kaum eine Satanistin sein, wenn mein Sohn bei den Marines war.

Ich sah mir den Cartoon des Tages im »San Francisco Chronicle« an. Es war ein Scheiterhaufen mit einer Hexe, die mit dem Rücken zum Leser an den Pfahl gebunden war. Aber statt aus Holzscheiten bestand das Brennmaterial, das unter ihr aufgeschichtet war, aus Büchern – all die klassischen Bücher, die die Fundamentalisten mit einem Bann belegen wollten, wie »Die Trauben von Wrath«, »Rotkäppchen«, »Huckleberry Finn«. Zwei faßbäuchige Typen auf jeder Seite des Scheiterhaufens vor der Bibliothek quatschten miteinander. »Gut, daß wir in der Nähe einer Bibliothek sind!« sagte der eine, während der andere eine brennende Fackel hielt und grinste. Als ich mir die Karikatur näher anschaute, konnte ich erkennen, daß die Bücher schon rauchten und brannten.

Wir gaben unseren Gegnern fünfzehn Minuten Zeit, um die Bühne zu beherrschen. Eine noch nie dagewesene Großzügigkeit... Man hatte mir geraten, sie zuerst ihr Gift verspritzen zu lassen, das würde helfen, sie während des Vortrags ruhig zu halten.

Ich befand mich zum erstenmal im gleichen Raum mit meinen Anklägern. Ein rothaariger, zorniger Priester mit Schaum vorm Mund, weil er zu viel quasselte und zu wenig schluckte, beschimpfte mich als Satanistin. Er brüllte, daß er ja nur die unschuldigen Kinder vor mir schütze. Er war die männliche Mutter im Kampf gegen die böse Frau.

Ich schaute mich im Raum um. Reihe um Reihe saßen sie da, die selbsternannten Christen, starrten auf die Bibel in ihren Händen und mieden meinen Blick. Der Priester redete und redete. Ich war dem Ende meiner Großzügigkeit nahe.

»Liebste Göttin!« betete ich als meine ersten Worte. »Finde mir einen Platz! Laß all die in Scham versinken, die meinen guten Ruf zerstören wollen!« Ich betete vor ihnen, ich rief meine Göttin um Hilfe an.

Mein erstes Dia ist immer die blaue Planetin, die Erde.

»Das ist Gott!« sagte ich und sah ihnen ins Gesicht. Sie wandten ihre Blicke von meinem Dia, von der Erde ab.

»Sie ist die Verwobenheit allen Lebens, sie ist eine atmende, lebende Schwester, sie ist Teil des Universums und sie ist unsere gemeinsame Mutter. Sie hat uns erschaffen, sie hat uns erhalten, sie wird uns begraben und zu neuer Form erwecken...« Die Fundis beteten laut, um meine Stimme zu übertönen. Ich sprach die pure Häresie. Ich spürte, wie mein Sohn sich leise hinter mich stellte. Ich konnte seinen jungen, starken Körper mit meinem Rücken spüren.

Ich fuhr fort mit einer Stellenbeschreibung für Gott. Du mußt die Fähigkeit besitzen, das Leben aus kleinen Partikeln zu erschaffen und das Leben so zu erschaffen, daß es sich selbst fortsetzt. All das hat Mutter Erde wohl hervorragend gemeistert.

»Es gibt keine Hölle und keinen Himmel.« Ich zeigte auf den blauen Planeten, wie die Astronauten ihn vom Weltraum aus fotografiert hatten. »Es gibt nur eine Reise durchs All, eine Bestimmung, die nur sie kennt. Wir sind Teil von ihr, aber wir sind auch ihre Gäste.«

Jetzt beteten sie sogar noch lauter. Ihr Gemurmel und Gelalle, das wohl »In-Zungen-sprechen« sein sollte, erfüllte den Raum. Sie fühlten ihre Macht, sie würden es der Hexe schon zeigen!

Ich hielt inne.

»Gibt es in diesem Raum irgend jemanden«, fragte ich, »der für die Göttin ist? Bitte, applaudiert, damit ich weiß, daß ihr da seid.«

Zu meinem großen Erstaunen wurde ich mit heftigem Applaus begrüßt. Von den Neuheiden waren einige hereingelangt; mindestens die Hälfte der Leute im Publikum waren Göttinanhänger und sie spendeten lauten Applaus. Seid gesegnet! Die Fundis erlitten einen Rückschlag. Bisher hatten sie gedacht, daß sie die Veranstaltung fest im Griff hätten und daß sie mich aufhalten könnten, wenn sie nur ihre Gebete und Flüche laut genug murmelten. Nun dämmerte ihnen, daß ich hier Unterstützung hatte. Mir auch. Zuversichtlicher als zuvor setzte ich meine Diashow fort, Göttin um Göttin, Geschichte um Geschichte, in der Art, in der ich üblicherweise lehre. Ich präsentierte die Göttin von einem internationalen Standpunkt aus gesehen, das ist mir am liebsten.

Am Ende erhielt ich wirklich eine Menge Applaus. Die Fundis starrten noch immer in ihren Schoß und vermieden es, die Dias mit der Göttin anzusehen, vermieden es, der Göttin ins Antlitz zu schauen.

Die Lichter gingen wieder an, und mein Sohn lächelte mich an. Er hatte meine Vorlesung zum erstenmal gehört. Oh, prima, es hatte ihm gefallen, meinem Jungen. Es wäre schrecklich gewesen, wenn mein eigener Sohn meine Arbeit verabscheut hätte, der ich doch mein ganzes Leben gewidmet hatte. Aber dann erinnerte ich mich natürlich daran, daß er rote Kerzen für eine Geliebte entzündete, wenn er sich einsam fühlte, daß er sich meinen Altar und meine Vorräte borgte – und er hatte immer Freundinnen. Doch nun näherte sich ihm ein Reporter und an diesem Punkt zog er seine Grenze.

»Und – wie ist das Gefühl, der Sohn einer Hexe zu sein?« stellte ihm der Reporter die Quizfrage.

»Kein Kommentar«, sagte mein Sohn hoheitsvoll.

Phyllis schleuderte den Männern aufmerksame Blicke entgegen und durchsuchte jeden, der sich mir näherte, geistig nach Waffen.

Es war gut so. Was für ein Leben! Was für ein süßes, gutes Leben war es ja doch. Meine vielen Freundinnen waren überall um mich, beglückwünschten mich, umarmten mich, meine Familie, meine Freundinnen, sogar die Polizei!

Das Polizeiauto begleitete uns den ganzen Weg bis zur Stadtgrenze. Wir hupten, als wir davonsausten.

Auch am nächsten Tag gab es noch Schlagzeilen. Der »San Francisco Chronicle« widmete der »Hexe in der Bibliothek«, einer Konfrontation von Frauenspiritualität, Neoheiden und Fundamentalisten, den Leitartikel und etliche andere Artikel. Die lokale Schwulenzeitschrift veröffentlichte – nichts.

Fünfter Mondzyklus

Zeit: *April – Mai*
Sternzeichen: *Stier*
Mondpflanze: *Malve*
Mondtier: *Kuh, Stier*

Blumenmondin

Mondsicht

Die Wolken trollen sich, die Winde werden weich und warm. Sanft schimmert ihr Licht, während in einer Welt aus lauter Blumen die volle Mondin im Stier die Himmel umsegelt. Im Norden füllen die letzten Obstbäume die Luft mit ihrem weichen Duft. In den Wäldern verstreuen Schlüsselblumen blasses Gold unter den Bäumen und die Hecken sind voll von Weißdornblüten. Senf und Sumpfdotterblumen, Glockenblumen und Lupinen füllen die Wiesen. Weiße Blüten gibt es, Blumen in jeder Schattierung von Gelb, Violett und tiefem Blau, eine Farbflut, die sich nordwärts in der frühlingswarmen Erde ausbreitet. Nun schlagen die Bäume mit all ihrer Kraft aus, die Burschen und Mädchen gehen in die Wälder und legen sich ins grüne Gras, um den Mai zu bringen. Die ganze Welt ist verliebt und gesegnet durch die lächelnde Blumenmondin.

Die Göttin spricht

Hathor

Kehre zurück, o Glorreiche, die ich einst im Kreis der Frauen anbetete! Ich bin Hathor, die Uralte, die geflügelte Kuhgöttin. Ich trage die Hörner der Mondin und den Sonnenkreis. Meine sachten Strahlen grasen auf meiner geliebten Erde. Ich hüte meine heiligen Kühe, weil sie die Menschen erhalten und nähren. Meine Milch ist Nahrung für die Jungen. Meine Haut ist ihr Schutz. Und ich habe viel Zeit zum Spielen.

Erinnerst du dich, wie wir bei den Gelagen in Dendera getanzt haben? Wir tranken Wein auf Hathors berauschenden Festen. Wir sangen viele Lieder am Neujahrsabend und unsere Leidenschaft brach aus wie ein Vulkan. Vermißt du nicht die ganznächtlichen Gelage, wo wir zu Tausenden in heiliger Ekstase miteinander tanzten, Junge und Alte?

Ah, doch ich will dich auch an meine ernste Seite erinnern. Ich bin der Geist, der dich dazu anleitete, die ersten Worte auf das Papier aus Papyrus, meiner heiligen Blume, zu schreiben. Ich war es, die dich antrieb, Musik und Dichtung zu erfinden, den Tanz und die Künste. Ich bin die Schöpferin der Kultur, die Erbauerin der Gemeinden, die Göttin der Feste.

Ich bin die himmlische Beschützerin aller körperlichen Freuden, Musik für die Ohren, Schönheit und Verkleidungen, Schminke, Kränze um den Kopf geflochten, alles, was das Auge erfreut.

Die Freuden der Berührung, des Tanzes, der Liebe entzücken mich. Zu gegebener Zeit schenke ich dir Wohlstand, bereichere ich dich durch häusliches Leben, Kinder und gute Gesellschaft. Ich lasse deine Ernte hoch sprießen, deine Obstbäume reiche Frucht tragen. Ich verweile bei der Katze, die abends schnurrend auf deinem Schoß liegt.

Aber ich habe auch eine dunkle Seite und die gutmütige Natur der heiligen geflügelten Kuh wandelt sich zum rasenden Stier, wenn ich verärgert bin. Es ist bekannt, daß ich im Blut der Männer gewatet bin, die sich an Frauen vergangen hatten. Ich bin bekannt dafür, daß ich das Blut aus ihren Schädeln trinke und diejenigen zermalme, die Frauen oder Kinder mißbraucht oder ermordet haben – und diese Seite von mir schläft nicht mehr. Ruf mich um Hilfe an, wenn du in Schwierigkeiten bist, wenn sich männliche Aggression gegen dich und die deinen gewandt hat und ich, Hathor, werde mich daraufhin erheben und deine Flüche erfüllen, deine Wut vollstrecken.

Ich bin die blutige Göttin, wenn ich zu deiner Verteidigung aufstehe.

Ich bin das Entsetzen für Männer, die Frauen hassen oder schlagen. Zeige deine Macht durch mich, verlange nach meiner Hilfe und ich werde für dich da sein mit meinem langen Arm, der Macht des Schicksals, und auch die unmittelbare Vergeltung liegt in meiner Hand. Vertrau mir und vertraue dir selbst.

Wisse dies und weide dich an meiner Nähe. Die weiße Stiermondin ist über dir, durchsegelt den dunklen Himmel. Nur die Sterne sind meine Gefährtinnen. Sie tanzen in den Sphären. Ihr teuren Seelen, meine Töchter, meine Söhne, seid spielerisch und liebt euch, denn dadurch dient ihr mir.

Botschaft im Stier

Der fünfte Mondzyklus gibt uns die Energie, uns auf unsere physische Manifestation zu konzentrieren. Unsere Körper, unsere Zyklen, Körperliebe und Körperbewußtsein sind das Thema. Höre mehr denn je auf deinen Körper und befolge seine Botschaften wie heilige Befehle. Nimm die Liebe zu deinem Körper in dich auf, Schönheit, Tapferkeit, Ausdauer, Stärke. Dann öffne dich deinem/deiner Geliebten. Langsam, aber sicher werden wir zu Kanälen für die Liebe zum Leben.

Was in diesem Zeichen gepflanzt wird, ist widerstandsfähig gegen Schädlinge. Säe und pflanze Wurzelfrüchte, konserviere Früchte. Was jetzt gepflanzt wird, wächst langsam. Die Zeit ist gut, um zu pflügen, zu graben und Bäume zu pflanzen – die Pflanzen werden robust, die Bäume stark. Führe Zaunarbeiten durch, schneide, staple und lagere Holz. Wunden entzünden sich leichter und können eitern. Man sollte ihnen besondere Aufmerksamkeit widmen. Ruhe dich gut aus, wenn du krank bist.

Mondgezeiten

Sich nach Feiern fühlen

So geht es mir – und dir sicherlich auch: Du hast hart gearbeitet, jetzt schmerzt dich sogar der Rücken vor lauter Anstrengungen. Denk zurück. Wann hast du zuletzt festlich gespeist? Du kannst dich nicht erinnern? Denk nochmal nach. Wann warst du auf deiner letzten Party? Wenn jetzt wieder kein Bild vor deinem geistigen Auge entsteht, dann hast du es bitter nötig, dich in Gesellschaft zu begeben.

Die Seele ist wie jedes andere Wesen. Sie hat Bedürfnisse und der Wunsch nach Geselligkeit ist eines davon. Sogar wenn du eigentlich schüchtern bist, dich auf Parties gar nicht amüsierst, wird deine innere Frau / dein innerer Mann / deine innere Kreatur im menschlichen Dörflein hausen wollen, um Teil des Stammes zu sein.

Ruf eine Freundin an und erzähle ihr von deinem Bedürfnis, lockerer zu werden. Sammle Ideen. Mach ein Projekt daraus. Verabrede dich, wenn die Mondin im Stier ist. Entzünde eine lila und eine rosafarbene Kerze für Kraft und Glück. Wenn möglich, entzünde Kerzen in diesen beiden Farben auf eurem Fest.

Putze das Haus und mache dich schön. Die Party muß aber nicht in deinem Haus stattfinden. Du könntest ausgehen. Wenn es dir zuviel ist, eine Fete zu schmeißen – gehe tanzen. Eine Tanzfläche sieht schon sehr nach Fest aus. Deine innere Frau wird den Unterschied jedenfalls bemerken, ein Stammestanz ist schließlich ein Stammestanz. Du brauchst auch nicht zu tanzen, wenn du das haßt: bleibe nur nahe bei den Tanzenden. Nimm diese alten feierlichen Schwingungen in dich auf. Sauge sie ein wie ein Schwamm. Speichere sie für Regentage.

Zorn

Oh, die Dunkle hat sich nun deiner Sinne bemächtigt.

Du bist mit Gefühlen höchster Intensität erfüllt, du brennst vor Wut. Das Reptiliengehirn tief in dir drin pumpt das Adrenalin hoch, genug, um zu töten. Macht der Grund einen Unterschied? Du könntest ausgeraubt, vergewaltigt, zusammengeschlagen worden sein, gedemütigt, zerstört. Da stehst du, unfähig zu glauben, daß dir so etwas passiert. Wie habe ich nur dieses Karma angezogen, fragst du dich vielleicht.

Stop!

Du hast gar nichts angezogen. Es ist nicht deine Schuld. Die negative Energie von jemand anderem hat dich getroffen, jemandes Krankhaftigkeit. Tu die Schuld dorthin, wo sie hingehört. Zieh dir nicht länger die Dunkelheit rein. Erlaub dir, deinen Zorn zu fühlen. Zorn ist gut. Er ist gesünder als Depressionen. Die Organe in deinem Körper sind glühendrot vor Wut, vielleicht hast du auch einen roten Kopf. So sollten wir den Zorn fühlen. Du solltest ihn nicht unterdrücken oder verstecken wollen oder dich wegen deines berechtigten Zorns schämen.

Ich war zornig, als ich festgenommen und eingesperrt wurde, weil ich aus Tarotkarten die Zukunft prophezeit hatte.

Ich war zornig, als ich in den Wehen lag und der Arzt mich 22 Stunden lang alleinließ, ohne einmal nach mir zu sehen.

Ich war zornig nach der Geburt, als die Ärzte mich zusammennähten und dabei witzelten: »Wir werden dich wieder wie eine Sechzehnjährige aussehen lassen!« Und ich war gerade neunzehn!

Ich war zornig, als ich geschieden wurde und entdeckte, daß alle die Jahre meiner Ehe mich nicht befähigt haben, mein Brot zu verdienen, es waren verlorene Jahre.

Ich war zornig, als mein ältester Sohn in den Persischen Golf geschickt wurde, um für Öl zu kämpfen.

Ich bin zornig, weil ich weiß, daß Frauen 90 Prozent der Arbeit auf der Welt verrichten und ihnen nur ein Prozent des Vermögens gehört.

Ich werde zornig, wenn ich von Klitorektomien höre (das Abschneiden der Klitoris, manchmal schon bei sechsjährigen Mädchen), wenn ich von Frauen höre, denen ihre Männer verbieten, Geburtenkontrolle zu betreiben.

Ich werde zornig, wenn ich sehe, wie die Bäume verschwinden, wenn ich Wasser schmecke, das faulig ist, wenn ich von armen Tieren höre, die aus irgendeinem frivolen Grund wie kosmetische Forschung verstümmelt und getötet werden.

Die Liste ist sehr lang. Zorn ist ein mir wohlvertrautes Gefühl. Wenn deine Seele wach ist, müssen dich alle Verbrechen gegen das Leben erzürnen.

Jetzt setz dich hin, nimm ein Blatt Papier und schreibe auf, was dir widerfahren ist. Liste die Gründe auf, warum du Zorn in dir fühlst. Konfrontiere dich mit deinen Gefühlen. Halte es persönlich. Zorn ist ein wichtiges Gefühl. Du solltest ihn in Handlungen kanalisieren. Zorn ist der beste Treibstoff für politische Aktionen und persönliche Umwandlung. Gelobe, daß du diesen Zorn fühlen willst, beschwöre ihn immer wieder herauf und schreibe Briefe, biete denen, die dich verletzen, die Stirn. Plane zurückzuschlagen!

Mondzauber

Für Zorn

Jetzt gebrauche deine rechte Gehirnhälfte. Besorge dir eine große schwarze Kerze, auf die du die Namen derer schreibst, die dich verletzt haben. Benenne die Ziele deines Zorns. Wenn du sie benennst, ist schon die halbe Schlacht geschlagen. Reibe die Kerze mit deinem eigenen Urin ein. Lege ein weißes Blatt Papier mit der Auflistung deines Zorns unter die Kerze und entzünde sie an neun aneinanderfolgenden Nächten und jede Nacht höchstens eine halbe Stunde lang. Verbrenne schwarzes Räucherwerk, um etwas zu bannen, zum Schutz oder für die schwarze Kunst. Wir sind nicht nur so schrecklich nett. Wir manifestieren auch die Dunkle, sie, die Dinge begräbt, die Göttin mit der Schaufel. Sprich dreimal über die schwarze Kerze:

Ich schick' euch meine Galle,
ich schick' euch meinen Schmerz
ich schicke euch eintausendmal
was ihr mir habt gesandt.
Ich bin euer Siegel,
vergrößere eure Schuld.
Ich schicke euch zehntausendfach,
was ihr mir habt gesandt.

Zorn ist ein sehr starkes Gefühl, also gehe aktiv mit ihm um, bevor er sich auflöst. Schluck den Zorn nicht. Er kann Magengeschwüre oder andere Krankheiten auslösen. Zorn ist ein Brennstoff, dessen Energie dein Leben verändern und dir helfen kann, deine eigene Kraft zu entdecken.

Für Rache

Rache ist ein Hauptthema unserer Literatur, ein Hauptthema in unseren Filmen. Wir sagen »Rache ist süß« zu dem Gefühl, das man hat, wenn man es denen, die einem Leid zugefügt haben, zurückzahlt.

Rache ist ein motivierendes Gefühl. Sie ist aktiv. Sie ist unterhaltsam. Sie ist geeignete Grundlage für Besessenheiten. Manchmal nimmt die Rache den Platz des wahren Lebens ein – manche Menschen leben nur für den Akt der Vergeltung.

Die beste Rache ist natürlich Erfolg. Die einzige Art sich zu rächen, die ich in der Hexenkunst empfehle, ist die, wo du das Übel, das man dir gesandt hat, umkehrst und zehnfach zurückschickst. Menschen, die deinen Zorn verdienen, müssen allerdings dein Leben gefährdet haben, deine Sicherheit, deine geistige Gesundheit. Rache ist dann gerechtfertigt, wenn dein Überleben auf dem Spiel steht.

Wenn es bloß um deinen Stolz geht, dein Ego, Ruhm oder sonst irgendeine Illusion, dann ist die Rache nicht gerechtfertigt. Du kannst niemanden nur deswegen angreifen, weil er/sie dir deinen Mann/deine Frau weggenommen hat. Das ist bloß das Leben – kein Verbrechen.

Wenn wir Rache nehmen, schlagen wir üblicherweise mit gleicher Münze zurück. Aber schalte nicht Hals über Kopf auf Rache, nur weil es aufregend ist und du dich mächtiger fühlst. Denke in aller Ruhe über den Konflikt nach. Manchmal öffnet die überstürzte Lösung, die du zu brauchen meinst, nur Tür und Tor für ein noch größeres Übel.

Wenn du in aller Ruhe über dein Ziel nachgedacht hast und deine Entscheidung zur Rache weise gefällt hast, so warte bis zur Dunklen Mondin.

Stell einen Altar, den du für Kali Ma errichtest, zusammen. Sie mag Knochen auf ihrem Altar – Hühnerknochen, Gräten. Ihr Symbol ist das Dreieck, ihre Flüssigkeit ist das Menstruationsblut. Schreibe den Namen der Person, die dir Leid zugefügt hat, fünfmal von rückwärts nach vorne auf ein Stück Papier, bestreiche es mit Menstruationsblut (wenn du nicht mehr blutest, nimm Urin), falte es und lege es unter eine schwarze Kerze. Entzünde etwas Räucherwerk für die schwarze Kunst oder irgendeinen bannenden Duft. Schreibe den Namen der Person dreimal mit einem rostigen Nagel von rückwärts nach vorne auf die Kerze. Wenn du nicht weißt, wer dir das Leid zugefügt hat, dann schreibe einfach: »Die Person, die mir Leid zugefügt hat.«

Verbrenne das Räucherwerk und die Kerze und sprich:

> *Ich schick' dir zurück die Krankheit, das Leid,*
> *das du so gefühllos mir hast zugesandt.*
> *Nimm nun zurück die schlaflosen Nächte,*
> *Gefahr und den Schrecken,*
> *den Schmerz meines Herzens und die tiefe Trauer.*
> *Zurück fällt's auf dich,*
> *zurück fällt's auf dich,*
> *zurück fällt's auf dich.*
> *Spinnweben werden dich stolpern lassen,*
> *dich im eig'nen Unglück verstricken.*

Wiederhole das an sieben Nächten während der Dunklen Mondin, bis die Kerze niedergebrannt ist. Verbrenne in den letzten Flammen der Kerze auch das Papier. Bring die Asche und Wachsreste der Kerze zum Haus der betreffenden Person oder wirf es auf ihren Weg, damit sie im Vorübergehen drauftritt und der Zauber an ihr haftet. Wenn du nicht weißt, wo sie wohnen oder sind, so wirf die Reste dieses Mondzaubers in ein lebendes Gewässer und laß Kali Ma die richtige Person finden.

Wenn du Unschuldige angegriffen hast, wenn du närrischerweise versucht hast dein Ego aufzuplustern, wird der Zauber zehnfach auf dich zurückfallen und du wirst deinen Hals nicht einfach aus der Schlinge beten können.

Mondfeste

Beifußfest
Fünfter Tag der fünften Mondin, Neumondin – China
In China war Beifuß, genauso wie in Europa, ein heiliges Kraut. Am fünften Tag des fünften Monats pflückte man Beifuß und aus den zusammengebundenen Blättern machte man Puppen. Diese wurden über Tore oder Türen gehängt, um giftige Dämpfe oder Einflüsse zu vertreiben. In Europa benannte man Beifuß (Artemisia Vulgaris) nach der Artemis und er wurde als Frauenkraut angesehen. Die Blätter benutzte man in Bädern, um die Menstruation hervorzurufen. Es war auch ein Hexenkraut, dessen Duft angeblich die Müdigkeit vertreiben sollte. Heute benutzt man den Tee, der aus den Wurzeln zubereitet wird, zur Stärkung nach einer Erschöpfung. Wenn man auf einem Kissen schläft, das damit gefüllt ist, kann man prophetische Träume haben. Zu Mittsommer verbrannte man die Blätter in den Feuern, um das Übel zu vertreiben.

Vollmondin
Vor allem im fünften Monat – China
Chung K'uei, der »Große spirituelle Jäger der Dämonen im ganzen Reich« wurde geehrt. Angeblich hatte er einen der T'ang-Kaiser von den roten Dämonen der Leere und Trostlosigkeit befreit. Er ist einer der sieben Beamten im taoistischen Ministerium für Exorzismus. Zur Vollmondin wurde ihm geopfert und

sein Papierbild verbrannt. Die fünfte Mondin, die die Pestmondin genannt wurde, war besonders unberechenbar und deshalb wurde dem Chung K'uei besondere Ehrerbietung erwiesen.

Munychia
Vollmondin Munychion – Antikes Griechenland
Munychia war ein Fest der Artemis als Göttin der Vollmondin. Große, runde Brotlaibe oder Kuchen wurden gebacken und mit Lampen umgeben, um die Mondin zu symbolisieren. In einer Prozession wurden sie zum Tempel der Artemis getragen. Die Athener dankten der Göttin für das Licht, das ihnen die Vollmondin während der Schlacht von Salamis, in der sie die Perser besiegt hatten, gespendet hatte.

Backe einen runden Laib Brot (oder kaufe einen runden Brotlaib aus Sauerteig im Geschäft), um die Vollmondin zu feiern und lege ihn auf ein Tablett, das von Votivkerzen oder drei Zentimeter hohen Wachskerzen umgeben ist. Biete dies der Mondin dar und danke der Göttin dafür, daß sie dir geholfen hat, deine eigenen Schlachten zu schlagen, oder bitte sie, deine aktuellen Probleme zu erhellen, damit du sie lösen kannst. Stelle einen Teil des Brotes draußen ins Mondlicht und iß den Rest selber. Wenn du etwas trinken willst, so würde Weißwein oder Quellwasser in einem klaren Glaskelch gut dazu passen.

Lemuralia
Vollmondin der Iden des Mai – Antikes Rom
Dies ist kein Fest von Halbaffen, sondern der Lemuren, der Geister ohne überlebende Familie. Das war eine ernstere Angelegenheit, als man denken mag, weil die ausübende römische Familienreligion die Ahnen in einer Art und Weise verehrte, die an den Orient erinnert und die Ruhe der dahingeschiedenen Geister von der Ehrerbietung abhing, die ihnen von ihren Nachkommen erwiesen wurde. Die Geister derjenigen, deren Familie ausgestorben war, bedurften der Besänftigung durch die ganze Gemeinschaft. Alle Teilnehmer an diesem Ritual gingen barfuß, wuschen ihre Hände dreimal und warfen neunmal schwarze Bohnen hinter sich.

Das erinnert an die Gebräuche am dritten Tag des griechischen Anthesteria-Festes, bei dem den Seelen der Verstorbenen und dem Hermes als Führer der Toten Opfergaben aus gekochten Hülsenfrüchten (einer besonderen Art Erbsen) dargebracht wurden.

In Rom waren die Iden des Mai auch das Fest der Maia, der Mutter des Mercurius (der römischen Entsprechung zu Hermes) und der Jahrestag der Gründung seines Tempels. Maia selbst war wohl ursprünglich Maia Majesta, eine Wachstums- und Frühlingsgöttin, aber wie wir ja auch schon bei anderen Festen wie dem japanischen Hana Matsuri gesehen haben, anerkannte die alte Erdreligion die zwingende Verbindung zwischen dem Tod und dem neuen Leben im Frühling.

Errichte einen Altar mit Bildern von Verwandten, die vor dir gegangen sind, um dieses Fest zu begehen. Du kannst auch Bilder deiner spirituellen Vorfahren oder die Namen oder Bilder von Personen oder Völkern (wie einige der eingeborenen amerikanischen Stämme), die keine lebendigen Verwandten mehr haben, miteinbeziehen. Stelle Blumenvasen mit Frühlingsblumen vor sie, verbrenne eine weiße Kerze zu Ehren ihrer Geister und bete, daß ihre guten Qualitäten wiedergeboren werden mögen.

Mondgeschichte

Eine Zusammenkunft mit der Göttin der Liebe

Und wieder ist es passiert. Die Liebe ist in mein Leben getreten und hat mich dann wieder alleine gelassen – voller Wut.

»Wer trifft bloß diese abgeschmackten Arrangements?« weinte ich. »Was ist das für eine Göttin, die mir immer wieder und immer wieder alles durcheinanderbringt, die macht, daß ich mich verliebe und die mir dann wieder alles kaputtmacht und wegnimmt?«

Um ein paar Antworten zu bekommen, beschloß ich, der Göttin der Liebe einen Besuch abzustatten. Natürlich war ich ängstlich, weil ich weiß, daß sie im Mondlicht auch als Göttin des Todes scheint. Das war beunruhigend. Ich konnte ihr meinen Ärger nicht wirklich zeigen, ohne den ihren zu erregen.

Ich folgte meinen üblichen Trancegewohnheiten. Ich aß an dem Tag sehr wenig und ging zwischen den hochwüchsigen Rotholzbäumen in Tiburon spazieren. Die frische Luft und die Schönheit entspannten mich. Aber ich achtete darauf, mich nicht zu verausgaben, weil ich sonst in tiefen Schlaf statt in Trance verfallen würde.

Für die Zusammenkunft wählte ich die Zeit, wo der Abendstern aufgeht. Ich schmückte mein Zimmer mit frischen Blumen und bereitete der Venus einen Altar. Ich legte eine schneckenförmige Muschel in die Mitte des weißen Spitzentischtuches. Ich entzündete rosafarbene und blaue Kerzen – ihre Lieblingsfarben. Um meinen Hals trug ich eine Halskette aus Lapislazuli, ihrem Lieblingsstein.

Nach einem Reinigungsbad mit Ysop in meinem Badebeutel legte ich mich auf mein Bett und schloß die Augen. Ein Badebeutel ist ein Gaze- oder Netzsäckchen, in das man spezielle Kräuter gibt. Der Rauch der Myrrhe, die dem weiblichen Prinzip des Universums heilig ist, stieg sachte auf, erfüllte meine Sinne. Ich atmete tief in meine Zehen, meine Beine, meine Hüften, meinen Bauch, meine Brust, meinen Hals und meine Arme und zuletzt in meinen Kopf. Mit jedem Atemzug entspannte ich meinen Körper und ließ ihn sich in schwerelose Wärme verwandeln.

Mit einer Hand umklammerte ich ein Stück Drachenblutwurz, die alle Verhexungen bricht, nur für den Fall, daß ich Schutz brauchte. Nicht daß ich der Göttin der Liebe mißtraute, sagte ich mir. O nein! Es handelte sich nur um die Art von Vorsichtsmaßnahme, die eine Hexe in Trance einfach benutzt.

Das stimmte natürlich nicht. Ich war schon oft in Trance ohne meine Drachenblutwurz. Der Grund liegt in meiner Beziehung zur Göttin der Liebe. Sie ist meine über alles geliebte Dame, die ich begehre und zugleich meine Quälerin, meine verhaßte, böse Stiefmutter.

Endlich wurde ich von der Trance umfangen. Mein Geist verließ meinen Körper, stieg wie Rauch aus meinem Kopf auf – an der Stelle, wo der Schädel weich gewesen war, dem Scheitel. Ich war erstaunt, daß keine andere Wesenheit auf mich wartete, die mich zu meinem Rendezvous mit der Göttin gebracht hätte. Ich sah auf meinen Körper unter mir, um sicherzugehen, daß ich ihn wirklich verlassen hatte – und das hatte ich tatsächlich. Aber wo blieb meine Führung?

Und schon begannen sich meine Gefühle der Göttin gegenüber in ärgerlichen Vibrationen zu äußern. Alles ihre Schuld! Hatte ich nicht drei volle Tage lang um dieses Treffen gebeten, nicht jede Nacht pflichtbewußt um eine Audienz gebetet? Und hatte ich durch die guten Vorzeichen, die ich im Wald gesehen hatte, nicht auch Antworten bekommen? Ich hatte rotgeschwänzte Habichte gesehen, kanadische Gänse und Stockenten mit grünem Kragen – und alle waren westwärts geflogen! Ihre bestärkenden Zeichen waren reichlich vorhanden.

Dann bemerkte ich einen Vogel direkt vor meinem Fenster. Es war eine weiße Gans. Nicht Teil einer Herde, nein, ganz alleine saß sie da auf der hinteren Veranda. »Das ist sie!« Ich jubelte. »Das ist meine Führung. Das muß sie sein! Los geht's!«

Ich bewegte mich durch die Wand hindurch, und der Vogel spürte mich und flog auf. Ich erhob mich in die Lüfte, um hinter ihm herzufliegen. Das machte Spaß! Über meine Nachbarschaft fliege ich immer ziemlich schnell hinweg. Ich blickte hinab und da war der Schnapsladen an der Ecke, in dem ich manchmal am Sonntag, wenn alle anderen geschlossen sind, Milch und meine Zeitung kaufe. Aber sobald ich diese Beobachtung gemacht hatte, nahm der Flug an Geschwindigkeit zu und die ganze vertraute Szene verschwamm hinter mir. Der weiße Vogel schaute sich nie nach mir um. Er flog einfach weiter im rhythmischen Schlag seiner Flügel. Ich konnte hören, wie die Luft durch seine weißen Federn zischte.

»Weißer Vogel, ich danke dir dafür, daß du mich zu Venus geleitest!« Keine Antwort. »Kannst du mir ein Gedankenbild übermitteln?« fragte ich, aber ich bekam keine Antwort. Ich akzeptierte das. Immerhin wäre es ein bißchen viel von den Tieren verlangt, wenn sie andauernd die Bindeglieder zwischen dem Willen der Göttin und unseren Fragen sein sollten. Ich war dankbar, daß er überhaupt gekommen war.

Dann beschloß der Vogel, sich auf einem hohen Gipfel niederzulassen. Wir befanden uns möglicherweise schon in den westlichen Sierras. Der große Felsklotz war schroff und außer im Flug unerreichbar. Ich landete neben der Gans.

»Und wo ist sie?« fragte ich den Vogel wieder.

Der Vogel sah mich an und begann sodann seine Federn zu putzen. Es war eine strahlend schöne, große Gans. Kräftig war sie, mit weiß schimmernden Federn. Ihre weißen Federn leuchteten so sehr durch die Nacht, als würden sie von innen angestrahlt. Aber, dachte ich, so sieht in Trance eben alles aus. Dies hier war bloß eine Gans und nicht ein schillernder Vogel, dessen Gefieder einmal einen bläulichen und dann wieder einen rosafarbenen Schimmer annahm. Dann steckte die Gans ihren Schnabel unter ihren Flügel, schüttelte ihren Pürzel noch einmal und wurde ganz regungslos, als wollte sie schlafen.

»Halt! Einen Moment!« sagte ich und dann kam mir ein grauenvoller Gedanke. Was, wenn das hier kein Leitvogel, sondern eine ganz ordinäre Gans war? Was, wenn ich ihr den ganzen Weg bis hierher gefolgt war, ohne einen Gedanken daran zu verschwenden, wie ich wieder nach Hause kommen sollte?

»Wach auf!« sagte ich.

Keine Antwort. Der Vogel war in sanftem Schlummer. Eine leichte Brise blies von unten herauf und wisperte in den Bäumen.

»Das wird nicht klappen«, dachte ich. Venus würde heute abend einfach kein Interview geben.

»Teuerster Vogel!« sagte ich, diesmal mit einer Menge Respekt. »Bitte zeige mir den Weg dorthin, wo ich hergekommen bin. Ich bin dir versehentlich gefolgt, es tut mir leid.«

»Kein Versehen!« sagte eine Stimme.

Mir blieb das Herz beinahe stehen. Wer war das? Die Vogelfrau streckte sich und da sah ich, daß sie menschliche Beine besaß!

»Voller Respekt bitte ich dich, teuerstes Geschöpf, enthülle dich mir, damit wir uns miteinander verständigen können!« sagte ich so, wie ich es zu jeder Erscheinung, auf die ich in einer Trance traf, tun würde. Nun streckte sie zwei bloße Arme aus dem Gefieder hervor und die Gans wurde zu ihrer Bedeckung, einer lebenden Decke.

»Venus!« rief ich und verbeugte mich tief. »Also empfängst du mich doch!«

»Sei nicht so unsicher. Natürlich werde ich mit dir reden!« sagte sie. Ihre Stimme war nicht, wie ich sie erwartet hatte. Ich hatte gedacht, die Göttin der Liebe würde eine Stimme süß wie das Lied einer Nachtigall haben, aber sie war wie die einer Kletterin – kräftig und ausgeprägt.

»Danke für die Gnade dieser Gelegenheit!«

»Ach, versuch's gar nicht erst«, sagte sie gutmütig zu mir. »Ich weiß, daß du wieder einmal sauer auf mich bist.«

»Ja, das stimmt«, bekannte ich. »Und ich bin nicht die einzige. Viele von uns auf der Erde sind auch sauer auf dich!«

»Ja, ja, ja...«, sagte sie jetzt leicht gelangweilt. »Was ist es diesmal?«

Es klang wie eine Mutter, die ihre Kinder, denen schon wieder die gleiche Misere widerfahren ist, ausschimpft.

»Es ist schwer, meinen Finger wirklich in die Wunde zu legen.«

»Nun ja, wenn das ein Interview werden soll, dann wäre es besser, du hättest dir deine Fragen zurechtgelegt.«

Venus tauchte nun unter der Gans, die sie vor dem Wind geschützt hatte, auf. Sie war eine wunderschöne Frau, aber nicht von der schlanken Sorte, wie sie immer auf den Gemälden dargestellt wird. Venus war dick. Es war rosiges Fett, glühend vor Leben, hübsches Fett, aber sie war dick. Einen Moment lang war das ein Schlag für mich. Ich hatte etwas wie Marilyn Monroe erwartet, oder wenigstens wie Glenn Close oder Meryl Streep. Aber nein. Sie sah mehr wie Roseanne Barr aus, aber ohne die Bitterkeit.

»Ehre sei dir, Göttin der Liebe!« sagte ich aufrichtig. Sie nickte und ich bemerkte, daß ihr Haar in Kornreihen zu Zöpfen geflochten war; und als ich sie nun ansah, schien ihre Haut schwarz zu sein.

»Ich mag dich, Zsuzsanna. Warum bist du sauer auf mich?«

»Wegen meinem Leben«, stammelte ich.

»Was stimmt daran nicht?«

»Nun, wie es scheint, schickst du mir Geliebte, aber keine bleibt je lange genug, liebt mich genug, weißt du. Alles ist so vorübergehend...«

»Und das macht dich böse?« Jetzt besaßen ihre Schultern die Farbe der gelben Sonne, ihr Haar war lang und wehte im Wind. Wild sah sie aus.

»Ich will, daß meine wahre Liebe bleibt.«

»Also bleib!«

»Ich meine *sie* –«

»Es gibt keine ›sie‹. Es gibt nur ›du‹. Und mich...«

»Das verstehe ich nicht.«

Die Göttin der Liebe zog es jetzt vor, aufzustehen und diesmal war sie zur Gänze bekleidet, nur ihre linke Brust war entblößt und ihre Brustknospe erhärtete sich im Wind.

»Vergänglichkeit ist natürlich«, sagte sie.

»Aber . . . aber andere haben jahrelang Lebenspartner und ich werde schön langsam zu alt, um diese Liebesspielchen mitzuspielen. Ich will heiraten.«

»Wir reden nicht über das gleiche, meine Liebe.«

Venus begann mit den Schlangen, die unter dem großen Felsklotz hervorgekrochen waren, zu spielen. Sie schlang sie als Ketten um ihren Hals und ihre Arme. Eine Python wand sie um ihre Hüften.

»Warum veränderst du dich andauernd? Das verwirrt mich.«

»Ich bin deine Gefühle. Ich bin alle Gefühle. Es ist meine Aufgabe, zu verändern.«

»Kannst du denn nie gleichbleiben?« Ich hatte meine gute Laune verloren, und ich wußte es.

Ihre Schlangen starrten mich mit unverhohlenem Abscheu an. Eine zischte mich an.

»Absolut nicht«, sagte Venus. »Das wäre einfach nicht ich. Das wäre nicht das Leben. Aber du solltest nicht deine Gefühle heiraten – die ändern sich –, du solltest deine Absichten heiraten, die bleiben konstanter.«

»Ohne Liebe heiraten? Ist das nicht vorsintflutlich?«

»Heiraten ist wie Zimmergenossen sein. Liebe ist wie ein Fieber. Ich kann dich mit deiner wahren Liebe zusammenbringen, aber ich kann nicht ewig bleiben. Es gibt andere, die ich besuchen muß. Gerade jetzt zum Beispiel lernen ein paar Jugendliche etwas über meine Erregung und anderswo brauchen Liebende meine Hitze, um Babies zu erschaffen.«

»Babies! Ist das alles, worum du dich kümmerst?«

Venus umarmte ihren dicken Bauch, der jetzt wunderbarerweise zu einem flachen Bauch zusammenschmolz.

»Ganz im Gegenteil, meine Liebe. Ich bin nur am Vergnügen interessiert. Babies gehören zu deinen Angelegenheiten. Sind jemals Kinder um mich herum zu sehen? Brauche ich einen Babysitter! Nein! Ich habe ein göttliches Kind gehabt, Cupido, und der wird nie erwachsen. Er ist auch im Liebesgeschäft, schießt seine Pfeile in die Herzen der Menschen. Die Welt ist groß. Wir schaffen es kaum.«

Nun streckte Venus sich und gestaltete sich zu einer Turnerin mit schmalen Gliedern und einer Wespentaille. Sie schnellte sich einige Male vom Felsklotz hoch; sie konnte in der Luft schweben – offensichtlich besaß sie keine Masse. Schließlich hatte ich genug. Sie war so sprunghaft, so selbstvergessen. Wie konnte sie die Verantwortung für die höchstgeschätzten Gefühle der Welt haben?

»Venus, verzeih mir, aber du verursachst uns Menschen auf der Erde eine Menge Schmerz, eine ganze Menge Schmerz...« Sie sah mich an und diesmal behielt sie ihre Gestalt. Sie sah wie eine freundliche Therapeutin mit Brille und Latzhose aus. So sah sie lächerlich gekleidet aus, hier mitten in der Wildnis.

»Wäre es dir lieber, wenn ich dich nie mehr besuche?«

Die Panik überfiel mich mit elementarer Kraft.

»O nein, Mama, so habe ich es nicht gemeint. Ich meine, bitte fühle dich so frei, mich jederzeit zu besuchen, wann du willst, bitte streiche mich nicht von deiner Liste! Ich sterbe, wenn du nie wieder kommst!« Dieses greuliche Gekrieche brachte sie wenigstens zum Lächeln.

»Na gut. Aber was soll ich statt dessen tun?«

Das war meine Chance. Jetzt konnte ich die Probleme der ganzen Welt lösen. Venus hatte mich gefragt, wie sie mit uns umgehen sollte und endlich konnte ich meinen Einfluß geltend machen. Dies war ein Moment von allumfassender Wichtigkeit.

»Du könntest uns nur in Menschen verlieben lassen, die uns glücklich machen«, schlug ich vor.

»Zuerst machen sie dich alle glücklich.«

»Aber auch später. Schicke uns Geliebte, die auch Geliebte bleiben, die uns über den Anfang hinaus lieben.«

»Aber ich kann nicht bleiben, um das zu überwachen!« Venus erhob entrüstet ihre Stimme. »Ich kann nur am Anfang da sein. Der Rest liegt bei euch.«

Es begann sinnvoll zu klingen.

»Nur am Anfang, weil...« Ich versuchte es sie nochmals erklären zu lassen.

»– weil ich das gesamte Gebiet versorgen muß. Ich muß von Seele zu Seele wandern. Ich muß Seelen aneinanderbinden. Das ist meine Beschäftigung. Es gibt schon über fünf Milliarden.«

»Fünf Milliarden? Das ist zu viel!« sagte ich plötzlich.

»So ist es!« bestätigte Venus. »Kannst du mir vielleicht sagen, wie ich alle diese Herzen versorgen und dazu noch bleiben und meine Kraft dafür geben soll, daß die Beziehungen halten?«

In diesem Punkt hatte sie mich geschlagen. »Unsere Gefühle sterben. Wir verlieren dieses liebende Gefühl. Wir trennen uns. Uns wird langweilig.«

»Ich habe nur die Verantwortung für den Beginn. Die Himmelskönigin war sehr klar in ihrem Auftrag. Zu Anbeginn der menschlichen Rasse sagte sie: ›Du sollst die Herzen aneinanderbinden! Und das habe ich seitdem immer getan.«

Ich dachte darüber nach und erkannte, wie schlau sie die ganze Verantwortung für all die gebrochenen Herzen zurück in den Schoß der Menschheit legte.

»Sie hat dir nicht nur das gesagt!« beschuldigte ich sie. »Deine Unterweisungen enthielten auch den Todesstreich!« Venus verdüsterte sich. Sie versteckte sich im Gefieder, die Schlangen wanden sich um sie hinauf. Nun streckte sie eine verwitterte, alte Hand hervor, mit einer Haut wie Baumrinde, und sie zeigte mir eine Handvoll Maden.

»Du jagst mir Angst ein!« jammerte ich.

»Komm nicht um mich zu befragen, wenn du die Angst nicht ertragen kannst!« schnappte sie mit brüchiger Stimme zurück. Ich griff nach meiner bewährten Drachenblutwurz. Sie lag noch immer in meiner Hand.

»Dieser Talisman wird dich nicht vorm Tod erretten!« schrie sie mich an. »Wer denkst du, daß du bist!«

»Ich bin die Priesterin der Erde«, rezitierte ich mein Hexenmantra.

»Naja, das zählt immerhin etwas!« wurde sie etwas weicher und ließ ihren Todesaspekt verschwinden. »Du hast recht. Es gehört auch zu meiner Aufgabe, das alte Holz auszulesen, die müden und ausgelaugten Seelen nach Hause zu bringen. Es gehört zu meinen Aufgaben, dich sterben zu lassen.«

Ich war jetzt in Verlegenheit, was ich sie noch fragen sollte. Wenn es ihre Aufgabe war, uns ins Grab zu bringen, würde sie natürlich auch Schmerz austeilen.

»Hättest du gerne, daß ich euch allein ließe und euch nicht forttrage, wenn eure Zeit gekommen ist? Das könnte ich tun, weißt du?«

Sie bot mir ewiges Leben an. Ihre Stimme war süß und versöhnlich. Es war nicht wirklich ihre Absicht gewesen, mich so zu erschrecken, wie sie es getan hatte.

»Nein! Bitte – so will ich das ewige Leben nicht«, brabbelte ich. »Ich will das ewige Leben so, wie ich es bereits habe, als Leben meiner Essenz, meiner Seele, nicht meiner körperlichen Hülle. Wenn sie bereit ist zu gehen, dann bring mich bitte sachte nach Hause.«

»Sorge dich nicht! Das werde ich tun. Du hast weise geantwortet«, sagte sie und entspannte sich wieder. Offensichtlich war die dicke Dame ihre Lieblingsform. Sie verwandelte sich so oft in sie.

Nun begann sie leise zu kichern. Sie konnte meine Gedanken lesen. Ich spürte das.

»Nur noch eins, teuerste Dame...«

»Ja?« Venus drehte sich mir zu und ihre Augen schienen so tief wie das Meer zu sein und etwa die gleiche Farbe zu haben.

»Weißt du, wenn du mich das nächste Mal besuchst und mir eine neue Liebe bringst, könnte es jemand sein, die nicht außerhalb der Stadt lebt?«

»Aber sicher!« beruhigte sie mich.

»Könnte es nicht eine sein, die loyal und pfiffig ist, sexy und interessant?«

»Waren sie das nicht alle?«

»Ja, aber...«

»*Aber*! Das ist es, was mit euch Menschenwesen nicht stimmt. Ihr sehnt euch nach Dauerhaftigkeit, aber ihr seid es, die einander verlaßt. Ihr seid es, die den Glauben verlieren, ihr seid es, die immer ein bißchen mehr oder ein bißchen weniger wollt, etwas mehr Nähe oder Distanz, während ich euch die ganze Zeit hindurch genau das gebe, was euer ist, nur ihr scheint es nicht zu bemerken. Ihr seid ein hoffnungsloser Fall!«

»Dann ist das meine letzte Frage: *Warum* sind wir so hoffnungslose Fälle? Was an der Liebe ist so verwirrend, so begehrt und so gefürchtet?«

Venus dachte darüber nach, diesmal nicht ungeduldig, wie sie es mit einer Untergebenen gewesen wäre, sondern in tiefer Betrachtung.

»Ich glaube, daß es deswegen ist, weil ich der Grund für euer Leben bin. Die Himmelskönigin hat euch so programmiert, daß ihr mir immer den Vorzug gebt. Wenn ich nicht bei euch bin, fühlt ihr euch wie Kinder völlig verloren, ihr fühlt euch betrogen. Und wenn ich da bin, fürchtet ihr, daß ich euch verlasse. Und mein letzter Besuch ist natürlich das Ende allen Begehrens.«

Also gab es keinen Ausweg. Mein Unmut verflüchtigte sich, weil ich erkannte, daß sie uns nicht dabei helfen konnte, unsere Probleme zu lösen: das können wir nur selbst.

»Glaubst du, werden die Menschen jemals lernen, deine Gaben zu schätzen? Werden wir je voll Weisheit lieben können?«

»Nein!« antwortete sie mit einem Aufseufzen. »Tätet ihr das, würden eure ganze Poesie, die Kunst, eure Liebeslieder und eure Erregung einfach verschwinden. Es gäbe keine Plätze, wohin ihr eure Liebsten ausführen könntet, es gäbe niemanden, um die Liebeslieder zu schreiben, zu denen ihr tanzt, euch allen wäre langweilig.«

Der Friede hielt wieder Einzug in meinem Herzen, und ich bat um Führung nach Hause.

Die Göttin wackelte mit ihren Zehen und eine Schar kanadischer Gänse brach durch die Wolken und kreiste über uns. »Sie werden dich nach Hause bringen«, sagte sie.

Ich zögerte, versuchte mein Begehren zu unterdrücken. Aber sie durchschaute mich.

»Du würdest mich gerne küssen, oder?«

»Wäre das möglich?« fragte ich mit Herzflattern. Alle die Male, in denen Frauen mich zur Liebe inspiriert hatten, mich angezogen und erregt hatten, all diese Gefühle durchströmten meinen Körper in genau diesem Moment.

»Ich liebe dich!« wisperte ich ihr zu.

Sie nahm die Gestalt meiner Geliebten an, derjenigen, der ich nachweinte, die ich für eine andere hatte verlassen müssen, diejenige, die ich vermißte. Sie hielt mich in ihren Armen, und wir küßten uns innig. Ich trank ihre Küsse. Die Energie durchflutete mich wie Elektrizität. Sie hielt mich genau so, wie ich es liebe, gehalten zu werden, ganz fest, und küßte mich voll Leidenschaft und Vertrauen. Dann ließ sie mich wieder zu Atem kommen. Ich griff nach meiner Lapislazulikette und legte sie um ihren heiligen Hals.

»Ich danke dir für all die Liebe, die mir in meinem Leben geschenkt worden ist.«

»Keine Ursache.« Sie streichelte den Lapislazuli. Ich wußte, es war ihr Lieblingsstein.

Die Gänse nahmen ihre V-Formation ein, mit mir in der Mitte, und zogen mich in ihrem eigenen Sog mit. Aber meine Gedanken waren immer noch bei Venus. Ich sollte bald wieder versuchen, zu ihr zu gelangen. Sie war so lieb und vielleicht würde sie mich ja auch wieder küssen.

»Ich küsse dich durch alle Frauen«, konnte ich ihre Stimme hören. »All die Frauen bin ich.«

Als ich erwachte, waren meine Kerzen zu Stummeln heruntergebrannt. Aber mein Altar für die Venus war klar und die Blumen fast überhaupt nicht verwelkt. Über allem lag Schönheit. Mein Körper fühlte sich erfrischt. Ich lag da und dachte an die Göttin und wie es sich angefühlt hatte, sie zu küssen. Da wurde mir schlagartig bewußt, daß die Lapislazulikette um meinen Hals verschwunden war!

Sechster Mondzyklus

Zeit: *Mai – Juni*
Sternzeichen: *Zwillinge*
Mondpflanze: *Ingwer*
Mondtier: *Taube*

Mondin der starken Sonne

Mondsicht

Während dieser Mondin zieht die Sonne immer engere Kreise um die Erde. Das Getreide drängt nach oben; bald werden die ersten Körner reif sein. Tagsüber suchen die Leute Schutz vor diesem zuviel an Helle, aber nachts fängt die Vollmondin die derbe Glut der Sonne ein und verwandelt sie in ein fahles Feuer. Der Glanz der mittsommerlichen Mondin verwandelt die scharfen Farben des Tageslichts in sanfte Töne. Sie verwandelt die gnadenlose Strahlung der Sonne in ein reines Licht, das alles segnet, was in ihm wandelt. Sie verwandelt die Hitze des Tages in eine sanfte Wärme, die die Menschen animiert, ihre Kleidung abzulegen und ihre Arme dem nächtlichen Himmel zu öffnen. Die Vollmondin ist ein silberner Schutzschild für alles Lebendige.

Die Göttin spricht

Die Shekinah

Komm, mein geliebtes Volk, sing meinen Lobgesang! Zu dieser Neumondin bin ich wiedergekehrt, um die Last von dir zu nehmen, deinen Geist zu beleben und die alltägliche Düsternis schwinden zu lassen. Juble! Juble! Ich öffne die heiligen Tore zu meinen Apfelhainen und decke dir unter der Mondin eine frische Festtafel. Schon brennen die Kerzen. Feinen Wein werde ich in eure Becher gießen, um euch zu erfrischen. Komm, mein Volk, nimm Teil an der Freude, die die Shekinah ist! Nicht länger versteckt, nicht länger verboten – feiert der Liebe Gefühl, das ich euch bringe. Der heilige Sabbat bin ich, der empfangende, fruchtbare Schoß, der Thron aller Macht. Vorbei sind die Schreie und Seufzer und all der Schmerz ist hinweg, der Geist der Göttin ist über euch gekommen. Fühlt den Glanz – der Glanz bin ich.

Mein Zopfbrot habe ich auf den Tisch gelegt und runde Kuchen, die ihr für mich bukt, eure Himmelskönigin. Eure Trankopfer gießt auf die Erde, gebt der Erde ein wenig vom Wein zurück wie in alten Zeiten. Süßes Räucherwerk sollen meine Frauen verbrennen, denn Freude bereitet es mir, eure Gebete wie Rauch zu mir aufsteigen zu hören. Mein Volk, voll Freude sollst du mein Antlitz erblicken. In euren Herzen steigt Euphorie auf. In Frieden und voll Freude sollst du kommen, mit Jubel, denn deine geliebte Braut ist gekommen.

Wie wirst du mich grüßen? Wie wirst du mich lieben? Wie wirst du mich zu entzücken suchen, mein Liebstes?

Zu den ältesten aller Instrumente sollen meine Priesterinnen tanzen, zu Zimbeln und winzigen Trommeln, zum verspielten Klingeln der Glöckchen an ihren Fußkettchen, zum Klang des Sistrums und zum Klatschen der Hände. Komm, feiert die Lebensfreude mit mir, denn die Friedenskönigin ist gekommen.

Zur mitternächtlichen Stunde dann öffnen sich meine Arme wie das Tor zum Himmel, denn ich bin das Entzücken und die

Freude der Frauen wie der Männer. Die Völker jubeln in mir. Alt und jung sind glücklich. Ich befreie euch von Schmerz und Auslöschung – das Gesetz der Liebe bin ich.

Botschaft in den Zwillingen

Der sechste Mondumlauf übt seinen Einfluß auf unseren Geist durch Anregung und Informationsdrang aus. In den Zwillingen stehen Partnerschaften im Vordergrund, die Suche nach Verbündeten für eigene Projekte und die Anziehung von Gleichgesinnten. Unsere Welt öffnet sich, neue Mitspieler beleben die Szene, wir erweitern unseren Freundeskreis. Das Leben bewegt sich schneller. Es ist eine gute Zeit, um unsere Lieben um uns zu scharen, Familientreffen zu arrangieren, bei denen wir glänzen und unterhalten. Das Bewußtsein der Gleichrangigkeit der Geschlechter und die Arbeit mit beiden Geschlechtern erfüllt unseren Geist jetzt.

Pflanze alles, was klettern soll, wenn die Mondin im Zwilling ist, ebenso alles, von dem die Blüten genommen werden: Brokkoli, Blumenkohl, Heilkräuter, Blumen. Laß dir die Haare schneiden. Beginne eine Reise, schließe Geschäfte ab und erledige deine Korrespondenz. Schreibe an Politiker, bringe deine Bücher auf den neuesten Stand, schreibe Liebesbriefe und Einladungen.

Mondgezeiten

Bluten

Höre, Tochter, die Neumondin ruft dich! Jetzt ist der rechte Moment gekommen. Aus deinen Tiefen rufe ich dein eigenes, rotes Blut hervor. Du bist angespannt, jemand hat dich geärgert, etwas hat dich bedrückt, du hältst daran fest und jetzt willst du mir dein Blut nicht geben, das ich gekommen bin hervorzurufen.

Entspann dich, Frau.

Du hast Krämpfe, weil du mich bekämpfst. Es ist heute nicht deine Aufgabe, ins Büro zu gehen. Heute sollst du träumen, in die

Tiefe steigen, ja – und träumen. Hör auf, nach schmerzstillenden Mitteln zu greifen! Vielleicht entspannen sie deine Muskeln, aber sie vernebeln auch deinen Geist. Wir sind es, die bluten. Ich sage »wir«, weil jetzt, in diesem Augenblick, Millionen von Frauen bei dir sind und genau wie du bluten. Nicht nur durch unser kostbares Blut sind wir miteinander verbunden, sondern auch, weil wir gemeinsam träumen, viele, viele Träume. Nimm keine Tabletten. Wie sollst du träumen, wenn du unter Drogen stehst?

Ich sehe – jetzt greifst du zu einem Glas Scotch oder Brandy, einem Bier. Ja, das wird das Blut leichter zum Fließen bringen. Wenn du nur ganz wenig trinkst, kannst du immer noch träumen. Wie wär's mit einem Kräutertee? Mach dir eine Kanne Schwarzwurztee. Nur zu! Höre, wie dein Teekessel pfeift, gieße das heiße Wasser über die aromatischen Kräuter. Schwarzwurz nimmt den Schmerz, Schafgarbe wird deine Gebärmutter anregen, das innere Gewebe abzustoßen. Probier es auch mit Kamillentee. Er wird dir beim Einschlafen helfen. Probiere Himbeerblätter, sie werden deine Gebärmutter stärken. Probiere die vielen Kräuter aus, die Mutter Erde uns geschenkt hat, um mit der Blutung zurechtzukommen.

Lege dich hin und feminisiere (das heißt »masturbiere« in postpatriarchalischer Sprache). Decke dich zu, damit dir warm ist, trink deinen Tee schluckweise, dann schließe deine Augen und spreize deine Beine und feminisiere.

Jetzt wird dein Blut beginnen herauszusickern. Denke an wunderbar feuchte Zungen, die deine Klitoris liebkosen. Denke an hungrige Geliebte, die sanft an deinem Geschlecht nuckeln wie an einem Pfirsich. Denke an Geliebte, die dein Lebensblut trinken. Bin ich dir zu ordinär? Ich hoffe nicht. Du bist jetzt meine lunare Primatin. Du führst jetzt eine jahrtausendealte Menstruationstradition aus.

Menstruiere. Blute mit mir. Räkle dich im Bett. Mach ein Nickerchen. Ich möchte, daß du an Bilder denkst, die dich erregen, ohne zu urteilen. Ich will, daß du die Wellen des Begehrens in dir aufsteigen spürst, die deine Schamlippen überfluten und deinen Herzschlag beschleunigen. Berühre dich selbst voll Hochachtung und wilder Hingabe. Dein Körper gehört dir. Es gibt

keinen scheel dreinblickenden Richter in der Ecke deines Schlaf-
zimmers, der dich beobachtet, aber wenn du glaubst, daß da
doch einer ist, dann wirf deine gebrauchten Binden nach ihm.
Menstruationsblut ist bekannt dafür, daß es sogar die stursten
Richter auslöscht. Verabrede dich mit einer/m Geliebten, die/der
Menstruationsblut mag. Blute ganz einfach und entspann dich.
Wenn dein Mann oder deine Kinder irgendwelche Anforderungen an dich stellen, erzähle ihnen vom Mysterium des Blutens,
sprich über das Blut, zeig ihnen, was du erreicht hast und sie
werden dich in Ruhe lassen. Sage dich von deiner Rolle als
moderne Frau los. Du bist einige Tage lang eine lunare Primatin.
Benimm dich auch wie eine. Alles außer Essen, Tanzen, Sex,
Mondspaziergängen oder Schlaf ist nicht deine Aufgabe.

Du bist jetzt mit allen anderen Frauen verbunden, die bluten.
Eine weltumspannende, durch Blutsbande verbundene Gemeinschaft. Gib deinem Blut Raum. Du wirst von deiner Reise der
Erneuerung als stärkere Frau, als glücklichere Frau, als liebe-
vollere Frau zurückkehren. Frau im Wandel – an diesen Blut-
tagen gehörst du nicht deiner Familie, deinem Mann, deinen
Kindern und Geliebten. Du gehörst nur der silbernen Mondin.

Krankheit

Was ist dir geschehen, meine liebe Freundin? Du liegst im Bett.
Deine Aura ist geschrumpft und hat sich verdunkelt. Krank fühlst
du dich, überlastet, voll Schmerz. Dein ganzer Körper ist in
Unordnung.

Wenn Krankheit auftritt, ist die Versuchung groß, anzunehmen, daß etwas anderes als die Krankheit schuld ist. Vielleicht
denkst du, du hättest etwas falsch gemacht, du hättest deine
Krankheit und deine Schwäche irgendwie selbst verursacht. Natürlich passiert das Leuten manchmal auch. Sie werden krank,
weil sie eine Liebe verloren haben. Oder sie werden krank, weil
sie überhaupt keine Liebe gefunden haben. Manche brauchen
ihre Krankheit, um andere zu kontrollieren, um mehr Aufmerksamkeit zu kriegen. Aber meist hat eine Krankheit organische
Ursachen wie Ungeziefer, Viren, gebrochene Knochen oder

Bazillen. Das Opfer ist nicht die Ursache. Hör auf, dich selbst niederzumachen, nur weil du krank geworden bist.

Hier ist ein Mondzauber, den du verwenden kannst, wenn du krank bist, um deine Lebensgeister wieder anzuregen. Laß orangefarbene Kerzen in einem feuerfesten Tiegel in deinem Zimmer brennen. Stelle überall um dich herum frische Blumen hin. Trage einen Duft, der deine Lebensgeister anregt, zum Beispiel Ambra oder Sandelholz. Jammere so viel du magst, telefoniere viel. Wenn du dazu zu müde bist, schlafe einfach viel – einen tiefen, befriedigenden Schlaf. Trink Johanniskrauttee (erhältlich in Bioläden und Apotheken), wenn du schwer einschlafen kannst. Er wird dich entspannen.

Während du schläfst, arbeitet dein magisches Selbst an der Wiederherstellung deiner körperlichen Ausgeglichenheit. Wenn du viel schläfst, können großartige Träume auftauchen; das Gehirn ist nicht müde und erzeugt farbige, spirituelle Reisen, die die Genesung anzeigen.

Bade ausgiebig und oft. Reibe deinen Körper mit Kräuterölen wie Minze, Süßwurz und Rosmarin ein.

Bitte eine Freundin, dich zu berühren, dir eine Fußmassage zu geben oder einfach deine Hand zu halten. Menschliche Berührung ist eine mächtige Medizin, wenn du krank bist. Sprich mit deinem inneren Selbst, der wilden Frau in dir; schau, auf was sie hinaus will. Es besteht die Möglichkeit, daß dein inneres Wesen niedergeschlagen ist, den verletzten Körperteil hält und mitleiderregend aufheult.

Bitte eine Freundin, mit deiner Krankheit zu reden. Laß deine Freundin zunächst dein Bett mit Zitronenwasser bespritzen. Dann spricht deine Freundin:

> *Hinweg, hinweg, Krankheit! (dreimal wiederholen*
> *und eine Glocke läuten, so du eine hast, richtig laut)*
> *Heile, o Körper,*
> *heile die Zellen,*
> *heile den Geist,*
> *heile den Willen!*
> *Du bist jetzt frei zu heilen! (dreimal wiederholen)*

Das Komische beim Heilen mit Glauben ist: Unser inneres Wesen – der Körper, unsere Masse, die weise Bibliothek all unserer Ahnen – hat die Macht, unseren Körper unverzüglich zu heilen. Es braucht nur die Übermittlung einer starken Botschaft an die Körperteile – tut dies oder das – und die Gesundheit ist schnell wiedererlangt. Der Trick dabei ist, Zugang zu diesem inneren Gehirn zu bekommen. Wie können wir diesen Teil des Gehirns, diesen nonverbalen Teil, mit einer in Worten ausgedrückten Absicht beeindrucken?

Die spirituelle Arznei ist ein Ritual. Rufe etwas Kraft herbei mit Trommeln, Summen oder Singen. Benutze eine Rassel, um böse Geister zu vertreiben. Dann, wenn du glaubst, daß das Mittelgehirn zuhört, die Alte, sprich die Anweisung schnell, sag ihr in einfacher Form, was du brauchst (wie ich es oben beschrieben habe). Wenn sie zuhört, wird sie antworten. Die Heilungszeit wird sich um die Hälfte verkürzen; manchmal geht es sogar noch schneller.

Wenn du Krebs hast, so trinke viel Knoblauchsaft. Heutzutage wird er auch »ohne Geruch« hergestellt. Die Bauern in Ungarn benutzen ihn immer noch, um Krebs zu heilen. Ich kenne eine Person, die drei Monate lang täglich einen Liter Knoblauchsaft trank und geheilt wurde.

Weitere Heilzauber finden sich in *The Grandmother of Time* und in *Herrin der Dunkelheit, Königin des Lichts*.

Mondfeste

Thargelia, Siebenter Tag des Thargelion
Neumondin – Antikes Griechenland

Dies ist der Geburtstag der Artemis, der Göttin der Wälder und der Mondin im Mittelmeerraum. Mit dem Aufkommen des Patriarchats und dessen Verdrehungen wurde Apollo der Artemis als Zwilling an diesem Neumonddatum angehängt. Aber sogar noch älter und tiefgehender war anläßlich dieser Mondin die Verehrung der Horae, die die Wächterinnen der göttlichen Ordnung in der Natur waren, die Ursache des Wechsels der Jahreszeiten und dafür, daß alles zur vorgesehenen Zeit in Erscheinung tritt. Thallo (Frühling) und Carpo (Herbst) waren in Athen ein Paar von Horae. Manchmal waren die Horae auch dreifaltig: Eunomia (Rechtsordnung), Dike (Gerechtigkeit) und Irene oder Eirene (Friede). Man sagte, daß Dike, eine jüngere Ausgabe ihrer Mutter Themis, der Göttin des Sozialtriebes, der Männer und ihrer Kriege müde wurde und sich in den Bergen versteckte, um auf die Wiederkehr eines besseren Zeitalters zu warten. Die Männer hatten auch nach Äonen den Kriegen kein Ende bereitet, also gab die Göttin der Gerechtigkeit, Dike, sie auf. Sie stieg zum Himmel auf und wurde zum Sternenbild Jungfrau.

Eben weil der frühe Sommer eine Zeit des raschen Wachstums ist, ist er auch eine Periode großer Verletzlichkeit. Wenn während dieser Zeit irgend etwas mit der Saat schiefgeht, ist die Ernte möglicherweise verloren. In ganz Europa lag das Schwergewicht der Mittsommerbräuche auf dem Schutz der Menschen, der Ernte und des Viehs vor Krankheit. Es ist eine weitverbreitete Ansicht, daß man sich, wenn die Dinge gut laufen, mit Vorsicht bewegen soll, denn durch Hoffart würde man die Götter erzürnen. Die Götter sind nicht so kleinmütig, aber es ist eine menschliche Untugend, in guten Zeiten hochnäsig zu werden und zu vergessen, daß eines Tages alles bezahlt werden muß. Wenn wir die Wälder abholzen, müssen wir sie wieder aufforsten; wenn wir der Erde die Ernte entnehmen, müssen wir ihr den organischen Abfall wieder zuführen. Die natürliche Ordnung muß eingehalten und geschützt werden, sonst werden wir das immer wiederkehrende Wunder des Kreislaufs der Jahreszeiten verhindern.

Shavuoth
Zunehmendes Viertel des Mondes Sivan – Hebräisch

Mit diesem alten hebräischen Fest wurde das Heranreifen des ersten Korns gefeiert. Der Tempel wurde mit Blumen und Grünzeug geschmückt. Man brachte die ersten Garben als Opfergaben zum Tempel und die Geschichte von Ruth wurde laut vorgelesen. Ein Grund dafür war, daß sie die Ahnin von König David war, der am Shavuoth geboren wurde. Wesentlich interessanter ist die Tatsache, daß sie die Aufmerksamkeit von Boaz auf sich zog, während sie die Gerste, die von seiner Ernte übriggeblieben war, aufsammelte. Ruth selbst war ursprünglich aus Moab, nicht aus Israel. Handelt es sich bei dieser Geschichte um einen weiteren Fall, wo ein historisches Ereignis an einen heidnischen Mythos geknüpft wurde, in diesem Fall die nahöstliche Heirat eines Korngottes und einer Korngöttin? Die traditionellen Speisen zu diesem Anlaß sind Milch, Honig und Blintzes.

Egal, woher dieser Feiertag stammt, betrachte ihn als eine Gelegenheit, für alles, was dir gegeben wurde, zu danken. Biete deine eigenen ersten Früchte als Opfer dar – lege Beispiele oder Symbole deiner Arbeit auf deinen Mondinaltar und danke der Göttin für die Stärke und Geschicklichkeit, die dich das Werk vollbringen ließen. Brenne eine goldene oder eine grüne Kerze ab und bitte sie um Hilfe bei der Fortsetzung oder Vollendung deiner Arbeit. Knausere nicht mit deinem Überfluß. Gib das ganze Kleingeld in deiner Börse dem ersten Penner, den du siehst oder spende einem Obdachlosenasyl Lebensmittel oder Geld.

Fest der Edfu
Erster Epiphi, Vollmondin – Ägypten
Hathor, die mit den Kuhhörnern gekrönte Göttin, war die ägyptische Göttin der Liebe, der Schönheit und Fruchtbarkeit. Zur Neumondin wurde ihr Abbild in ihrem Boot, dem Neb Marwet (Herrin der Liebe), vom Tempel in Dendara aus auf eine Reise geschickt, um eine ekstatische Vereinigung mit dem Gott Horus in Edfu zu begehen, eine Reise, die ungefähr um die Zeit der Vollmondin herum geendet haben dürfte. Ihre Ankunft wurde mit großartigen Festivitäten gefeiert und vermutlich benutzten viele Paare die Gelegenheit, dem Beispiel der Göttin und des Gottes zu folgen. In Rom sah man diese Zeit als besonders glückverheißend für Hochzeiten an, vor allem zur Vollmondin oder wenn Sonne und Mondin in Konjunktion waren – ein besonderes Zeichen der Hathor.

Kuan-yin wird eine Bodhisattva
Neunzehnter Tag der sechsten Mondin, Vollmondin – China

Es ist unklar, ob Kuan-yin eine buddhistische Heilige war, die nach und nach die Eigenschaften früherer Gottheiten oder einer vorzeitlichen Muttergöttin annahm, oder ob sie als buddhistische Heilige euhemerisiert* wurde. Wichtig ist, daß sie die ewig mitfühlende Herrin der Gnade ist, die den Sterblichen nahebleibt und weiter um sie besorgt ist. Einer buddhistischen Legende nach war sie eine Sterbliche, die das Nirwana erlangt hatte, es aber zurückwies, bevor sie nicht allen hatte helfen können, es auch zu erreichen. Sie inkarnierte sich mit voller Absicht als Frau, um ihr Mitgefühl zu steigern. Ein Gebet an sie lautet:

> *Große Gnade, große Gnade, oh!*
> *Du Nimm-hinweg-die-Furcht-Pusa!*
> *Errette vor Schrecken, errette vor Leid*
> *durch dein zartes Frauenherz*
> *und des mächtigen Buddhas Stärke!*

Vor allem sorgt sie für Frauen und Kinder. Frauen, die sich ein Kind wünschen, opfern ihr einen Granatapfel oder bestickte Pantoffeln. Sie bringt den Kindern Seelen, errettet Matrosen, die Schiffbruch erlitten haben und bringt Regen. Sie erscheint oft als hilfreiche, alte Dame, also ehre alle alten Frauen, vor allem, wenn sie Asiatinnen sind. Man kann nie wissen ...

Niman Kachina
Vollmondin des sechsten Monats – Hopi

Die Zeremonie, die die Hopis während der Vollmondin unmittelbar vor Mittsommer abhalten, feiert die Rückkehr der Kachinas in ihr Heim in Sipapo, dem Platz in der Unterwelt. Seit der Wintersonnwende sind die Kachinas in unserer Welt aktiv gewesen und haben die Kräfte des Wachstums angeregt. Zu Mittsommer reifen die ersten Ähren und es wird Zeit für die Kachinas,

---

* Dieser Begriff stammt aus der Euhemerustheorie, nach der die Göttinnen und Götter der Mythologie einfach vergöttlichte Sterbliche sind.

sich zurückzuziehen und unten auszuruhen. Man fällt männliche und weibliche Fichten, die Bäume der Kraft, und stellt sie auf dem Dorfplatz auf. Die maskierten Kachinas tanzen zum Sonnenaufgang des ersten Tages herbei und ihre Bewegungen stellen die gebrochene Harmonie der Welt dar. Später teilen sie an die Kinder Geschenke aus. Wenn sich die Dunkelheit herabsenkt, verschwinden sie. Sie lassen sich bis Mittwinter nicht mehr blicken. Der Kachina-Vater verrichtet ein Abschiedsgebet und bittet die Kachinas, die Wünsche der Menschen mitzunehmen, daß alle Lebewesen durch die lebensspendenden Regenfälle erneuert werden mögen.

Jedes Gebiet leidet, wenn es nicht die richtige Menge an Regen und Sonne für seine Ökologie erhält und die menschlichen Aktivitäten haben darauf mehr Einfluß, als wir geglaubt haben. Die Ausübung der Hopireligion ist darauf ausgerichtet, den Menschen zu helfen, in Harmonie mit den Kreisläufen der Natur zu leben; dies ist die Essenz aller Erdreligionen, unabhängig von ihren Quellen oder Symbolen. Die Hopi haben über Jahrhunderte hinweg ein ausgeklügeltes System von Zeremonien entwickelt, die ihnen geholfen haben, ihr Land erfolgreich zu bewohnen. In einer fein ausbalancierten Umwelt ist es wesentlich zu wissen, wie die Dinge funktionieren, und was man tun kann und was nicht. Ob man das Wissenschaft oder Religion nennt − eine respektvolle Wertschätzung kann uns jedenfalls beim Überleben nur behilflich sein.

Beachte, daß die Kachinas nicht in irgendeinen weit entfernten Himmel auffahren. Statt dessen steigen sie in die Mutter Erde hinab, sie gehen nach innen. Ob du Schutz und Erneuerung für dich oder für deine Umwelt suchst, öffne dich selbst dem Bewußtsein der Göttin in dir.

Mondgeschichte

Liebe Körperin

Ich kleide mich für meine bisher beste Geburtstagsfeier – meinen Fünfzigsten. Da stehe ich nun, nackt, frisch geduscht, inspiziere meinen Kleiderschrank. Ich dufte nach Rosenknospen und Lilien, meine Achseln sind deodorantgepflegt, mein Gesicht gewaschen und mit Rosensalbe eingecremt. Aus den Augenwinkeln werfe ich einen Blick auf meinen nackten Körper im Spiegel.

»Seht bloß nicht hin«, sendet mein Hirn einen vernünftigen Rat an meine Augen. »Schau dir lieber wieder deine Kleider an. Zieh dir Unterwäsche an. Zieh dir wenigstens ein Hemd an, während du überlegst, was du anziehen sollst.« Aber umsonst. Die Psychose hat bereits eingesetzt. Ich forme den Gedanken: »Du bist zu dick. Viel zu fett.«

So fängt es immer an. Verglichen mit wem bin ich eigentlich zu dick? Ich versuche gegen die Richtung dieser Gedanken anzukämpfen.

»Verglichen mit... der Statistik!« Irgendwo existiert da diese Durchschnittsfrau, dort, wo sich die Statistiken vermehren wie Karnickel – und sie hat meine Größe und sie ist fünfzehn Kilo leichter als ich.

»Blödsinn!« fällt mir gerade noch ein. Blödsinn, wie kann man Frauen nach derart willkürlichen Kriterien miteinander vergleichen? Das kann nur ein Mann gewesen sein, der Frauen gehaßt hat (weil er keine kriegen konnte), der sich diese Statistiken darüber, wieviel man wiegen sollte, aus Rache einfallen ließ. Und wir Frauen haben ihm alle geglaubt, weil er vermutlich einen Doktortitel hatte und wir titelhörig sind. Für Frauen war es dermaßen schwierig, eine höhere Bildung zu erlangen, daß uns ein Titel immer noch als etwas Heiliges erscheint. Heutzutage haben alle professionellen Lügner einen Doktortitel.

Langsam bringe ich mich dazu, mich dem sauberen, rosigen Bild im Spiegel zu nähern. Es ist beinahe ein physischer Schmerz, auch nur hinzuschauen. Es erfüllt mich mit Grauen. «Übergewicht«. Ich verfalle in strenge Urteile. »Der Bauch hängt... er hängt irgendwie wie ein Sack.« Noch schlimmere Beschreibungen gehen mir durch den Kopf. Ich ziehe meinen Bauch ein. Er hängt etwas weniger durch. Ich drücke meinen Bauch mit meinen Händen noch mehr hinein. Besser. Vielleicht sollte ich ein Mieder tragen, aber damit könnte ich nicht atmen. Ich lasse meinen Bauch los, und wieder hängt er wie ein Sack. Übel.

Zu wem gehört dieser fünfzig Jahre alte Körper eigentlich? Ich muß ihm ins Angesicht schauen. Das ist mein Körper. Meine Realität. Das einzige, was mir je wirklich gehört hat. Ich erinnere mich, wie meine Körperin und ich zum erstenmal zusammenfanden. Sie war schnell und schlank. Meine Mutter, die selbst nicht gerade dick war, sagte, ich sei nur Haut und Knochen, eine Bohnenstange. Damals haßte ich es, zu essen. Mein Spiel war Laufen, schnelle Bewegung, Heiterkeit, atemlose Tage. Dieses Gefühl hielt an, bis meine Körperin Brüste wachsen ließ. Dann bildete sich auf dem Bauch eine schwache Schicht, eine Andeutung von Speck. Meine Schenkel, bisher immer meine wichtigste Unterstützung beim Springen und Laufen, füllten sich nun mehr aus, ließen keinen Platz mehr zwischen den oberen Beinpartien. Meine Mutter meinte, sich berührende Oberschenkel seien ein Merkmal von Schönheit. Damals liebte ich meine liebe Körperin. Von Statistiken und dem Voguemagazin hatte ich noch nichts gehört. Meine kleinen Brüste waren mein Stolz und meine

Freude. Sogar die Freundinnen meiner Mutter bewunderten die Knospen meines Frauseins. Sie alle sagten voraus, daß ich zu einer hübschen Frau heranwachsen würde.

Doch dann kam die Pubertät. Meine Körperin beschleunigte das Tempo. Sie begann zu bluten. Viel zu bluten. Ich mußte das Bett wochenlang wegen heftiger Blutungen hüten. Noch wußte meine Körperin nicht, wie sie richtig menstruieren sollte. Aber nach ein paar Jahren hatte sie es heraus. Sie menstruierte wie eine Uhr nach der Mondin; wir bluteten zu jeder Neumondin gemeinsam.

Meine Körperin. Jetzt muß ich noch näher herangehen und einen noch tiefergehenden Blick wagen. Diese Körperin hat eine große Narbe auf dem Bauch, wie eine Wunde aus einer Schlacht. Die Narbe einer Hysterektomie. Sonst ist sie wirklich in guter Form. Na und wenn schon, hat sie eben keinen flachen Bauch! Sie hat zwei Kinder gehabt. Ich erinnere mich an den Schmerz und die Langeweile der Schwangerschaft, an die Schwangerschaftsstreifen, die ich mit Kokosnußöl behandelte. Das ängstliche Diäthalten nach jeder Geburt. Mein Kampf wider mein Fleisch hatte sogar schon in meinen Zwanzigern begonnen. Dieser Körper hatte Größe zweiundvierzig und immer den Wunsch nach Größe achtunddreißig. Was für ein Wahnsinn!

Nun betrachte ich meine Brüste. Ich lege sie in meine Hände, wie in eine Schale, so wie ich es bei der Göttin Inanna auf ihren Darstellungen gesehen habe. Tatsächlich, jetzt im Spiegel sehe ich ein bißchen wie Inanna aus – die Himmelskönigin. Die Brüste sind immer noch jugendlich. Ich preise meine Klugheit, den BH in den sechziger Jahren weggeschmissen zu haben. Das hat mir meine Muskeln erhalten. Ich schwimme auch regelmäßig.

Doch hier steht sie nun mit fünfzig, meine liebe Körperin. Immer noch ist ihre Haut durchscheinend. Sie birgt gute Gene mit reicher Geschichte in sich. Es ist der Körper einer mitteleuropäischen Bäuerin, dafür geschaffen, sich zu bücken und Weizen zu sammeln, Kartoffeln aus der feuchten, reichen Erde zu klauben, mit der Freude, jeden Morgen im feuchten Gras zur Arbeit zu gehen, mit den Geheimnissen der Heidelbeerhage und Himbeerdickichte im Wald.

Heutzutage benutze ich sie, um einen Computer zu bedienen, eine Maus mit einer Hand herumzubewegen und mit zwei Fingern zu tippen. Sie ist so geduldig, sie nimmt mit mir Vorlieb. Sie läßt mich sie einsperren, sie von Weizenfeldern fernhalten, von Feldern, wo Tiere weiden, von Bergen und Flüssen. Sie tippt, weil meine Visionen nicht greifbar sind. Sie kann sie nicht wie Nüsse sammeln oder wie Heidelbeeren. Sie muß Stellen auf Disketten markieren, ein Konzept, das weit über ihr Verständnis hinausgeht. Und trotzdem gehorcht sie mir.

Jetzt füllen sich meine Augen mit Tränen, wenn ich an sie denke. Wie grausam war ich und was habe ich nicht alles von meiner Körperin verlangt! Wie lieblos habe ich ihr heiliges Fleisch behandelt! Diese Errungenschaft von Jahrtausenden der Menschheit, diese wunderbare, lebendige Bibliothek meines Volkes, diese Schönheit, dieses üppige Fleisch, diese liebende, warme Körperin. Alles, was ich je gekannt und gelebt habe, ist in ihrer Masse gespeichert. Die Umarmungen meiner Geliebten, der erste Kuß, der erste Sex und all die Male, die folgten − meine Nerven erinnern sich an jeden Schauer. Die Düfte der Speisen, die ich aß oder begehrte, wenn ungarische Nationalgerichte gekocht wurden, der Geschmack von Mehlspeisen, für die ich schwärme und die ich mit Wohlfühlen in Zusammenhang bringe.

Warum habe ich mich je gegen sie gestellt? Wer hat mich sie ablehnen lassen? Was bringt uns Frauen dazu, unsere Körperinnen so sehr zu hassen? Wem dient dieser Haß überhaupt? Wer zieht Nutzen aus unserem Kampf gegen unser eigenes Fleisch? Warum glauben wir uns nur dann zu lieben, wenn wir uns hassen? Die Liste der Sünden gegen meine Körperin ist endlos. Ich habe sie auf Diät gesetzt, eigentlich die meiste Zeit meines Lebens mußte ich »ein Auge auf mein Gewicht haben« wie auf einen Feind. Mein Gewicht waren ihr Fleisch, ihre Venen, ihre Muskeln, ihr Blut, ihre Substanz. Ich war darauf aus, sie zu verringern und das meinen persönlichen »Sieg« zu nennen.

»Wenn ich nur noch fünf Kilo abnehmen würde...« Ein Traum, der sich nie erfüllte, weil meine Körperin es immer besser wußte. Sie unterwarf sich meiner Verrücktheit niemals. Sie war meinem Spiel immer ein paar Schritte voraus.

Ich verfolgte sie sogar mit Flüssigkeitsdiäten. Wochenlang bekam sie nichts zu essen außer dieser giftig aussehenden gelben Flüssigkeit und sie warf die Kilos ab, aber ich konnte sie bei jedem Schluck von der Flüssigkeit fluchen hören, daß sie mit Zähnen und Klauen kämpfen würde, bis sie ihre Masse zurückhätte und etwas dazu, damit sie das nächste Mal, wenn ich sie angriffe, ein Polster hätte, auf das sie zurückgreifen konnte. So oft war sie hungrig und so bedauernswert. Und ich versprach ihr, sie zu lieben, wenn sie nur »weniger« würde. Wenn sie noch ein bißchen »abnehmen« würde. Vor allem beim Bauch, ihrem Kraftzentrum. Wir sehnten uns beide nach Liebe, aber die würde auch nicht mehr, ob sie nun rank und schlank oder dick war.

Nach meiner Scheidung änderte sich mein Leben. Ich weinte und weinte wegen der verlorenen Jahre und lernte das zu schätzen, was vor mir lag. Ich hatte die alten Signale vergessen, das Make-up, die gezupften Augenbrauen, mein Haar blond zu färben, die hohen Absätze, die meine Füße schwächten und meine Wirbelsäule kaputt machten. Ich hatte Mieder, BHs, Strumpfhosen und synthetische Fasern aufgegeben. Ich begann natürliche Materialien zu tragen, trug mein Haar, wie es von meiner Schöpferin entworfen worden war, kümmerte mich um meine Haut und ließ meine dunklen, starken Augenbrauen wachsen.

Einunddreißig war ich, als ich erstmals einen Blick dafür bekam, wie ich wirklich aussah, meine ursprüngliche Gestalt – und es bewegte mein Herz. Zum erstenmal liebte ich mich. Das war ganz ich. Ich schloß mich der feministischen Bewegung an und lernte etwas über meine Geschichte als Frau, erfuhr von anderen, die sogar noch schmerzlichere Ketten abzuschütteln hatten als ich. Ich lernte meine innere Frau zu nähren, mein spirituelles Selbst. Ich änderte meinen Namen. Ich gebar mich selbst.

Das war vor zwanzig Jahren. Diese Frau im Spiegel ist so gewollt. Diese Frau ist die krönende Errungenschaft. Das ist die Frau, die eine Menge harter Veränderungen durchlaufen ist und letztendlich ganz daraus hervorgegangen ist. Wollen wir sie doch respektieren!

»Liebe Körperin, vergib mir!« Wieder betrachte ich sie im

Spiegel. Sie wird zuversichtlicher, sie läßt ihren Bauch sogar noch weiter heraushängen, um mich zu testen. Durch die Luft küsse ich ihren Bauch. »Mein Fleisch ist nicht mein Feind. Die frauenverachtende Kultur ist es und die Männer und Frauen, die aus den Unsicherheiten der Frauen Kapital schlagen«, sage ich zu ihr.

»Und das sagt eine, die noch vor kurzem eine Fettabsaugung in Erwägung zog!« spottet sie.

Es ist wahr. Mein letztes finsteres, gegen sie gerichtetes Verbrechen. Ich kann mich gut daran erinnern. Der Haß gegen meinen Bauch hatte seinen Höhepunkt erreicht. So intensiv war er, daß ich den ersten Schritt unternahm. Ich ging zu einem Schönheitschirurgen und erkundigte mich wegen einer Fettabsaugung. Er umschloß meinen armen, beschämten Bauch mit seinen Händen und verkündete: »Was Sie brauchen, ist ein Bauch-Abnäher! Wir können Sie wie sechzehn aussehen lassen! Sehen Sie sich mal Phyllis Diller, die Komödiantin, an!« wies er voll Stolz hin.

Ich konnte meine liebe Körperin unter seinen Händen schrumpfen sehen. Ich dachte an Phyllis Diller, sah jedoch keinerlei Parallelen zu meiner Situation. Die Schauspielerin war ein Junkie der Schönheitschirurgie. Ich hatte sie im Fernsehen gesehen und damit angeben hören, wie man ihr das Kinn gebrochen und neu eingerichtet hatte, so daß sie nun im Alter von sechsundsiebzig ein neues Kinn hat. Ich fragte mich, ob sie das wohl glücklicher machte. Ist ein neues Kinn der Lebenssinn oder gar ein Grund, sich selbst zu lieben?

»Wieviel?« fragte ich, weil der Haß in mir immer noch sehr stark war. Ich haßte es, als er zu meinem Bauch »schlapp« sagte, aber tief drinnen in mir wußte ich – er hatte recht.

»Sechstausend Dollar«, sagte er, ohne mit der Wimper zu zucken.

Schon der Besuch seiner Sprechstunde kostete 145 Dollar.

Ich sah ihn an. Da saß er nun selbst mit einem eindeutigen »Schmerbauch«, der ihm über den Gürtel hing. Sein Bauch kam vom Bier und vom fetten Essen, nicht von einer Schwangerschaft. Ich mußte etwas dazu sagen.

»Und wann kriegen Sie Ihren ›Abnäher‹, Herr Doktor? Ihr Schmerbauch ist sogar noch größer als meiner!«

Im Raum herrschte eisiges Schweigen. Seine Realität war erschüttert worden. Ich befolgte die Spielregeln nicht. Ich sah ihn nicht als vollkommen an.

»Ich kriege keinen ›Abnäher‹«, sagte er zornig. Sein Gesicht verfinsterte sich, der gutmütige Onkel Doktor war verschwunden. Er hätte viele Dinge sagen können. Er hätte sagen können, daß Männer diese Operation nicht brauchen, weil sie ohnehin schon vollkommen sind. Aber die Wahrheit ist, daß Männer seit neuestem auch vom körperlichen Image unterdrückt werden; Männer leiden auch darunter, wenn sie nicht schlank, fesch, blond oder stark sind.

»Liebe Körperin!« fügte ich hinzu. »Es tut mir leid. Nie wieder werde ich es in Erwägung ziehen, dich aufzuschneiden. Ich verspreche es. Der Wahnsinn ist vorbei.«

»Er ist zyklisch. Er nimmt verschiedene Formen an, aber alle sechs Monate führst du wieder Krieg gegen dein Fleisch.« Sie kauft mir meinen Reformationsakt nicht ab.

»Liebe Körperin, ich werde sogar noch mehr tun, als nur mit meinen Attacken gegen dich aufzuhören. Ich werde dich wie den Tempel der Göttin behandeln und das bist du auch.«

»Was meinst du?«

»Von jetzt an werde ich deinen Bauch verherrlichen.«

»Und wie?«

»Ich werde juwelenbesetzte Gürtel tragen, die dem Bauch schmeicheln und werde dich vorzeigen.«

»Das wirst du?« läßt sie sich erweichen.

»Ich werde deinen Bauch mit Stolz vorzeigen und Kleidung tragen, die ihn schmückt.«

Jetzt wird sie eifrig, die liebe Körperin. »Und heute abend?«

Wir beginnen mit einem türkisen Seidenpullover. Sie liebt diesen Pullover. Ich mache mich schön. Ich liebkose sie, während sie in ihre Unterwäsche und Seidengewänder schlüpft.

»Danke! Danke für dein Fleisch!«, sagte ich.

»Keine Ursache!« sagt sie. »Du liebst mich wirklich, weißt du, du hast es bis jetzt nur nicht erkannt.« Sie spricht wie eine geduldige Geliebte. Sie wird mich lehren, sie zu schätzen. Das Fett und alles andere. Oder besonders das Fett. Es ist noch so ein weiter Weg. Alle die Angriffe auf sie tun mir leid, es ist mir um die ganze vergeudete Energie leid, die wir darauf verschwendet haben, gegeneinander zu arbeiten statt miteinander. Was, wenn alle Frauen der Welt beschließen würden, daß Fett schön ist?

»Schwabbelbäuche sind wünschenswert«, sagt sie.

Ich erinnere mich, daß alle meine Geliebten meinen Bauch geliebt haben, vor allem meine jetzige. Aber ich bin diejenige, die damit beginnen muß, mein eigenes Fleisch zu lieben. In unserer Kultur diskutiert man ständig über das Fett der Frauen und über Weiblichkeit. Es ist ein Zustand des Makels, der korrigiert werden muß, für den man Geld ausgeben und an dem man arbeiten muß. Keine Frau wird als Frau geboren. Sie muß den männlichen Standards angepaßt werden. Schlankheit ähnelt dem männlichen Körper.

Vielleicht ist es so einfach. Das Patriarchat wird stürzen, wenn alle Frauen darin übereinstimmen, daß wir alle toll aussehen und uns auch so benehmen. Diese Verschwörung kann man jetzt schon unter den Frauen gären sehen, die wenn sie in Bussen und Zügen zur Arbeit fahren, ihre Stöckelschuhe in einer braunen Tasche tragen und erst in sie hineinschlüpfen, wenn sie ihren Arbeitsplatz betreten. Um fünf Uhr nachmittags schlüpfen sie wieder heraus. Wir wissen, daß diese Absätze nicht bequem, nicht gut für uns sind. Die Erinnerung an das (chinesische) Einbinden der Füße haftet ihnen an. Männer treffen sich nicht, um Ideen auszutauschen, wie sie weniger essen, an Masse verlieren und weniger Platz im Universum einnehmen könnten. Männer kümmern sich um ihre Arbeit, Firmenangelegenheiten, Geld. Was, wenn die Forderung, daß Frauen schlank sein müssen, nur dazu dient, daß sie ihre Energien in Selbsthaß und innere Kämpfe binden? Was, wenn es so einfach ist? Eine unbewußte Angst davor, daß Frauen ihre volle Energie, ihr Bauchchakra für ihre eigenen Zwecke gebrauchen könnten?

Stell dir das vor! Kein Groschen für eine Fettabsaugung! Kein Geld für Diätprogramme und seltsame Diätkost! Auf allen Plakaten dicke, gesunde Menschen, die es sich gutgehen lassen. Es gibt auch ein paar dünne und ein paar mittlere Typen, aber dicke Leute kommen eindeutig in die »Vogue«, auf Plakatwände, in Magazine, ins Fernsehen. Aber zuerst müssen wir an der Werbeindustrie Rache nehmen und durch den Wandel hindurch, während sich alles zum Besseren verändert.

Meine liebe Körperin ist ganz aufgeregt wegen meiner revolutionären Pläne.

»Es hat Jahrmillionen gebraucht, um Fettdepots zu entwikkeln, weißt du?« sagt sie. »Millionen! Die Familien, deren Mamas Fett speichern konnten, überlebten. Diejenigen, deren Mamas keine Fettzellen zum Speichern der Energie besaßen, starben. Nun sind die Erfolgreichen zahlreich. Was sollte daran nicht stimmen?«

Meine liebe Körperin schöpft Hoffnung. Sie schwingt ihre Hüften im Seidenpullover, sie wechselt die Gänge voll Vergnügen, sie bewegt sich, als ginge sie auf einen magischen Ball. Und das tut sie tatsächlich. Schon von der Straße aus kann ich hören, daß die Party voll im Gange ist. Stolz empfängt mich meine Geliebte. Sie weiß, daß sie eine großartige Party für mich inszeniert hat. Ich halte sie in meinen Armen – ihre Körperin nahe an meinem Bauch.

»Gut fühlst du dich an!« sagt sie.

Als Antwort drückt sich meine liebe Körperin näher an ihre.

»Ich habe ein paar Beschlüsse gefaßt«, bekenne ich.

»Gut!« anerkennt sie. »Wie wär's mit einem Glas Champagner? Alle sind dir schon ein bißchen voraus.«

Ich schaue auf die riesige Geburtstagstorte mit meinem Namen drauf – in Sahne! – und lecke mir die Lippen.

»Heute abend«, sage ich zu meiner lieben Körperin, »soll dir nichts verweigert werden. Du sollst Liebe bekommen, Anerkennung und Torte.«

»Torte? Torte?« sie wiederholt es. Monatelang habe ich ihr kein Stück Torte gegönnt. »Wirklich?«

»Wirklich. Torte. Etliche Stücke. Iß, bis du voll bist«, versprach ich.

Ich wünschte, ich könnte sie mehr lieben und meine eigenen und die Mängel anderer mit gutmütiger Toleranz hinnehmen, fett oder muskulös. Solange wir unsere Energie im Kampf gegen das Essen und unser eigenes Fleisch verbrauchen, wird es nur wenige Aktivistinnen für Frauenrechte geben, nur wenige von uns werden in leitenden Positionen sein und noch weniger werden überhaupt fähig sein, das Glück zu akzeptieren.

Die liebe Körperin ist alles, was wir wirklich besitzen. Es ist die liebe Körperin, die uns unser Leben fühlen läßt. Laßt uns den Krieg gegen unser eigenes Frauenfleisch beenden! Östrogene, erhebt euch!

(»Körperin« wurde als Bezeichnung gewählt, weil sich damit das nahe Verhältnis der Autorin zu ihrem Körper gut beschreiben läßt und sie im Englischen auch von »ihr« erzählt, nicht von »ihm«. Die Bezeichnung »Körper« dagegen drückt eine Distanz der Autorin zu ihrer Körperin aus.)

Siebter Mondzyklus

Zeit: *Juni – Juli*
Sternzeichen: *Krebs*
Mondpflanze: *Hagebutte*
Mondtier: *Feldhase*

Segensmondin

Mondsicht

Heiter und strahlend wie eine Königin zwischen ihren Hofdamen bewegt sich die Segensmondin durch den sternenübersäten Himmel und verleiht ihre Gunst in gleicher Ungezwungenheit den Schönen und den Häßlichen, den Reichen und den Armen. Wenn das Licht der Vollmondin den nächtlichen Himmel erfüllt, erwächst alles in stiller Bewunderung. Sie ist von einer großen Friedfertigkeit umgeben. Vergessen sind die Kämpfe der Welt des Wachens. Es gibt nur die Stille der Nacht und das Licht der Mondin. Ihr heilsames Licht badet die Welt und läßt alles romantisch und wunderschön werden. Sie erfüllt jedwede Kreatur mit Freude.

Die Göttin spricht

Selene

Ich bin die weiße Mondin mitten unter den Sternen, silbern und schimmernd, bestäubt mit Sternenstaub. Deine Seele ruft nach mir. Hast du Liebeskummer oder hungerst du nach Liebe? Haben alle dich vergessen? Bist du isoliert wie eine Maschine? Sei nicht länger bekümmert, mein Kind! Ich kann deine strömenden Tränen nicht ertragen; komm und gib sie mir und ich werde sie als Tautropfen nutzen, um das Gras mit ihnen zu benetzen. Wisse, alles ist vergänglich, Liebe kommt und Liebe geht. Gräme dich nicht länger verlorener Liebe oder verlorener Leben wegen, denn alle kehren zu mir zurück. Zeit ist eine von euch erfundene Illusion, für mich existiert sie nicht. Ständig wandle ich mich und bleibe doch die gleiche. Ich bin die ursprüngliche Uhr. Eure Art der Zeitrechnung basiert auf meinen fluktuierenden Zyklen. Ja, das einzig Konstante ist, daß ich immer im Fluß bin. Sonst nichts.

Schau dir die prächtigen weißen Pferde an, die meinen Wagen durch den Himmel ziehen! Wenn du näher hinsiehst, wirst du sehen, wie ich dich anlächle – ich, Selene, die Mutter des nächtlichen Himmels. Ich bin die Mutter der Hekate, der Hexenkönigin. Wenn du öfter unter meinen kühlenden silbernen Strahlen wandelst, werde ich dein Herz öffnen. Wie ein altes Spielzeug vom Dachboden werde ich dich abstauben und dir neues Leben geben.

Nun, fühlst du jetzt meine Umarmung?

Mitgefühl und Großzügigkeit werde ich wie Ambrosia in deine Seele träufeln und Kinder werde ich deiner Obhut anvertrauen; ich werde dir echte Hoffnung in die Zukunft geben und die Düfte selbstgebackenen Brotes und des brennenden Herdfeuers.

Ja, ich bin das Heim, die Mondin, deine Schöpferin, deine Beschützerin, deine Fürsprecherin.

Mein Einfluß läßt dich alles Leben schützen wollen, denn es ist meine Aufgabe, alles ohne Ausnahme gleichermaßen zu behüten. Ich bin die Intelligenz, die das Universum beseelt. Mein geduldiger Magnetismus war es, der die erste organische Materie nährte, die ersten Zellen, sie dazu inspirierte, sich zu teilen und zu vermehren. Die Vielfalt des Lebens ist ganz mein Kunstwerk. Auf mein Geheiß schwärmen Fische, laichen Guppies, schwimmen Schildkröten Hunderte Meilen weit, um sich zu paaren. Ich bin es, die zaudernde Geliebte bereitwilliger macht. Meine Strahlen veranlassen den einsamen Soldaten, sich nach Frieden zu sehnen. Meine Schönheit inspiriert den Geist von Männern und Frauen, Musik und Poesie zu schaffen

Sieh! Eine Seele steigt nun von mir in den Schoß einer neuen Mutter herab, in meinen Palast auf Erden. Noch weiß sie es nicht, aber diese Seele hat auf den richtigen Moment gewartet, um in ihr Leben zu treten – und nun ist sie gesegnet mit einem Kind. Sieh all die Seelen, die ich in meinem Herzen beherberge! Sie alle warten darauf, wieder ins Leben zurückzukehren und ich suche für sie bereitwillige und hingebungsvolle Mütter.

Ich will nicht, daß meine Kinder in Vernachlässigung und Verbrechen hinein geboren werden. Ich will nicht, daß meine wunderbaren Seelen geboren werden, nur um zu leiden und mißbraucht zu werden. Ich will nur solche Mütter, die sie gebären wollen. Ich bin gegen eine erzwungene Mutterschaft, ebenso wie gegen eine erzwungene Vaterschaft. Wenn du zu meinen süßen Kleinen nicht lieb sein und sie aufziehen kannst, dann sende sie zu mir zurück. Zögere nicht, denn ich werde den Seelen meiner Säuglinge immer eine Zuflucht bieten. Es ist besser, weise zu handeln, statt die Pflege einer Seele zu akzeptieren, die du nicht lieben kannst. Gib sie mir zurück! Ich werde sie tragen, so wie ich es schon seit Ewigkeiten tue. In meinem Himmelswagen werden sie Zuflucht und Seligkeit finden. An meinem silbernen Busen werden sie den perfekten Elternteil finden, der für sie auf Erden vielleicht nicht existiert. Die Mondgöttin ist gütig und die Feen, die mir helfen, werden die Babys in den Schlaf wiegen oder sie Geistertänze lehren oder mit ihnen die süßen Lieder des Lebens und des Todes und der Wiedergeburt singen.

Ich bin die Mutter allen organischen Lebens, doch bin ich keine Närrin. Ich habe allen Frauen meine Weisheit eingepflanzt. Sie werden sich der Botschaften erinnern, die ich ihren vorzeitlichen Gehirnen eingeprägt habe, meine DNA-Codes und meine Überlebensinstinkte. Das Leben ist so kostbar und darum mußt du es mit großer Einsicht und voll Sorgfalt behandeln. Mißbrauche meine Fruchtbarkeitsriten nicht, mißbrauche meine Gabe des Samens nicht! Eine zu große Anzahl von euch kann das Gleichgewicht, das ich so sorgfältig geschaffen habe, zerstören. Überbevölkerung ist ein Verbrechen wider meine Gabe des Lebens.

Gehe nun ruhig fort. Ich wache über dich und du kannst immer zu mir beten, wenn du meiner bedarfst. Ich bin die Essenz des Werdens, ich bin das Sein, das vor allen Göttern und ihren Regeln war und meine Frauen werden sich meiner erinnern, wenn ich meine silbernen Posaunen der Wiedergeburt blase. Denn ich bin immer da, in ihnen, und die Mondin ist die Kraft des Lebens.

Botschaft im Krebs

Krebs ist das Sternzeichen mit dem stärksten lunaren Einfluß, denn es ist das Zuhause der Mondin. Die nährenden Schwingungen der Mondin nehmen wir auf, indem sie in ihren Kindern den Sinn für die Gemeinschaft anregt, das Gefühl dazuzugehören. Ein großer Teil dieses Mondzyklus ist Vergnügen; das Leben schuf das Mondlicht, um das Glück auf uns strahlen zu lassen. Iß herzhaft, probiere verschiedene Ernährungsweisen aus, laß dich massieren, werde körperlich aktiv in der Natur. Wenn du einen Kinderwunsch hast, ist jetzt ein gutes Zeichen für die Empfängnis. Es werden aus diesem Mondzyklus gesunde, talentierte Kinder herauskommen... Säe und pflanze in diesem Zeichen alles, wovon die Blätter genommen werden, aber pflanze nichts, was klettern oder hinaufwachsen soll. Es ist keine gute Zeit, um zu reisen, aber hervorragend für Schönheitsbehandlungen und um Kleidung einzukaufen. Kümmere dich nun um deine Familienangelegenheiten. Verlobe oder verheirate dich, schließe neue Freundschaften, schaffe dir Silber an.

Mondgezeiten

Neid

Neid ist ein schlimmes Gefühl. Er nagt an unserem Herzen, vergällt das Süße, er macht uns gemein und bösartig. Wir beneiden die Leute in unserer Umgebung, weil wir meinen, daß wir sein sollten wie sie, aber wir sind es nicht. Sind sie begabt und anerkannt, denken wir, wir würden übersehen. Sind sie glücklich, finden wir das ungerecht, weil wir selbst es nicht sind. Die Wurzel des Neides ist ein mangelndes Selbstwertgefühl, ein schwaches Echo, ein leicht zu erschütterndes Selbstbild.

Das Universum ist nicht unfair und wir kommen alle dran. Aber unsere Zeit wird nicht kommen, wenn gerade jemand anderer dran ist. Sich über anderer Leute Glück freuen heißt unser eigenes anregen. Sich über anderer Leute Glück freuen heißt sich mit den Glückspilzen zu identifizieren. Der einzige psychische Nutzen des Neides besteht darin, unsere eigenen Anstrengungen für den Erfolg zu stimulieren. Neid ist ein psychischer Mangel, mit dem schwer umzugehen ist.

Mondzauber

Vom Umgang mit Neid

Arbeit für die linke Gehirnhälfte im Umgang mit Neid: Schreibe alle Gründe auf, warum du neidisch bist und auf wen. Nur zu, laß es alles raus auf dem Papier. Erkläre danach auf einem anderen Blatt Papier, warum du genausoviel Glück verdienst wie die, die du beneidest.

Arbeit für die rechte Gehirnhälfte: Nimm die erste Liste und entzünde eine graue Kerze (Grau ist die Farbe, die neutralisiert), verbrenne etwas reinigendes Räucherwerk (fertig abgemischt erhältlich in einer Apotheke – oder besorge dir Ysop zum Räuchern) und zünde deine Neidliste an. Sprich:

All die, die ich beneidete
und denen ich's verübelte,
den Neid geb' ich der Mondin.
Einst hat er mich verbrannt,
einst hab'n sie mich verletzt,
verschlungen wird mein Neid
vom Feuer nun der Mondin.

Nimm deine neue Liste mit den Gründen, warum du Erfolg verdienst und lege sie auf ein weißes Tuch vor deinem Abbild der Göttin (oder vor eine Vase mit Blumen, wie es vielleicht der Fall sein mag). Stelle eine weiße Kerze darauf und entzünde ein anderes Räucherwerk, das passende für dein Sternzeichen oder etwas, was du wirklich gerne riechst. Sprich:

Weiße Muschelfrau, Frau des Wandels,
hat mich ganz und göttlich gemacht,
die Gerechten schickt sie mir und reichen Lohn.
Ich bin ganz und ich bin göttlich,
Die beste aller möglichen (dein Name) im Universum.
Ich säe Vertrauen in mich und wachse und reife,
ich arbeite und werde immer gehörig belohnt.
Überall bemerkt und schätzt man mich.
Ich bin ich und mir geht's gut.

Das Unterbewußtsein braucht Wiederholungen, um neue Verhaltensmuster zu schaffen. Wiederhole daher alles einmal die Woche an den Freitagen, wenn die Woche dem Ende zugeht.

Mondgezeiten

Ehrfurcht

Koste dieses Gefühl aus. Es kommt während heiliger Zeiten zu dir, meistens wenn du in der Natur alleine bist oder du ein Wunder des Lebens miterlebst wie den Aufgang der Mondin oder einen Sonnenuntergang, die Geburt eines Babys oder eines Kätzchens oder sonst eines Lebewesens. Das Gefühl der Ehrfurcht überwältigt uns, wenn wir den Mächten des Lebens begegnen, wenn wir das Privileg hatten, einen Augenblick ehrfurchtgebietender Schönheit zu erhaschen, die ehrfurchtgebietende Macht oder die ehrfurchtgebietende Schöpfungskraft der Göttin.

Wenn du dieses Gefühl von Ehrfurcht verspürst, bete zur Göttin. Du bist bereits in einem veränderten Bewußtseinszustand, du bist schon in einem Zustand der Anbetung. Nimm die klassische Gebetsposition ein, stolz aufrecht stehend im Angesicht des Universums, der Berge, der Wälder, der grünen Welt rundum. Die Arme himmelwärts gestreckt, als würdest du die ganze Welt umarmen, sprich dein Bekenntnis. Vielleicht brauchst du gar nichts zu sagen. Erlaube dir einfach, diesen Zustand der Glückseligkeit zu erfahren, diese Intimität mit dem Göttlichen. Du solltest mehr Augenblicke wie diesen begehren, in denen du Zeit damit verbringst, Ehrfurcht zu fühlen. Dein Bestreben wird dir sicherlich viel Glück bringen.

Mondfeste

Fest der Athene Sciras
Zwölfter Tag von Scirophirion,
zunehmende Mondin – Antikes Griechenland
Während dieser Jahreszeit war die hitzige Sonnenglut den in die dünne griechische Erde gepflanzten Feldfrüchten äußerst gefährlich. An einem Platz außerhalb von Athen wurde Athene angerufen, um die Ernte zu schützen. Die Priesterinnen der Athene und die Priester des Erectheus (Athens Gründer) und des Helios opferten Oliven und Feigen und Birnen. Sprich zu dieser Zeit einen Schutzzauber über die Angelegenheiten deines eigenen Lebens.

Vainikinas, das Binden der Kränze
Vollmondin im Juli – Litauen
Junge Leute feiern dieses alte litauische Sommerfest, indem sie
bei Sonnenuntergang in die Wälder gehen, dort Blumen pflücken
und grüne Zweige schneiden, die zu Kränzen und Girlanden
geflochten werden. Zwei Birken oder zwei Linden werden in
Form eines Bogens zusammengebunden und die Burschen und
Mädchen marschieren darunter hindurch. Wenn zwei Mädchen
auf zwei Burschen treffen, küssen sie sich und singen Verse, die
den Segen einer Göttin auf Verliebte herabbeschwören. Man
nimmt an, daß diese Göttin mit der lettischen Laima, »Liebste
Göttin«, verwandt ist. Dieses Fest ähnelt den Beltanebräuchen in
wärmeren Ländern, wo der Sommer früher kommt. Der Verdacht liegt nahe, daß in frühzeitlichen Kulturen, wo es nicht als
sündig angesehen wurde, Liebe zu machen, die durch den Bogen
gehenden Pärchen etwas mehr taten, als sich zu küssen.

Bon-Fest, Vollmondin im Juli – Japan
Das japanische Fest der Toten wird im Juli gefeiert und beinhaltet
charakteristische Elemente aus Buddhismus und Schintoismus.
Zu den Vorbereitungen für diesen Feiertag gehören eine kom-
plette Reinigung des Hauses, der Grabstätten und der Ahnenta-
feln. Buddhistische Priester und Nonnen besuchen Häuser und
Gräber, um Sutras zu rezitieren und für die Seelen der Toten zu
beten. Altäre und Schreine werden wieder instand gesetzt und
mit Blumenvasen dekoriert. Roher Fisch wird als Geschenk gegeben. Am dreizehnten Tag des Monats werden die Geister der
Toten an ihren Gräbern willkommen geheißen, zurück zu ihren
früheren Heimen begleitet und man bietet ihnen ein zeremonielles Mahl an. Fackeln und Lampen erleuchten ihren Weg nach
Hause. Die Geister lustwandeln auch zwischen den Blumen in
den Gärten. Junge Frauen führen Bon-adori-Seelentänze im
Mondlicht auf. Am sechzehnten Tag des Monats werden die
Geister entlassen, um in die Anderwelt zurückzukehren. Man
bietet ihnen Geschenke an und Geister ohne lebende Verwandte
werden mit kleinen Schiffchen, die Papierlaternen tragen, geehrt. Man läßt sie mit der Flut der zurückkehrenden Geister aufs

Meer hinaustreiben. Schenke den Gräbern deiner Lieben Aufmerksamkeit. Besuche alte Leute, leiste Wiedergutmachung, damit kein böses Blut zwischen dir und deinen Vorfahren ist.

Naga-Panchami
Asarha-Vollmondin – Bengalen, Indien

Naga-Panchami ist das Fest der Schlangengöttin Manasa-Devi, die vor allem darin äußerst effektiv ist, Frauen Fruchtbarkeit zu verleihen. Ihre Schlangen, die Nagas und Naginis, bewachen den Zugang zur spirituellen Wahrheit und gewähren ihn nur jenen, die würdig sind; die es nicht sind, finden keinen Einlaß. Sie verhindern auch, daß solche Wahrheiten über die materielle Ebene hinausgehen. Die Schlange scheint das Totem der alten Draviden gewesen zu sein und ihr Kult ist vor allem in Südindien sehr populär und weit verbreitet. Natürlich bringt man die Schlange mit der Erdgöttin vieler indoeuropäischer Kulturen als Symbol der Wiedergeburt in Verbindung.

Fest der Jungfrau von Carmine
16. Juli, Vollmondin – Italien

Dies ist eines der Hauptsommerfeste in italienischen Gemeinden, sowohl in Italien als auch in Amerika. Die Madonna wird als die Heilerin der Kranken verehrt. Man opfert ihr Kerzen mit Abbildungen von den erkrankten Körperteilen oder modellierte Körperteile. Die Opferung solcher Abbilder ist ein uralter Brauch und schon in keltischer Zeit wurden geschnitzte Nachbildungen von Körperteilen in heilige Quellen und Seen geworfen. Heute sind die Hauptmerkmale dieses Festes Feuerwerk, Festbeleuchtung und Karren, an denen alle möglichen Speisen verkauft werden.

Man kann diesen Brauch für persönliche Heilungsrituale, die ein Problem mit einem speziellen Körperteil betreffen, entsprechend abwandeln. Schnitze eine rosafarbene Kerze entsprechend deinen künstlerischen Fähigkeiten zur Form des angegriffenen Körpergliedes oder Organes, oder stelle sie auf eine entsprechende Zeichnung oder Kopie. Räuchere mit Salbei oder irgendeinem anderen Duft, den du lindernd findest und fächle den Rauch über die Kerze und/oder das Bild. Sprich:

Im hellen Zauberschein
heile ich von Pein
und Schmerz das/die/den (Name des Körperteils)
Verzehrt von der Flamme
in Unserer Lieben Frauen Name,
komm nie mehr!

Verbrenne die Kerze an drei oder neun Nächten, je nach Größe
des Problems und der Kerze. Visualisiere, wie das Problem
verschwindet, während das Wachs in der Flamme schmilzt und
wie das kranke Körperglied oder der Körper sich zu strahlender
Gesundheit verwandelt. Wenn die Kerze niedergebrannt ist, wirf
die Überreste in ein fließendes Gewässer.

Mondgeschichte

Ekstase

Wann bist du zuletzt um Mitternacht in Gesellschaft von bekränzten fröhlichen Leuten, die die Vollmondin feiern, auf einem Berggipfel herumgestreift? Üblicherweise verbringen wir unsere Abende so, daß wir nicht allzu spät nach Hause kommen und dann hinter verriegelten Türen fernsehen. Möglicherweise kochen wir etwas Gutes zu essen, rufen einen Freund oder eine Freundin an, oder setzen uns einfach auf einen kleinen Schluck hin. Später gehen wir vielleicht aus – in eine Bar, ins Kino oder ins Theater. Aber alles in allem bleibt uns kaum die Freiheit, um abends mal so richtig ekstatisch zu sein.

Wir leben schon im einundzwanzigsten Jahrhundert, zwar erst in den Anfängen, aber als Kollektivbewußtsein haben wir das nächste Jahrhundert sehr schnell eingeholt. Wir kommen dort als globales Dorf an. Wir kommen dort an und haben die Nase voll von Kriegen, männlicher Gewalt und der Ölkrise. Wir kommen an mit den Frauen, die alle zugleich zu einem globalen Frauenbewußtsein erwacht sein werden. In den guten alten heidnischen Zeiten, als wir die Natur noch als unsere Mutter verehrten, gebrauchte das Kollektivbewußtsein Drogen, um diese Art der Einheit wiederzuerlangen. In der rechten Art und Weise und rituell gebraucht, ermöglichten diese Drogen Ekstase als gemeinsame Erfahrung. Die erdverehrenden Traditionen hielten alle heilige Rituale ab, in denen Ekstase als Sakrament geteilt wurde. Jahrtausende vergingen, in denen die Menschenwesen die Kräfte anbeteten, die sie am Leben erhielten. Alle Volkstänze, alle ekstatischen Tanztraditionen, die hypnotische Musik miteinander verwobener Trommel-, Flöten- und Pfeifenklänge, alles das diente dazu, um religiöse Ekstase hervorzurufen. Eine mannigfaltige, weltweite Kultur suchte die Ekstase als Ausdruck des Göttlichen.

So eine Kultur haben wir nicht mehr. Wir glauben nicht, daß das Gebet dazu da ist, daß wir Ekstase fühlen, die Lust der Vereinigung mit dem Göttlichen. Wir tragen nur den tiefsitzenden Hunger nach dieser verlorenen Erfahrung in uns. Wir hungern nach Ekstase. Wir denken, Gott sei die Ekstase. Aber Gott ist nicht Ekstase. Gott ist mehr wie die Realität. Die Ekstase ist wesentlich älter. Ihre Ursprünge liegen im Zeitalter der Unschuld. Damals sahen die Menschen Gott überall. Sie wollten mit Gott spielen, das Göttliche erleben, nicht nur davon hören. Die Göttin und der Gott der Ekstase leben nur in urzeitlichen Erinnerungen weiter. In letzter Zeit hat kaum jemand sie gesehen.

Die Drogen, die wir jetzt nehmen, haben längst nicht mehr den Zweck, uns in Ekstase zu versetzen. Aber Drogengebrauch ist selbst eine Art der Sehnsucht nach Ekstase. Was wir tatsächlich wollen, ist religiöse Ekstase, die ja selbst wie eine Droge ist. Stell dir nur vor, wie das wäre, wenn sich jeden Monat alle träfen und zu Ehren dieser Göttin oder dieses Gottes feiern würden, drei Tage und drei Nächte lang im Freien, oft in den Bergen tanzend! Das wäre eine Religion, die breite Unterstützung bekäme!

Ich versuchte die alten Feste wiederzubeleben und feierte zehn Jahre lang die Vollmondin mit spontan zusammengekommenen Leuten, zwischen 17 und 120 an der Zahl. Das ergibt 210 Rituale in zehn Jahren. Diese Zahl beinhaltet dreizehn Vollmondinnen und acht Sabbate pro Jahr. Bei Regen oder Sonnenschein, ob die Gruppe groß war oder klein.

Zumindest dreimal war ich der Ekstase nahe. Wie weiß ich, daß es Ekstase war? Das Wichtigste dabei ist: Während du sie erfährst, analysierst du nicht, was das ist. Du weißt, daß etwas Wundervolles vor sich geht, aber du wirst diesen höheren Bewußtseinszustand nicht als solchen identifizieren. Ein veränderter Bewußtseinszustand enthüllt sich erst später, wenn du nicht mehr darin bist.

Das erste Mal erlebte ich wahre religiöse Ekstase mit der Susan B. Anthony Coven Nummer 1, meiner alten Gruppe. Ich erinnere mich, es war ein Esbat, eine Vollmondin. Die Sabbate (Jahreskreisfeste) waren besser besucht als die Vollmondfeste. Die Esbats wurden üblicherweise nur vom harten Kern der Hexen besucht. Und von mir.

Unsere Gruppe war gerade im Umbruch. Wir hatten schon ein Kerzengeschäft am Lincoln Boulevard in Venice, Kalifornien eröffnet und begonnen, farbige Frauen aus der Nachbarschaft anzuziehen. Die Magie war in der schwarzen Gemeinschaft eine völlig andere Sache. Alle praktizierten pflichtschuldigst Kerzenverbrennungen und kauften manchmal kistenweise Kerzen ein. Manche Frauen ließen Tag und Nacht Kerzen brennen. Das Feuer wurde von der alten zur neuen Kerze übertragen. Die Flamme brannte weiter und lebte so manchmal viele Jahre lang. Aber es war egal, wie lange die heilige Flamme in Gang gehalten wurde, die Mühe zählte.

Aus dieser Gemeinschaft trafen wir nun eines Tages Lucille. Ihr wirklicher Name war Joan, aber sie hatte ihn gerade geändert. Aber sie überlegte bereits, sich Isis zu nennen, weil sie gerade die schwarzen Göttinnen entdeckt hatte.

Lucille pflegte morgens zu kommen, nachdem sie ihre Kinder in der Schule abgeliefert hatte, und ein paar Dinge einzukaufen – vielleicht etwas Räucherwerk oder Duftessenzen, denn sie liebte es, mit Ölen herumzuspielen; sie liebte Lavendel. Lucille war gesprächig und informiert. Sie wußte über Kräuter Bescheid und über Dinge, von denen wir noch nie gehört hatten. Sie testete unsere Hingabe an die Sache durch Bitten wie, ihr ein »Teufelsschnürsenkelkraut« zu besorgen oder Alraunwurzeln in Menschengestalt. Das waren Dinge, die ziemlich schwer aufzutreiben waren. Das FDA war schwer damit beschäftigt, unsere geliebten Ingredienzien wie Alraune und Schwertlilienwurzeln für illegal zu erklären. Aber für sie trieben wir alles auf und sie war allzeit bereit für die nächste Herausforderung.

Lucille hatte zwei wundervolle junge Töchter, zehn und acht Jahre alt. Immer waren sie gut frisiert, denn Lucille liebte es, ihr Haar ausgiebig zu bürsten. Sie war eine richtig verliebte Mutter. Nach und nach begann sie ihre Kinder in unser Geschäft zu bringen, erst Maddalena und dann Martina. Die Kinder halfen uns, die Räucherwerkpäckchen zu machen, gingen uns bei den Steinen und Kräutern zur Hand und sie liebten die Bücher. Es wurde zur Gewohnheit, daß die Kinder nach der Schule erst zu uns kamen und darauf warteten, von ihrer Mutter abgeholt zu werden.

Natürlich luden wir sie zu unseren Vollmondinritualen ein. Lucille liebte Rituale und die Mädchen auch. Sie hatten ihre eigenen Medizinbeutel mit eigenen Mojos und eigenen Kräutern gefüllt. Beide Kinder kamen auch in der Nacht, die ich beschreiben will, samt Lucille. Wir wanderten den Berg hinauf durch die salbeiduftende Nacht, ganze dreiundzwanzig Frauen, und fühlten uns sehr verspielt nach dem Aufstieg. Der viele Sauerstoff reicherte unsere Gehirne an.

Wir bildeten unseren Kreis, indem wir uns an den Händen faßten, und bauten unseren Altar. Kirsten hatte in dieser Nacht ihre Kamera mit und schoß Erinnerungsfotos von den Kerzen, die um die dreifaltige Göttin herum brannten. Das einzige, woran ich mich erinnere, wie alles aussah in dieser Nacht, war die Vollmondin, die so nahe an meinem Gesicht erschienen war, so riesig, daß mir schien, ich bräuchte nur die Zunge herauszustrekken, um sie abschlecken zu können.

Ich war voll des Glücks. Es war leicht, die Energie zusammen mit der Gruppe anzuheben. Sie summten und sangen ganz frei und ungehemmt und erzeugten die Energie für einen sanften Aufstieg unserer Gebete. Schließlich kamen wir zu dem Teil, wo ich, als die handelnde Priesterin, der Mondin den Kelch darbieten mußte. Und gerade als ich dabei war, den Kelch zur Mondin hinaufzuhalten und ihre volle Rundung auf dem Rand der Schale ruhte, erkannte ich plötzlich, woher die Form und die Choreographie für die Segnung der katholischen Kommunionshostie gestohlen worden waren. Natürlich! Es ist die Vollmondin über dem Hexenkelch, den sich die Kirche angeeignet hat.

Diese Nacht wurde für mich zu einem ganz besonderen Genuß. Und so rief ich die Göttin an, Teil unseres Kreises zu werden, rief sie herab in das Naß unserer Transformation, den Wein, und ich tat etwas Ungewöhnliches. Ich fügte meiner Anrufung eine Klausel hinzu: »In Deiner Güte...«

Nun ja, üblicherweise beten Hexen nicht, indem sie sich auf den Status von Sklavinnen herabsetzen. Wir knien auch nicht im Gebet, wir denken nicht, daß unsere Göttin von uns verlangt, uns wie ein hilfloses Häufchen Elend aufzuführen. Viele unserer Anrufungen erfolgen einfach von gleich zu gleich. Aber in dieser Nacht fühlte ich mich demütig. Ich spürte die ehrfurchtgebietende Schönheit ihrer Himmel. Die Mondin war so stark, daß ich einfach nicht anders konnte. Ich sagte »In Deiner Güte...« zu ihr.

Wie gewöhnlich bewegte sich der Kreis in der von unserem Geist und den Körpern erzeugten Elektrizität hin und her, doch plötzlich brüllte eine Frau, ich wußte nicht welche, laut auf.

»Oh, mein Goooooooooott!« Ich schaute hin und die Frau, die geschrien hatte, war Lucille, aber jetzt war sie verwandelt. Sie sah größer aus, viel größer als zuvor. Sie streckte sich zu ihrer vollen Höhe und sie glühte! Ich dachte: »O nein, Lucille!« – Schon immer, seit sie uns begegnet war, wollte sie in Ekstase fallen, sie hatte immer davon geredet – und nun tat sie es. Ich hoffte nur, daß das echt war und nicht bloß Theater, denn Lucille liebte gute Shows und konnte Besessenheit vortäuschen, wenn sie das wollte, ohne daß ich je dahintergekommen wäre.

»Aaaooooo!« Das war jetzt eine andere Frau – und es geschah das gleiche, eine Frau brüllte richtig laut auf, erwuchs zu voller Höhe und glühte dann. Was ging da vor? Wenn das ein Esbat mit einem Haufen Scheinbesessener zu werden drohte, wie sollte ich diese Gruppe jemals wieder erden? Außerdem wußte ich damals nicht, wie ich mit Besessenheit, vorgetäuscht oder nicht, umgehen sollte. Ich beendete die Gebete, die ich begonnen hatte und begann den Kelch wieder zu senken, als auch ich es fühlte.

Es war wie ein elektrischer Schlag, der mich buchstäblich von hinten überfiel, den Sitz meiner Kundalini, die Basis meiner Wirbelsäule in Aufruhr versetzte, um dann weiter hinaufzuschießen, wie Hitze, als hätte mich der Blitz getroffen.

»Au!« Jetzt brüllte ich selbst.

Es war die Kundalini, die sich plötzlich entfaltete, die weibliche Schlangenkraft, das uralte Feuer. Um das zu erleben, müssen die meisten Gläubigen jahrelang Übungen machen! Diese seltene Erfahrung fegte nun durch mein kleines Grüpplein Hexen – von einer zur anderen. Die Kundalini, das Lebensfeuer, schoß in unsere Köpfe. Während das geschah, erwuchsen wir alle zu unserer vollen Größe. Wir standen erhobenen Hauptes da und ich spürte, daß auch ich glühte. Ich hätte meinen eigenen Glorienschein berühren können. Wir alle sahen so göttlich aus! Jedes Mitglied unserer Gruppe erfuhr diesen plötzlichen Ausbruch der Energie. Allen, auch den Kindern, wurde die Kundalini zum erstenmal geöffnet – und keine von uns wird das je vergessen.

Nicht nur die Mondin schien so nahe bei meinem Gesicht zu sein, auch die Sterne und die Gesichter meiner Schwestern, schwarze Gesichter und weiße Gesichter, asiatische Gesichter, wir alle erglühten in dieser vereinigenden Ekstase. Nur weil wir zur rechten Zeit am rechten Ort waren. Mutter Natur erweiterte unser Bewußtsein mit einer Erfahrung, die Gewißheit war, nicht Glaube. Der erhöhte Sinn für die Realität, das Entzücken über die Lebensfreude, das Zusammensein und darüber, diese spontane Ekstase miteinander zu teilen, hielt lange an.

Der Kreis erschien so, als hätten wir eine sehr feine, besondere Droge genommen, aber wir hatten noch nicht einmal den Wein getrunken. Wir teilten den Kelch, reichten ihn von Frau zu Frau weiter, Trinkspruch um Trinkspruch, aber es war das Elixier der Mondin, es war das Feuer der Kundalini, das diesen veränderten Bewußtseinszustand bewirkte.

Wir tanzten, wir feierten, wir erfanden neue Lieder in dieser Nacht, wir spielten sogar ein paar Göttinspiele. Die Anwesenheit der Kinder fügte allem eine spezielle Note hinzu. Die neue Generation war bereits unter uns anwesend. Sie gaben Obacht auf die Kerzen, und wenn eine fast heruntergebrannt war, paßten sie auf, daß nichts geschehen konnte. Als wir unseren Kreis auflösten, schimmerte bereits die Morgenröte. Niemals hatte unser Kreis länger als drei, vier Stunden ausgehalten und ich hatte da schon gedacht, es hätte zu lange gedauert. Dieser Kreis fühlte sich an, als wäre es nur eine halbe Stunde gewesen, und doch sahen wir gemeinsam den goldenen Sonnenaufgang. Wenn dir das Zeitgefühl entgleitet, wie bei einem Besuch im Feenland, weißt du, daß dir eine Erfahrung der Ekstase mit der Mondin gewährt worden ist.

Achter Mondzyklus

Zeit: *Juli – August*
Sternzeichen: *Löwe*
Mondpflanze: *Johanniskraut, Raute*
Mondtier: *Lachs*

Kornmondin

Mondsicht

Von Grün zu Gold verwandeln sich alle von der Korn-mondin beschienenen Länder in der nördlichen Hemi-sphäre. Sommerblumen blühen an den Straßenrän-dern und im Unterholz; lilafarbene Astern und blaue Kornblumen; roter Mohn, wie Blutstropfen im grünen Gras. In den Obsthainen beginnen die Früchte vor Süße zu erröten, und das Korn schießt empor, die Ähren prall vor Güte. Lange verweilt das Tageslicht auf den Feldern und wenn die Vollmondin aufgeht, glüht sie in sanftem Gold. Vollendung und Fülle er-blickt sie, sie sieht die Belohnung für all die Arbeit im Frühjahr und im Frühsommer.

Sie segnet die Erde mit Reife.

Die Göttin spricht

Kybele

Als schwarzer Meteorit kam ich zu dir, ein schimmernder, schwarzer Schmetterling aus Obsidian. Einen Augenblick nur verweilte ich auf deiner Stirn – du dachtest, der Wind hätte deine Brauen berührt. Aber ich war es, die Göttin Kybele. Wenn ich bei meinem Volk verweile, bin ich die Schöpferin von Musik und Spielen, das süße Lager der Liebenden bin ich, ich bin die Ekstase des Universums. Ich bin die Mutter des Attis, meines männlichen Selbst; in der Glut des Sommers vereinige ich mich mit ihm und empfange einen neuen Sohn für die Zukunft. Viele Tage lang tanzen meine Priesterinnen auf meinen Festen, sie rasen von den Bergen zu Tale, halten meine Lebensfackel hoch und dann löschen sie die Flamme mit einem Kreischen im Ozean aus.

Dann bin ich traurig, weil ich weiß, daß mein Attis wieder an seinen sich selbst zugefügten Wunden gestorben ist. Jedes Jahr blutet er unter meinem Lebensbaum zu Tode. Mein Schicksal ist das vieler Mütter, die ihre Kinder an den Krieg oder die Gewalt verloren haben. Doch sind meine Kräfte magisch. Wenn ich seinen Namen dreimal rufe, so tönt meine Stimme bis in das Reich der Toten hinab. Seinen leblosen Körper habe ich unter meinem Lebensbaum begraben, wo er gestorben ist und aus seinem Blut sprießen die Veilchen.

Ich bin auch die trauernde Mutter, die rasende, verrückte Mutter, die Mutter, die niemals vergißt. Die Pietà bin ich, ich halte den teuren Körper meines Sohnes im Schoß, hauche ihm wieder Leben ein, auf daß er im Frühling wiederauferstehe und in neuer Gestalt trinke und lache. All die Mütter bin ich, die Tränen vergossen und schlaflose Nächte verbracht haben, weil die Söhne, die wir geboren haben, zum Tod zurückgekehrt sind; und wieder und immer wieder müssen wir sie zurückfordern, auf daß sie durch das Lebenstor abermals zurückkehren. Die Herrin der Ernte bin ich und weiß, daß das Korn geschnitten werden muß, damit es sich wieder im Wachstum erheben kann.

Und ach, wenn er das tut, wenn von überall sein süßes Lachen zurückschallt, wenn meine Augen sein makelloses Antlitz wieder erblicken, wenn er den Tänzen meiner Priester und Priesterinnen beiwohnt, dann ist das grüne Wunder, die Große Auferstehung, wieder vollbracht.

Bringt mir meine wilden Löwen der Nacht und ich, Kybele, werde in meinem Wagen Platz nehmen. Langsam, in einem königlichem Trott, streichen meine großen, heiligen Katzen um die Stadt, damit mein Volk mein Antlitz erblicken möge. Meine Krone sind die vier Stadtmauern selbst. Ich schütze sie. Die zunehmende Mondin auf meiner Stirn ist das Zeichen, daß ich die Mutter bin. Mein Volk jubelt in Scharen und schwingt violette Seidenfahnen. Blütenblätter werden auf meinen Weg gestreut. Mein Wagen rollt wie die Mondin ganz majestätisch über den Himmel.

Blickt ihr meine heiligen Eunuchen etwa scheel an, denkt ihr, sie seien unnütz, nur weil sie sich entmannt haben, um mir ähnlicher zu sein? Maßt euch kein Urteil an! Denn viele Männer wollen mir dienen und in meiner Tradition ist es Männern gestattet, ihr Geschlecht zu wechseln, wenn es ihr Wunsch ist. Sie sind keine Mißgeburten, es sind meine heiligen Priester. Erst in eurer Zeit ist es für Männer so ungewöhnlich geworden, ihre Männlichkeit aufgeben zu wollen, für den Wunsch, eine Frau zu sein.

Die Löwenmutter bin ich. Ich herrsche mit Gerechtigkeit und bedingungsloser Liebe. Ich bin es, die dich vom Tod zurückfordern und dich wieder in den Lebensfluß ziehen kann. Ich bin es, die denen, die verloren sind, eine zweite Chance gewähren kann. Du verehrst mich, wenn du in den Armen deiner/s Geliebten liegst und orgasmische Gefühle deinen Körper erbeben lassen. Ich gab dir die Fähigkeit, ganz zu fühlen und ganz zu leben und mir in deiner Ekstase nahe zu sein.

Spiele mir Flöte, schmause meinen Hammelbraten, tanze in meinem ungestümen Reigen und in den Wiesen mach Liebe. Keines meiner Kinder wird je vom ewigen Tod verschlungen werden, denn der Schlüssel zur Wiedergeburt ist mein.

Rufe, so wie die Priester und Priesterinnen, die mir im alten Rom dienten, es verkündeten: »Seid guten Mutes, Neophyten,

denn Attis ist gerettet und so werden auch wir gerettet werden!«
(in Merlin Stone, *Ancient Mirrors of Womanhood*, S. 201)

Niemand wird in meiner Tradition verdammt. Keine Spielart der Sexualität wird dir aufgezwungen oder wäre erforderlich. In der Liebe sind alle meine Kinder gleich und sie alle sind gesegnet. Nimm an dem Festzug, der meinem silbernem Abbild folgt, teil, trage mich zu meinem neuen Ehrenplatz, bade mein Abbild in deinen Flüssen und Seen, verehre mich durch Veilchen, verbrenne mein Räucherwerk in reichlichen Rauchschwaden. Bringe der Vollmondin die Ekstase deines offenen Herzens und wisse – die Lebensfreude ist sicher. Die Lebensfreude bin ich. Lebensfreude ist der natürliche Zustand deines Herzens. Frohlocke!

Botschaft im Löwen

Der achte Mondumlauf ist mit der Energie einer Königin erfüllt, einer Energie, die wir in schwierigen Zeiten und im Geschäftsleben brauchen. Nimm den Optimismus dieser Schwingung in dich auf, denn es ist ein besonderer Segen, sich der angenehmen Seiten des Lebens bewußt zu sein. Die Zeit ist gut, sich mit Gleichgestellten auszutauschen, sich unters Volk zu mischen, viele Verabredungen zu haben, Verträge abzuschließen und deine Welt mit Wohlwollen und Weisheit zu regieren. Eine Mondin im Löwen gibt dir die Fähigkeit, andere für Projekte einzubinden, für langfristige Ziele, für Visionen. Das Thema dieses Mondumlaufs ist Energie, also drücke deine Kraft aus, rette die Erde, rette dich selbst, verwandle die Erde in eine bessere Welt für alle.

Beginne im Zeichen Löwe mit Dingen, die von Dauer sein sollen, wie beispielsweise ein Philosophiestudium oder kreative Projekte. Wenn du mit der Justiz zu tun haben solltest, bist du jetzt begünstigt. Betreibe Handel mit Edelsteinen, Gold und Silber. Setze deine Rosen und sie werden wundervoll duften und prachtvolle Farben haben. Pflanze alles, von dem die Früchte oder die Samen genommen werden. Jetzt ist auch die Zeit, deine Bäume und Büsche zu stutzen. Streiche die Hausfassade, verschönere deine Umgebung.

Mondgezeiten

Begeisterung

Begeisterung ist der Lebensstrom, sie ist Gold wert. Wenn du dich für deine Vorhaben und das, was in deinem Leben geschieht, begeisterst, wirst du Erfolg haben. Eine Person, die diese Art von glühender Energie ausstrahlt, wird von allen geliebt. Wenn dich nichts begeistert, dann stehst du morgens schon müde auf, scheinst dich nie wirklich entspannen zu können – irgendwas funktioniert da nicht so richtig. Außer einem Gespräch mit einer Therapeutin solltest du für dich selbst heimlich den folgenden Zauber wirken und niemandem davon erzählen.

Mondzauber

Um Begeisterung hervorzurufen

Geh, wenn die Vollmondin im Löwen steht, zu einem ungestörten Plätzchen in der Wildnis und entzünde ein sicheres Feuer, das groß genug ist, um dich zu wärmen. (Wenn du nicht hinaus in die Wildnis kannst, mach ein Feuer im Gartengrill im Hinterhof oder sogar auf einem abgeschirmten Balkon. Bereite einen Altar, indem du ein kleines weißes Tischtuch in der Nähe des Feuers ausbreitest und einen Kelch mit Wein, einen Kelch mit Wasser, ein schönes Zopfbrot und etwas Weihrauch und Myrrhe in einem feuerfesten Gefäß daraufstellst.

Bete nun zur Mondin, die Arme himmelwärts gestreckt. Preise ihre Schönheit, ihre Macht. Wenn du das Gefühl hast, daß du ihre Aufmerksamkeit erregt hast, so entkleide dich, damit deine Haut die magischen Schwingungen der Mondin aufnehmen kann. Fühle den Hauch der Nacht auf deiner Haut, fühle die Freiheit, eins mit der Natur zu sein, lauf dreimal ums Feuer und brülle dabei etwas Bekräftigendes.

»Ich liebe mein Leben!« wäre beispielsweise nicht schlecht, oder »Ich segne mein Leben!«

Jetzt, wo du aufgewärmt und immer noch nackt bist, spring dreimal übers Feuer. Du solltest bei jedem Sprung einen kurzen Wunsch äußern.

»Begeisterung!«, möchtest du vielleicht schreien. »Gesundheit!«, »Mehr Energie!«

Was es auch sein mag, das du schreist, während du über das heilige Feuer springst – die Göttin wird es dir gewähren. Es ist zugleich ein Reinigungsritual, weil es dich von der Vergangenheit reinigt.

Nimm einen Schluck Wasser, nachdem du dreimal gesprungen bist und gieße den Rest dann auf die Erde, während du sprichst: »Göttin allen Lebens, ich grüße dich!«

Nimm dann einen Schluck Wein, gieße wieder etwas auf die Erde und sprich: »Mutter aller Götter, ich grüße dich!«

Wenn du magst, trink noch ein bißchen Wein und sprich deinen dritten Segen »Ehre der Erde und allen, die ihr dienen!« Gieße den Rest auf die Erde. Es ist ein Akt der Ehrerbietung, ein wenig vom Wein und vom Wasser derjenigen zurückzugeben, von der sie gekommen sind – der Erde. Danach kannst du noch länger zu Besuch bleiben, mit der Mondin plaudern, Kerzen entzünden – das bleibt ganz dir überlassen. Aber nachdem du dieses Ritual gemacht hast, wirst du, wenn du den nächsten Tag beginnst, mehr Energie als jemals zuvor haben.

Mondgezeiten

Scham

Mit diesem Gefühl ist schwer umzugehen, denn Scham ist unser patriarchalisches emotionales Erbe. Unsere Konditionierung, uns dafür zu schämen, daß wir Frauen sind, beginnt, kaum daß wir aus dem Babyalter heraus sind. Kleine Mädchen, die als Jüdinnen, als Christinnen oder Moslemfrauen aufgezogen werden, lehrt man, daß Eva, unser aller Stammutter, alles verspielt hat. Zu unserem Entsetzen erfahren wir, daß sie schuld ist am verlorenen Paradies! Dabei sind wir doch gerade erst auf diese Welt gekommen und schon ist alles im Eimer. Wer käme sich bei einer solchen Nachricht nicht um alles beraubt vor? Und irgendwann tun wir dann tatsächlich etwas, dessen wir uns schämen. Wir tun einer/m Geliebten, einem Elternteil, einem Kind weh. Wir verletzen uns selbst, wir drücken unsere Sexualität in einer Weise aus, die von der Gesellschaft nicht gutgeheißen wird. Wir haben das Gefühl, daß wir zu dick sind. Wir sind arm, können für unsere Kinder nicht gut genug sorgen, sind keine guten Haushälterinnen. Auch diese Scham verleiben wir uns ein. Bis wir erwachsen sind, haben wir uns völlig an das Schamgefühl gewöhnt, ist es für uns natürlich geworden, uns zu schämen und wir geben vor, daß es uns nichts mehr ausmacht. Aber das tut es doch.

Scham ist eine Waffe, die von Männern benutzt wird, um Frauen zu beherrschen. Männer sind für Scham nicht in gleicher Weise empfänglich. Männer glauben nicht, daß sie sich als Geschlecht dafür schämen sollten, daß sie für 90 Prozent aller Verbrechen verantwortlich sind, für Kriege, für Morde an Frauen und für Mißbrauch von Kindern. Sie wissen, daß sie Männer sind und damit sind sie »erblich wertvoll«. Unsere Gesellschaft versichert die Männer ihr ganzes Leben lang ihres Wertes und wenn sie also etwas Falsches tun oder etwas, dessen sie sich schämen müssen, dann entschuldigen sie sich und damit hat sich die Sache. Im Gegensatz dazu schämen sich Frauen allein schon dafür, daß sie existieren – wegen der Konditionierung, der sie von Geburt an unterzogen worden sind.

Mondzauber

Um Scham loszuwerden

Wenn du wirklich etwas getan hast, dessen du dich schämen mußt, so entschuldige dich und mache es wieder gut. Wenn du das getan hast und dich immer noch schuldig fühlst, versuche folgendes:

Geh ins Freie, um die abnehmende Mondin zu betrachten und meditiere eine Weile über sie. Dann geh wieder hinein, nimm ein ausgiebiges Reinigungsbad mit blauem Badesalz (damit das Badewasser blau aussieht). Danach reibe deine Fersen und Handgelenke mit Zitronenschale ein – das ist eine alte Zigeunermethode, um sich zu reinigen.

Entzünde dann zwei weiße Kerzen und stelle sie zu beiden Seiten eines Spiegels auf, entzünde etwas reinigendes Räucherwerk wie Salbei und atme es ein; nimm tiefe Atemzüge. Stelle dich nackt zwischen die Kerzen und sieh deinem Spiegelbild ins Angesicht. Es handelt sich hier um wirklich tiefgehende Arbeit, denn du mußt auf deine ältesten Erinnerungen an die Scham zurückgreifen. Blicke im Spiegel in deine eigenen Augen und sprich: »Ich vergebe mir aus meinen tiefsten Tiefen dafür, daß ich eine Frau bin.«

Nimm nun ohne ein Wort einen Atemzug. Fahre fort:

Ich feiere mich dafür, daß ich eine Frau bin. (Atme)
Ich vergebe Eva, meiner Stammutter, die in ihrer Weisheit die
  Frucht vom Baum der Erkenntnis aß. (Atme)
Ich feiere Eva, meine Stammutter, die meine Art durch die
  Erfindung der Menstruation schuf. (Tiefer Atemzug)
Ich vergebe dem kleinen Mädchen, das dachte, es müsse voll
  Scham sein. (Tiefer Atemzug)
Ich feiere das kleine Mädchen, das überlebte, um ich zu
  werden! (Atme)
Ich vergebe der jungen Frau, die ausgenützt und unterdrückt
  wurde. (Atme)
Ich feiere die junge Frau, die die Lügen überlebte und eine
  spirituelle Kriegerin wurde. (Tiefer Atemzug)

An dieser Stelle mußt du nun deine schöpferischen Kräfte spielen lassen und dein eigenes Drehbuch schreiben, weil nur du allein die Details in deinem Leben kennst. Was mußt du dir noch vergeben und wofür dich noch feiern?

Wenn du zu dem Teil kommst, wo du wirklich etwas Beschämendes getan hast, wiederhole den gleichen Vorgang. Vergib dir zuerst selbst und feiere dich dann dafür, daß du die Scham hinter dir gelassen hast. Sprich so viele Bekräftigungen wie nötig. Wenn du fertig bist, so zieh dich an und lösche die Kerzen.

Du kannst dir einmal im Monat, wenn die Mondin abnimmt, eine Wiederauffrischung der Schamvertreibung gönnen. Scham ist wie eine Schablone. Sie kehrt wieder, wenn du nicht aufpaßt.

Mondfeste

Des Hirten Treffen mit dem Webermädchen
Siebenter Tag, Neumondin der siebenten Mondin – Japan

Dieses Fest der Liebenden scheint die größte Erdnähe der Sterne Wega und Atair zu feiern. Wega ist Chih Nu, das Webermädchen, die Tochter der Sonne, deren Aufgabe es war, die durchscheinenden, saumlosen Roben der Götter zu weben. Manche sagen, daß sie auch den Wechsel der Jahreszeiten in ihre Tapisserien einwob. Verheiratet war sie mit dem Kuhhirten vom anderen Ende der Milchstraße (Atair) und ihre Leidenschaft war so überwältigend, daß sie ihre ganze Zeit im Liebesspiel verbrachten und die Arbeit liegenblieb. Also schickten die Götter Chih Nu auf die eine Himmelsseite ins Exil und ihren Geliebten auf die andere. Einmal im Jahr überqueren sie in der Nacht eine Brücke aus Zweigen, die von Stachelschweinen getragen wird und es kommt zu einer ekstatischen Wiedervereinigung. In einer anderen Version der Geschichte wird erzählt, daß Chih Nus Geliebter ein edler Sterblicher war, den sie durch ihre ausgezeichnete Webkunst aus der Sklaverei freikaufte. Chih Nu war die Patronin der häuslichen Künste, vor allem des Webens, zu der die jungen Mädchen beteten, um Geschick zu erlangen. Die jungen Frauen hielten Nähwettbewerbe ab zu diesem Fest. Diese beiden Sterne sind die hellsten am Sternenhimmel und man kann sie in der Abenddämmerung ganz leicht erkennen, bevor die anderen Sterne erscheinen. Zusammen mit Deneb bilden sie die Krone des Webermädchens. Dies ist eine Zeit, um sich längst verlorener Geliebter zu erinnern. Lade deine(n) Geliebte(n) ein und beobachtet den Sonnenuntergang; haltet Ausschau nach der Webermaid und ihrem

Liebhaber am nächtlichen Sternenhimmel. Daran könnte sich ein nettes Abendessen anschließen und danach...?*

Brauronia, Fest der Artemis
Hekatombaion, Neumondin – Antikes Griechenland

Der Kult der Artemis als Bärengöttin nahm seinen Ursprung in Brauron in Attika und wurde von den Athenern übernommen. Irgendwann zwischen ihrem fünften und zehnten Lebensjahr mußten die Mädchen einen Sommer im Tempel der Artemis verbringen und die Riten der Göttin und den Bärentanz üben, der beim Fest der Artemis Anfang August aufgeführt wurde. Man nannte sie die kleinen Bären und sie trugen fransige, mit Safran gefärbte Gewänder. Zum Fest marschierten sie in einer Prozession; von ihren Müttern begleitet, zum Tempel und wurden der Obhut der Göttin empfohlen.

Feiere diesen Tag damit, daß du deine Tochter zu einem Picknick im Park einlädtst. Hast du keine Tochter, so borge dir eine, lade das Kind einer Freundin ein. Oder noch besser, macht etwas Gemeinsames mit anderen Frauen und Kindern daraus. Gebt den Mädchen safranfarbene Bänder zu tragen, lauft um die Wette, spielt Ball und andere spiele und bekränzt die Siegerinnen. Häuft Steine zu einem Altar zusammen und legt Blumen und etwas Essen vom Picknick als Opfergaben darauf. Tanzt einen Kreistanz und erbittet den Segen der Artemis für ihre Töchter.

Mondschwester Chang-O
Fünfzehnter Tag, Vollmondin – China

Groß und hell erscheint die Mondin in dieser Nacht mitten im August. Es ist eine Zeit der Dankbarkeit für die Gaben des Himmels, die Zeit, um gemeinsam mit Freundinnen einen Laternenmarsch zu machen, magische Geschichten über Chang-O zu erzählen, die Mondgöttin; die Zeit, um heilige Mondkuchen zu essen, sich festlich zu kleiden, ihr zu Ehren ein Festmahl abzuhalten.

---

* Wega, Atair und Deneb sind die jeweiligen hellsten Sterne der bei uns als Leir, Adler und Schwan bekannten Sternbilder. (Anm. d. Übers.)

Die Mondgöttin Chang-O stieg zur Mondin hinauf, nachdem sie das Lebenselixier, das Unsterblichkeit verleiht, getrunken hatte. Die Rituale, mit denen sie verehrt wird, werden nur von Frauen durchgeführt. Die Frauen stellen ein Bild des Jadepalastes, in dem Chang-O auf der Mondin lebt, auf ihren Mondaltar und eine kleine Figur des Mondhasen, der die Göttin beschützte. Man opfert ihr dreizehn Kuchen für den Jahreszyklus. Dann entzünden die Frauen Kerzen und Räucherwerk und jede der Frauen tritt vor, betet zu ihr und verneigt sich. Man zündet Geistergeld an. Die Mondschwestern spielen Mondmusik – das sind vor allem Lieder, die Herzensangelegenheiten betreffen.

Fest der Pacha Mama
Aussaatmonat, Vollmondin – Altes Peru
Für diejenigen, die auf der südlichen Halbkugel leben, beginnt zu dieser Jahreszeit die landwirtschaftliche Saison. Pacha Mama war die Inka-Erdgöttin, die durch einen langen Stein, den man in den Feldern aufstellte, dargestellt wurde. Die Coya (die Frau des Inka, die als Hauptpriesterin der Mama Huaca diente, der Mutter des Königs der Götter) brachte Opfergaben dar und bat die Göttin, die Felder furchtbar zu machen und sie zu schützen. Man opferte auch dem Frost, der Luft, dem Wasser und der Sonne.

Fest des Pfluges der Sita
Sravana-Vollmondin – Indien
Sita, die Gattin des legendären Gottkönigs Rama, war eine Inkarnation der Fruchtbarkeits- und Wohlstandsgöttin Lakshmi. Ihr Name bedeutet »Furche«, weil sie in dem Moment aus der Erde geboren wurde, als der Pflug die Erde berührte. Wegen seiner Aufgabe, die Fruchtbarkeit der Erde freizulegen, war der Pflug ein heiliges Symbol und es wurde als glückverheißend angesehen, wenn man einen bei der Heiratszeremonie dabei hatte. Nachdem sie Rama geheiratet hatte, wurde Sita von dem Affenkönig Ravan entführt. Rama rettete sie, aber die Leute verbreiteten Klatsch und stellten ihre Keuschheit in Frage. Obwohl sie ihre Unschuld durch die Anrufung des Feuergottes Agni bewiesen hatte, verlangte Ramas Ehre es doch, daß er sie verbannte.

Typischer Fall von »Das Opfer zum Täter machen!« Aber weiter: Ihre Kinder führten die Versöhnung herbei, aber als Rama abermals begann, ihr zu mißtrauen, wandte Sita sich an die Erde, aus der sie gekommen war, mit der Bitte, sie solle sie zum Beweis ihrer Unschuld zurückholen. Ich vermute, sogar eine Göttin hat irgendwann die Nase voll. Als die Erde ihre Tochter wieder in ihren Schoß zurücknahm, war Rama überzeugt und es tat ihm leid. Aber da war es natürlich zu spät. Dieser männliche Gott bräuchte wohl eine Therapie.

Man kann das nun als die Rückkehr des geernteten Korns in die Erde, oder, in menschlicheren Begriffen, als das Drama der (weiblichen) Großzügigkeit im Kampf mit dem selbstzerstörerischen männlichen Stolz interpretieren.

Mariä Himmelfahrt
15. August, Vollmondin – Europa des Mittelalters

In ganz Europa war das Fest, das die Himmelfahrt der Mutter Jesu feierte – ihr Wandel vom Menschlichen zum Göttlichen –, ein Fest für die ersten Früchte, das Elemente der alten Festlichkeiten zu Ehren der Göttin einbezogen hatte. Maria wird bei diesem Fest vor allem zum Schutz der Ernte in den letzten entscheidenden Tagen, bevor sie eingebracht wird, angerufen, insbesondere zum Schutz vor Hagel. Ich erinnere mich, wie dieses Fest war, als ich ein kleines Mädchen war. Wir mußten Blütenblätter sammeln. Den ganzen Nachmittag waren meine Freundin Ida und ich damit beschäftigt, so viel Blumen zu sammeln, wie wir konnten, und die Blüten von den Stengeln zu entfernen. Dann nahmen wir an einer hauptsächlich aus Frauen bestehenden Prozession teil, die die Statue der Jungfrau auf den Feldern der Nachbarschaft umhertrugen und die Blütenblätter vor die Sänfte der Jungfrau streuten.

In *Woman's Mysteries* (S. 109–110) zitiert M. Esther Harding aus dem syrischen Text »Wie meine Herrin Maria diese Welt verließ«, der besagt: »Und die Apostel befahlen auch, daß der Gesegneten am Dreizehnten des Ab (der hebräische Monat, der dem August am nächsten ist) gedacht werden sollte..., auf daß keine Hagelwolken, die die Steine des Zorns in sich tragen, kommen mögen und mit ihren Schloßen die Bäume und Weinstöcke knicken.« Aus dem gleichen Grund hatte man früher im antiken Griechenland und Rom der Hekate und der Diana geopfert.

In Armenien und Bulgarien wurde mit diesem Fest der Beginn der Traubenlese gefeiert. In Griechenland opferte man frischen Weizen und machte kleine Kuchen. In Syrien hatte man außerdem als Opfergaben noch Kuchen in Form einer Yoni. Anderswo wiederum wurden auch die Obstbäume gesegnet. In England segnete der Priester die Kräuter, die danach für Heilzauber benutzt wurden. In Schottland war es das bedeutendste Marienfest, die Zeit der Marymass-Messe, zu der Pferderennen, die ältesten Europas, stattfinden (Pferderennen sind auch Teil des syrischen Festes). In Elche in Spanien wird ein dreitägiges Schauspiel in der Kathedrale aufgeführt, dessen Höhepunkt die Krönung der Maria als Engelkönigin ist.

Opfere der Göttin an diesem Tag deine »ersten Früchte«. Errichte einen Altar mit Früchten und Kuchen und Blumen und lege eine repräsentative Auswahl der Projekte, an denen du gerade arbeitest, darauf. Danke ihr dafür, daß sie dich so leistungsfähig gemacht hat und bitte sie um Hilfe bei der Vollendung deiner Arbeiten.

Nagyboldogasszony Napja
Vollmondin oder 15. August – Ungarn

An diesem Festtag wird der historischen Entscheidung Ungarns im elften Jahrhundert gedacht, Europa als neue Nation beizutreten. Um aufgenommen zu werden, mußten wir uns christianisieren lassen und dies wurde durch den mächtigen Arm des Militärs erzwungen. Rebellierende Dissidenten, die Teil der göttinverehrenden Erdreligion bleiben wollten wie zuvor, wurden ermordet, gefoltert und zu Krüppeln gemacht.

Um das zornige Volk nun zu beruhigen, hielt der erste der Könige, der heilige Stephan, der selbst ein Konvertit aus politischen Gründen war, eine Riesenzeremonie ab, bei der er der gesegneten Mutter unser neu-christliches Volk darbot. Die Göttin mußte nicht einmal ihren Namen ändern, weil man sie die Große

Frohe Frau genannt hatte und so nannten wir Maria ebenfalls. Einen Unterschied gibt es aber – die Große Frohe Frau hatte einzig eine Tochter, die man Kleine Frohe Frau nannte, nicht einen Sohn namens Jesus. Aber das übersahen wir geflissentlich, um weiterhin ungestört die Mutter Natur anbeten zu können. Und so ist das heute in Ungarn ein Tag, der rot im Kalender eingetragen ist. Niemand arbeitet. Über dem Donaustrom gibt es nachts Feuerwerke und tagsüber lange Prozessionen auf den Hauptstraßen von Budapest, bei denen die rechte Hand des heiligen Stephan in einer vergoldeten Kiste getragen wird. Man sagt, daß diese Hand sogar nach tausend Jahren noch erhalten ist, weil er, als er die Krone dem Himmel darbot, mit seiner Hand den Saum des Mantels der Himmelskönigin, der Boldogasszony, berührte.

Mondgeschichte

Über den Besen springen

In meinem Leben macht mir die Rolle der Priesterin, der Medea, der Medizinfrau am meisten Freude. Ich habe in meiner Eigenschaft als Medea Gedenkfeierlichkeiten für Verstorbene abgehalten, Häuser und Kinder gesegnet. Ich habe viele politische Zauber mit sehr großen Gruppen, Frauen wie Männer, gewirkt und Rituale vollzogen, um die Erde zu heilen. Mein neuestes Projekt ist die Entstehung von »Ich-gelobe-der-Erde-Kreisen«, wo wir einander geloben, unsere Glasflaschen der Wiederverwertung zuzuführen, ebenso wie Plastikbeutel und Zeitungen usw. – als heiliges Versprechen. Wenn jemand ein begeistertes Versprechen abgelegt hat, singen wir alle: »So ein braver Erdling!«

Der Hauptteil meiner Arbeit als Medea aber sind Hochzeiten. Ich liebe Hochzeiten – wie die meisten Frauen. Ich liebe es, mich in mein Purpurgewand zu kleiden, meinen Kopf mit Blumen zu bekränzen, die Hochzeitsgesellschaft zu treffen, die üblicherweise am Ende ihrer Nerven angelangt ist und sie zu beruhigen, ihnen ihre Rollen zuzuweisen und das Ritual zu erklären und dann mit allen Familienmitgliedern das Ritual durchzuführen – immer etwas anders für jedes Paar, für jede Hochzeitsgesellschaft.

Ich will über Hochzeiten sprechen, weil die Heirat für Frauen das beladenste Symbol und das gefühlsmäßig am meisten geladene Ritual ist, das es gibt. Manchmal ist sie das einzige herausragende Ritual im Leben einer Frau. Das Patriarchat hat alle anderen eliminiert wie das des nahenden Alters, das Fest ihrer ersten Menstruation, die sicher ebenso bedeutsam ist wie eine Heirat und deren Auswirkungen länger anhalten als die meisten Beziehungen. Sie hat nicht mehr das Ritual, das sie als Königin ehrt, wenn sie als Frau erblüht, die die Arbeit der Göttin in der Welt aufgenommen hat. Man hat sie mißachtet und ganz sicherlich nicht geehrt, wenn sie zur »Crone« (mit sechsundfünfzig) wird und ins wissende Alter eintritt, das Alter der Weisheit.

Aber bei ihrer Hochzeit wird die Frau als Göttin anerkannt. Sie ist mit dem weißen Gewand der Sonnengöttin Lucina bekleidet, bei deren Fest in Schweden alle Mädchen und Frauen weiß angezogen sind. Ihr heiliger Schleier bedeutet, daß sie beschützt und gesegnet ist. Die lange Schleppe, die von jungen Frauen oder Mädchen getragen wird, zeigt an, daß sie in der Blüte ihres Lebens und das Oberhaupt aller Frauen ist. Die Hochzeiten von heute bergen immer noch viele der alten Elemente in sich. Diese Symbole sind es, die uns Frauen die Tränen in die Augen treiben. Es ist die verlorengegangene Symbolik – an deren Wichtigkeit man sich dunkel erinnert, obwohl die wahre Bedeutung nicht bekannt ist –, die Frauen auf Hochzeiten weinen läßt.

Was geschieht?

Liebe geschieht. Das kann nicht einmal das Patriarchat ändern.

Die Großmutter Mondin hat wieder ein junges oder altes Paar verzaubert, ihre Herzen bewegt und jetzt wollen sie sich einander in der Öffentlichkeit versprechen. Dieses öffentlich bezeugte Versprechen ist der wahrhaft alte Teil dabei. Die Gemeinschaft wird Zeuge eines Liebesbandes und behandelt das Paar danach anders. Das Ritual schafft einen Raum zwischen dem, was war und dem, was sein wird. Es schafft den Übergang zwischen verlobt und verheiratet sein.

Oft schmerzen mich diese Rituale, weil ich mich auch nach jemandem sehne, dem ich diese Art öffentliches Versprechen geben kann. Meine Ehe mit dem jungen Burschen aus Ungarn, den ich mit neunzehn geheiratet hatte, funktionierte ein paar Jahre lang, dann wurden wir erwachsen und lebten uns auseinander. Ich fühle deswegen keine Bitterkeit, ich hatte nur das Gefühl, daß der Stand der Ehe, so wie er in der gegenwärtigen amerikanischen Kultur vorherrscht, weder für mich noch für irgendeine andere Frau eine gute Lebensform ist. Es ist einfach nicht natürlich, die Frauen voneinander zu trennen und sie in ihre jeweiligen mehrstöckigen Häuser mit identischer Architektur und Ausstattung zu sperren. Es ist nicht natürlich, nicht mit deinen Nachbarn zu plaudern. Es ist nicht natürlich zu meinen, du würdest allein nur mit deinem Mann und deinen Kindern auf dieser Welt existieren. Menschen sind soziale Wesen. Wir brauchen die Gemeinschaft. Die meisten Arten, die Gemeinschaften bilden, sorgen dafür, daß die Weibchen und Jungen genug Unterstützungsgruppen und einander haben. Isolation ist nur für die bestimmt, die sich aufs Sterben vorbereiten.

Jedes neue Paar beginnt mit den besten Absichten. Sie haben kaum die Zeit, um zu erkennen, daß einer der Partner, die Frau, von Anfang an benachteiligt ist, weil sie der weniger geschätzten Kaste angehört. Sie verdient nur die Hälfte im Vergleich zu Männern mit gleicher Ausbildung. Frauen gehört nur ein Prozent des Reichtums auf der Welt, sie verrichten aber neunzig Prozent der Arbeit. Das ist eine Tatsache, die junge Frauen gar nicht erst wissen und über die sie schon gar nicht nachdenken wollen. Es ist einfach zu bedrückend – im Westen sind wir Individuen, wir sind anders. Westliche Frauen lassen sich nicht mehr wie in den vergangenen zweitausend Jahren unterdrücken. Auf den Flügeln unserer besonderen Liebe werden wir uns emporschwingen und das überwinden. Unser Leben wird anders sein...

Wenn Frauen nicht so dächten, wenn wir begännen, Zusammenkünfte wegen unserer Misere abzuhalten, uns auf unsere Unterdrückung zu konzentrieren und was wir dagegen tun können, würde lange, lange Zeit keine es wagen, zu heiraten. Und das würde der Göttin der Liebe gar nicht gefallen. Sie will, daß wir im Zeitplan sind, sie läßt unsere biologischen Uhren weiterticken, sie läßt unsere Hormone »jubeln«, sie läßt alte wie junge Herzen vor Sehnsucht erglühen. Alle Revolutionen können also nur in

Übereinstimmung mit ihren Plänen ausgefochten werden. So einfach ist das.

Liebe ist jetzt. Und Hochzeiten auch.

Heidnische Hochzeitsfeiern können ausgefeilt und teuer oder auch sehr flexibel und einfach sein. Sie können auch legal oder nicht legal sein, je nach der Kombination der beteiligten Geschlechter. Gleichgeschlechtliche Hochzeiten werden immer noch von keiner Kirche und keinem Staat anerkannt, von der Göttin aber schon immer. Ich schließe sehr viele lesbische Ehen.

Die letzte Eheschließung, die ich hier in Berkeley vorgenommen habe, war allerdings für ein heterosexuelles Paar – Cynthia und Paul.

Sie waren ein klassisches Beispiel für die fortschrittliche Tradition. Sie hatten sich getroffen, als sie beide an der University of California studierten. Eines Tages überließ Cynthia einer Lokalzeitung ein Gedicht zur Veröffentlichung, irgend etwas über Chamäleons und ihre Zungen und Blitze, ziemlich lang und ziemlich tiefgründig. Das Gedicht gewann einen Preis und wurde in ganzer Länge abgedruckt. Paul hatte den Artikel beim Kaffee gelesen und er mochte das Gedicht mit den Chamäleons. Ihm gefiel die lange Abhandlung und die erschreckenden Bilder, die Cynthia aufs Papier geworfen hatte. Es gefiel ihm so sehr, daß er ihr an die Adresse der Zeitung schrieb. Er selbst schrieb auch gern, vor allem über Chamäleons. Sie antwortete auf seinen Brief und sie trafen sich. Das war vor zwanzig Jahren gewesen. Seitdem waren sie immer zusammen. Sie waren beide jüdisch, aber ihre Beziehung war für sie eine derart private Angelegenheit, daß kein Rabbi sich je in sie einmischen sollte.

Nun wollten ihre Kinder, daß sie heiraten sollten. Die Kinder standen selbst kurz vor der Hochzeit und die Situation ihrer Eltern ließ sie nicht kalt. Aber Cynthia und Paul hielten stand. Sie weigerten sich, sich sozialem Druck zu beugen. Eine Möglichkeit aber gab es – Paul und Cynthia hatten eingewilligt zu heiraten, wenn sie es mit einer Göttinzeremonie, die von einer Hexe geleitet wurde, tun konnten. Das wäre etwas anderes, meinten sie. So wären sie mit der Heirat einverstanden.

Die Kinder spürten mich auf und erzählten mir die Geschichte.

Was für eine Ehre! Natürlich stimmte ich zu.

Die Hochzeit fand auf der Spitze eines Hügels statt, von der aus man die blaue Bay voll flatternder Segelboote, den vom Pazifik hereinkommenden Nebel und die auf der anderen Seite der Bay gleißenden Wolkenkratzer überschauen kann. Paul war am schwierigsten für die Zeremonie vorzubereiten. Er wollte keine Blumenkrone tragen. Er liebte Blumen, hatte aber Schwierigkeiten mit dem Kronenkonzept. Ich erklärte ihm, daß es bedeute, sich mit der Erde zu identifizieren, wenn man Blumen auf dem Kopf trägt. Es sei auch ein Symbol des Respekts vor der Ehe. Das waren Gründe, die ihm einleuchteten.

Am Beginn der »Tryst«, der Göttinzeremonie, die ich bei einer Hochzeit durchführe, gibt es immer Musik, die von den Versprochenen ausgewählt worden ist. Üblicherweise spielen eine sanfte Harfe, Flöte oder Klavier, oder ein paar Geigen. Ich selbst ziehe den Herzschlagrhythmus von Trommeln vor, runde, warme Töne, die von der Tiefe des Bauches zum Geist aufsteigen. Cynthia hatte einen Freund namens Bob gebeten, zu diesem Anlaß auf der Harmonika zu spielen, aber er war so scheu; er blieb viel zu weit vom Publikum weg und wir konnten ihn kaum hören. Doch wir wußten alle, daß er wundervoll spielte, auch wenn wir ihn nur hören konnten, wenn zufällig der Wind in unsere Richtung blies.

Es machte nichts.

Paul und Cynthia wurden von ihren Kindern herbeigeführt, langsam, ihrer inneren Musik lauschend. Er war in einen normalen Straßenanzug gekleidet, sie in ein lavendelfarbenes Kleid mit einer Amethystkette um den Hals. Beide waren barfuß wie ich es verlangt hatte, damit sie die Erde berühren konnten. Aber sie schritten auf Rosenblüten, die die Kinder für sie auf den Weg gestreut hatten. Man konnte sehen, daß es ein sehr liebendes Paar war. Vier Kinder hatten sie gemeinsam großgezogen, Freunde auf ihrem Weg gewonnen. Nun feierten sie erstmals öffentlich ihre Vereinigung. Diese Hochzeit war wirklich sehr anders.

Die Hochzeitsgesellschaft brauchte nicht lange, um die Energie für die Zeremonie anzuheben. Ich erklärte die sonare Meditationstechnik, in der das koordinierte Summen einer Menschengruppe ihre Gehirnwellen in Gleichklang bringt – und sie führten sie aus, einfach so. Auf dieser gemeinsamen Schwingung ließ ich die Zeremonie sanft wie auf einem Nebelbett dahingleiten.

Das Tablett voll Speisen war auch ganz besonders. Geröstete Mandeln (der Venus heilig) und schimmernde, schwarze Pflaumen, Kapuzinerkresse, Wurzelgemüse (Karotten), Stengel (Spargel) und Blumen (Blumenkohl) schmückten das Tablett. Bei einer Hochzeit ist das mein Hochaltar. Über diesem bescheidenen Tablett voll Speisen rufe ich die Göttin allen Lebens an, den Beschluß des Paares zu bestärken, sie zusammenwachsen zu lassen, auf daß ihre Liebe und ihre Arbeit Früchte tragen und daß sie sich wie Zweige innerhalb ihrer Gemeinschaft ausbreiten mögen. Paul und Cynthia hatten meine Segenswünsche bereits gelebt. Es war einfach eine Anerkennung ihrer zwanzig gemeinsamen Jahre.

Ein wichtiger Teil des Rituals ist, daß jeder der Partner etwas vom Tablett auswählt, es in den Mund des anderen Partners legt und spricht: »Mögest du niemals hungern!«

Das ist ein Versprechen. Es umfaßt alle möglichen Arten von Hunger. Sie versprechen einander genügend zu füttern, um Liebeshunger, Hunger nach Nahrung, Aufmerksamkeit, Wissen und Erfahrung zu stillen. Es ist ein großes Versprechen. Dann tranken sie aus den silbernen Schalen. Sie sind Symbole der Freude und natürlich aus Silber, um sie der Mondin zu weihen. Es ist wichtig, Hochzeitszeremonien mit den Mondphasen abzustimmen. Für diese Hochzeit wählte ich die zunehmende Mondin, gerade ein paar Tage vor Vollmondin. Die Neumondin ist bestens geeignet für junge Liebende, frische Paare. Cynthia und Paul hatten Wasser aus ihrer Küche in den Kelchen. »Mögest du niemals dürsten!« sagten sie und boten einander einen Schluck aus den Silberschalen an. Man kann nach ebensovielen Dingen dürsten wie hungern, also stillt dieses Versprechen das Dürsten nach Liebe und Zuneigung, nach Anerkennung und Wissen.

Von da an weinte Großmutter Yvonne pausenlos. Lange, lange Zeit hatte sie auf die Hochzeit ihrer Tochter gewartet.

Nachdem die Kinder gekommen waren, hatte sie schon gedacht, es würde nie geschehen. Aber heute war der Tag gekommen und es war wunderschön!

Hochzeiten sind immer ein Frauenereignis. Wie charmant der Bräutigam auch sein mag, er ist nur Begleiter. Dies ist der einzige Tag, der der Feier einer Frau geweiht ist, die die heilige Braut ist. Sie ist der Mittelpunkt der Bewunderung (sieht sie nicht wunderschön aus...), sie steht im Zentrum der Aufmerksamkeit (mach noch ein Bild von ihr mit der ganzen Familie...). Sie ist festlich gekleidet, sie legt Schwüre ab. Die Zukunft der Menschheit hängt von diesen Versprechen ab. Wird sie inmitten des Patriarchats um der Liebe willen ihre Lebensgabe geben? Wird sie gehorchen (keinesfalls!) oder sich auflehnen (darauf kannst du wetten!)? Der letzte Akt des Rituals besteht in der gegenseitigen Krönung mit den Blumen, um einander der gegenseitigen Hochachtung zu versichern.

»Du bist die Göttin!« sagte Paul.

»Du bist der Gott!« antwortete Cynthia.

Paul nahm seine Blumenkrone an, ohne mit der Wimper zu zucken. Sie sahen ineinander die Verkörperungen des Göttlichen. In dieser Zeremonie ist keiner geringer als der andere.

Das Ende der Zeremonie kann der allerschönste Teil sein, wenn das Paar – gekrönt von der Göttin – als Kinder der Erde dasteht und darauf wartet, über den Besen zu springen, um ihr gemeinsames Schicksal zu besiegeln. An diesem Punkt können sie einander etwas Bedeutsames sagen oder ein Gedicht vorlesen. Cynthia las ihr Chamäleongedicht vor. Zuerst hörten alle leicht schockiert zu. Chamäleons? Schlängelnde Zungen aus Feuer? Wie eklig! Und ihr Gedicht war so traurig, so bedrückend, ein derartiger Kontrast zu dieser strahlenden Hochzeit. Und doch – es war das Gedicht, das Paul angezogen hatte. Was hätte passender sein können?

Dann las Paul seinen Antwortbrief vor. Es war der Brief eines jungen Idealisten, voll von Glückwünschen und der Sehnsucht nach seiner Zwillingsseele. Die letzt Zeile lautete: »Vielleicht finden Sie diesen Brief etwas seltsam, aber ich verspreche Ihnen, wenn Sie anrufen, werden Sie vielleicht entdecken daß es eine fruchtbare Beziehung sein könnte.« »Fruchtbare Beziehung«

hatte er vor zwanzig Jahren in einem leidenschaftlichen, hell-sichtigen Moment geschrieben!

Nun bat ich die Hochzeitsgesellschaft, das Paar mit ihren persönlichen Segenswünschen zu überhäufen. Yvonne wollte etwas sagen, aber noch versagte ihr vor Rührung die Stimme. Also begannen die Kinder und wünschten ihrer Mama und ihrem Papa noch viele weitere wunderbare Jahre voll Glück. Vor allem die Töchter waren sehr bewegt. Sobald Yvonne einmal zu weinen begonnen hatte, hatten auch sie ihre Tränen offen gezeigt. Wei-nen ist ebenso ansteckend wie Gähnen. Beginnt eine, fallen die anderen ein.

Die Gesellschaft rief, »Glück!«, »Urlaub!«, »Tiefe Liebe!«, »Ge-sundheit!«. Aber auf speziellen Wunsch des Brautpaares war es absolut tabu, sie aus Gründen der Fruchtbarkeit mit Reis zu bewerfen. Die Kinder, die sie schon hatten, reichten ihnen.

Wir legten den Besen im Westen hin, weil dies schon eine Heirat war, die in den Augen der Liebe geschlossen worden war, und nach dem letzten Segensspruch sprang das Paar händchen-haltend hoch und verließ für einen Augenblick die Erde. Der Familienfotograf verewigte diesen Moment, als sie über den Myrrhenbesen sprangen, auf Video.

Nach der Landung auf der anderen Seite küßten und um-armten sie einander, als wären sie frisch verheiratet. Diese Zeremonie war eine Feier ihrer vergangenen und zukünftigen gemeinsamen Jahre.

Zum Empfang zog sich die Hochzeitsgesellschaft in die riesige Halle mit Glasfenstern zurück. Zwei Gummibäume wuchsen direkt durch die Decke, in Harmonie mit den Rotholzwänden. »Schon gestern hatten wir hier eine Göttinnenhochzeit!« flüsterte die Frau, die den Wein in die Gläser schenkte. »Wie wundervoll!« sagte ich. »Es kommt in Mode!«

Yvonne hatte genug von ihren Tränen. Jetzt strahlte sie, einen Drink in ihrer Hand. Ich saß da und nippte an meinem Champa-gner und wir unterhielten uns über die Zeremonie. Es schien eine perfekte Hochzeit gewesen zu sein! Alle schwärmten.

Nun gab es Tanz. Eine Liveband spielte Songs aus den sechzi-ger Jahren, den Rock 'n' Roll der Graumelierten.

Manche der Hochzeiten, die ich vollziehe, sind nur spirituelle Versprechen, aber diese Hochzeit war gesetzlich, also unterzeichneten wir die Papiere. Für mich war es ganz schön schwierig, meinen Namen in den dafür vorgesehenen Platz für die Unterschrift zu zwängen. Paul und Cynthia strahlten. Paul hatte ganz vergessen, daß er immer noch seine Krone trug und nahm auch das Hochzeitsessen mit ihr auf dem Kopf ein!

Die Stadt wurde bereits von den langsam daherkriechenden Nebeldrachen verschlungen, aber die Golden Gate Bridge strahlte noch immer im Postkartenblau. Ich dachte über Hochzeiten, meine Lieblingsarbeit, nach und dachte an andere Paare, die da draußen irgendwo auf der Welt leben, ohne jemals ihre Vereinigung mit einem Ritual zu feiern. Ihnen allen wollte ich zurufen: »He, ihr wißt ja gar nicht, was ihr da versäumt! Ihr verdient es, gefeiert zu werden! Eure Gefühlsbande sind für die Gemeinschaft wichtig!« Ich habe das Gefühl, daß die Erde ein sicherer Platz ist, wenn die Menschen einander lieben.

Zuletzt tanzten Paul und Cynthia einen langsamen Tanz miteinander, den offiziellen Hochzeitstanz. Es war zutiefst bewegend, wie sie einander ansahen. Paul trug immer noch seine Krone – sie waren unzertrennlich geworden. Cynthia hatte ihre abgenommen, aber ihr glückseliges Lächeln krönte sie, das völlig dem Zen einer Hochzeit hingegeben schien.

Eine der Töchter nahm sie bei den Händen und tanzte mit ihnen, dann gesellten sich die anderen Töchter hinzu und auch der schüchterne Sohn. Nun tanzten alle sechs miteinander. Dann machte Yvonne, die Großmutter, sieben daraus und dann standen alle Verwandten, nah wie fern, auf und schlossen sich dem Paar an, tanzten in konzentrischen Kreisen um sie herum. Später schnappte ich auf, wie die jungen Frauen miteinander darüber sprachen, daß sie auch gerne »über den Besen springen« würden und wie »tierisch« das sei. »Die Göttin übernimmt die Hochzeiten. Es verbreitet sich«, dachte ich.

Es wird aber auch Zeit.

Neunter Mondzyklus

Zeit: *August – September*
Sternzeichen: *Jungfrau*
Mondpflanze: *Wilde Karotte*
Mondtier: *Schwein*

Erntemondin

Mondsicht

Plump und rund wie ein Kürbis geht die Erntemondin über den geschorenen Feldern auf. Weizenstoppel schimmern im Mondlicht, gebundene Kornähren stehen wie in Anbetung. Noch tragen die Bäume Blätter, aber es liegt ein Frösteln in der Luft und sie beginnen im Herbstgold zu glänzen. Bald wird die Ernte eingebracht, die Herbstblätter werden fallen. Heute nacht ist der Himmel klar und schimmert voller Sterne, doch morgen verhüllen Wolken vielleicht die Sicht auf die Erde. Diese Nacht ist voll Frieden, aber Veränderung liegt in der Luft. Die Erntemondin ist voll, aber sie beginnt schon zu schwinden – wie das Jahr. Sie versteht, daß der Augenblick des Triumphes der Anfang des Verlustes ist.

Die Göttin spricht

Ix Chell

Rund und langsam, umgürtet mit einem dunklen Ring, der die morgigen Stürme ankündigt, segle ich aus den Dschungeln Yucatans herbei, um zu dir zu kommen. Ich bin die Himmelsschlange, die den heilenden Regen bringt. Über deinem Kopf siehst du mich, mein Gesicht ist silbern und mild, mein Körper hager und stark. Sternschnuppen sind meine Unterhaltung. Du eilst nach Hause, wo Wärme dich erwartet. Ein Kind gibt dir einen Willkommenskuß oder ein(e) Geliebte(r), vielleicht sprichst du mit einer Katze oder einem Hund – oder vielleicht ist überhaupt niemand da.

Erwartet dich Stille zu Hause? Sei unbesorgt. Ich werde mit dir kommen. Ich bin die Mondin, die Geliebte der lunaren Geschöpfe – so wie du! Ich werde dich umarmen, wenn niemand um dich ist. Ich werde dich in deine eigenen Glücksgefühle hüllen, wenn du mich läßt, werde ich dir Veränderungen erleichtern. Ich bin die Schlange in der Tiefe, die Kräutermedizin, das heilige Kind der Pilze. Ich bin die Wasser, die durch die Erde ziehen. Ich wandere allein und bin es zufrieden.

Ich kenne deinen Körper besser als du selbst. Ich kenne ihn, weil ich die Mondin in dir kontrolliere, dein Ei! Mit geheimnisvoller Majestät wandert es, angeregt von mir. Ich bin die wahre Öffnerin deines Schoßes. Wenn du ein Kind empfängst, bin ich bei dir. Ich bin schon eine alte Vertraute von dir. Ich habe dein Schicksal geschrieben, bevor du empfangen wurdest. Oh, meine Liebe, schau nur in den Himmel hinauf und ich werde deine sichtbare spirituelle Führerin sein, die offensichtliche und doch sich immer wandelnde Beständigkeit in deinem Leben. Wie niemand sonst werde ich mit dir aufrichtig sein.

Du bist mir so ähnlich! Du nimmst zu und ab, genau wie ich. Wir tanzen beide den Tanz des Lebens. Vielleicht verfluchst du mich aus Unzufriedenheit mit deinem Schicksal, aber denke daran: So lehre ich dich, neue Wege einzuschlagen. Die Bedrängnis ist mein Klassenzimmer; diese Zeiten zu überstehen ist meine Herausforderung an dich. Aber ich werde dich nie zurückweisen, meine Liebe. Du bist mein Kind. Ich habe den Samen der Menschlichkeit in dich gepflanzt, den Samen der Hoffnung und der Liebe. In dir lebe ich auf Erden. Mit deinen Füßen gehe ich, mit deinem Herzen fühle ich, dein Blut wärmt mich.

Ja, in dieser Jahreszeit kommen wir uns am nächsten. Fühle mich in deinen Träumen, lade mich in dein Herz ein, lies über mich in der Zeit, wo du nachdenkst. Sei meine Geliebte in einsamen Nächten – komm in meine Arme als die orgasmische Geliebte, die du bist. Die Kälte, die du in deinem Herzen fühlst, ist eine Illusion. Ich bin immer da. Meine Liebe zu dir ist beständig. Ich wohne tief in deinem Verstand und hoch über deinem Kopf.

Glaube nicht, du seist verlassen. Ich bin im Lachen deiner Kleinen. Ich bin im Geruch des Essens, das in meinen Strahlen heranwuchs. Ich bin die Postkarte, die dir jemand schickt, weil er an dich gedacht hat. Wenn du mich lange Zeit beobachtest, werde ich dir süße Lieder singen. Wenn du eine weiße Kerze mit dreimal deinem Namen darauf für mich entzündest, werde ich wissen, daß das dein Geschenk an mich ist und dir dafür Glück bringen.

Ich bin das allerschönste Mandala, deine wahre Sternenschwester. Meine Rundheit und mein starkes, silbernes Licht werden dich heilen. Sieh mich dahinziehen! Sieh, wie ich dich liebe! Meine Liebe, du bist niemals allein.

Botschaft in der Jungfrau

Diese Mondphase bringt Wissensdurst mit sich, eine Energie, die hauptsächlich neugierig ist und herausfinden will, was die Welt in Bewegung hält. Die Jungfraumondin liebt Bewegung und die körperliche Auseinandersetzung mit der Welt. Tanzen, Wandern, Klettern – alle aktiven Sportarten ziehen dich nun an. Die Liebe, die dieses Sternzeichen bringt, ist körperlich, aber nicht ausschließlich sexuell. Es ist ein ganzheitliches Interesse am Körper, menschlichem Wohlbefinden und guter Gesundheit. Es ist eine gute Zeit, die Erde und Kräuterkunde zu studieren,

Kräuterspaziergänge zu unternehmen und dein Verständnis für die Umwelt zu vergrößern. Mache eine Bestandsaufnahme deines eigenen Körpers und seines Gesundheitszustandes. Kaufe dir die Kräutermedizin, die du schon lange versuchen wolltest. Mache einen Kurs, beginne mit einem Hobby, laß dich medizinisch durchchecken, laß dich ein.

Lebst du in einem Klima, das zwei Ernten im Jahr erlaubt, so ist jetzt die Zeit, um Getreide zu säen. Pflanze alles, wovon Knollen und Wurzeln genommen werden sowie Zierbüsche, Sträucher und Bäume. Lege einen Blumengarten an. Pflanze keinen Mais in diesem Zeichen (viele Stengel, wenig Köpfe). Pflanze Blumen für eine reiche Blüte. In Norwegen war der 7. Oktober der Tag, an dem jeder die Kohlernte beendet haben sollte. Man glaubte, daß der Bär in dieser Zeit seine Höhle zum Überwintern vorbereitete, indem er sie mit getrocknetem Heidekraut auslegte. Es ist eine gute Zeit, um den Haushalt in Schuß zu bringen. Beginne zu lehren, nimm Unterricht und lerne etwas Neues. Handle mit Immobilien – sowohl Kauf als auch Verkauf sind jetzt vorteilhaft. Vor allem aber ist diese Zeit geeignet zum Meditieren und für die Philosophie.

Mondgezeiten

Bedingungslose Liebe

Tiefe Liebe hat dein Herz geöffnet und du hattest gedacht, das würde dir nie wieder passieren. Gib es zu – es ist eine Überraschung. Du fühlst etwas, was du nie zuvor gefühlt hast. Oder du erinnerst dich daran, wie es sich angefühlt hat, aber es ist fast schon zu lange her, um sich wirklich zu erinnern. Du hattest sie abgeschrieben – die tiefe Liebe. Du hattest begonnen, den Gedanken zu akzeptieren, daß Liebe nur wie ein kurzfristiger Gast kommt, nicht wie eine wohlverdiente Langzeitgefährtin. Und dennoch – da bist du nun und dein Herz ist voller Liebe. Tiefe Liebe erfüllt dich, du bist wie ein alter Fluß, der bis zum Rand gefüllt ist, der langsam und majästetisch fließt und die Ufer mit überreichlich Wasser umspült. Du bist wie ein Fluß und du weißt – deine Liebe wird immer so fließen.

Deine Zukunft ist wie ein Schiff auf diesem kostbaren alten Fluß, ein nettes Schiff mit Kabinen und Unterkünften für alle. Der grüne, glückliche Fluß ist alt, das Schiff ist neu und sie verbinden sich. Alle Teile des Bildes passen zusammen, wie sie sollen. Du hast das Land der Überraschungen verlassen – jetzt bist du ein Teil des Fließens. Tiefe Liebe macht dich konservativ – du hast so viel mehr zu verlieren. Du mußt vorsichtig sein, deine Energie einteilen, als wäre sie Gold. Du bist Kapitän dieses Schiffes und fühlst dich verantwortlich für seinen Schutz. Du machst Pläne, kaufst ein Haus, schaffst dir einen Hund an und planst Kinder. Die Seelen deiner zukünftigen Kinder umgeben dich bereits und hoffen durch dich in die Welt zurückzukehren. Du bist jetzt so ein Elternteil, wie du ihn vor deiner Geburt gesucht hast – glücklich, liebevoll, das Stadium der Verliebtheit hinter sich gelassen zugunsten des Gefühls von Erfüllung und Verantwortung.

Tiefe Liebe ist das, was Ehegatten fühlen und jetzt auch du. Du gehörst jetzt zum Kreis der vielbeneideten Gesellschaft der »gut verheirateten« Leute. Ihre Herzen sind vereint. Sie leben länger als der Rest von uns Sterblichen. Sie werden seltener krank. Sie sind eins. Tiefe Liebe verschmilzt, ohne zu zögern. Tiefe Liebe ist nicht unsicher. Tiefe Liebe handelt nicht von Sex, sondern vom Leben – ein Leben lang. Mit Sex hat sie vielleicht begonnen, Sex hat sie entzündet, aber jetzt bist du mit oder ohne Sex zufrieden. Wie kann das nur sein? Bedingungslose Liebe ist eine gute Medizin.

Mondzauber

Um bedingungslose Liebe zu erhalten

Entzünde zu jeder vollen Mondin eine weiße (Segen), eine rosafarbene (Glück) und eine schwarze Kerze in Dankbarkeit für die Schicksalsgöttinnen. Betrachte die Mondin, bevor du die Kerzen entzündest, dann sprich:

Mein Heim haben die gütigen Nornen gesegnet,
Mein Herz haben die gütigen Nornen gesegnet,
Meine Lieben haben die gütigen Nornen gesegnet.
Ich biete Dank – mit Demut im Herzen.
Dank der Göttin für mein Leben!
Dank der Göttin für meine Liebe!
Dank der Göttin für fortwährenden Segen
auf allen meinen Wegen!
Seid gesegnet!

Verbrenne auch besonders edles Räucherwerk, das Beste, was du hast. Tue das jedes Monat, um dein Glück zu erhalten.

Mondgezeiten

Schuld

Schuld ist ein äußerst beliebtes Gefühl. Ganze Religionen basieren auf deinen Schuldgefühlen. Du kannst jemandem deine Sünden bekennen und um Vergebung bitten oder du kannst die Schuld schwären lassen, bis irgendeine selbstzerstörerische Energie aus deinem Inneren dich endlich bestraft. Manche genießen ihre Schuld, manchen macht sie richtig Spaß. Schuld ist äußerst einträglich für Klerus und Therapeuten.

Und doch – niemand kommt durchs Leben, ohne jemals einen anderen zu verletzen. Wir bereiten Schmerz und erleiden Schmerz. Das macht uns nicht zu bösen Menschen, es macht uns nur zum Teil des Geschehens, das das Leben ist.

Wir fühlen uns schuldig, weil wir anderen nicht völlig dienen, weil wir etwas für uns selbst haben wollen, sei es Zeit, Liebe oder Aufmerksamkeit. Die Dinge die wir uns selbst gönnen, sollten uns keine Schuldgefühle verursachen und doch tun sie es oft. Frauen sind die Hauptkonsumenten der Schuld. »Haben wir genug gegeben?« fragen wir. »Waren wir egoistisch?«

Wenn du jemanden wirklich verletzt hast und du die Chance hast zu sagen, daß es dir leid tut, dann tu es. Wenn du jemanden verletzt hast, der/die durch dich etwas verloren hat – Geld, Eigentum, Liebe, Aufmerksamkeit – versuche es wiedergutzumachen. Aber nach einer Weile, wenn die Schuld in deiner Seele herumlungert, nur weil du so an sie gewöhnt bist, versuche sie zu vertreiben.

Die Schuld ist uns Frauen kein guter Freund. Die Schuld läßt uns Dinge tun, die wir nicht tun wollen. Die Schuld läßt uns Dinge zulassen, gegen die wir in Wirklichkeit sind. Manche Menschen haben ihren Umgang mit Schuld soweit entwickelt, daß sie uns sogar Schuldgefühle machen können, wenn wir wirklich nichts getan haben, um sie zu rechtfertigen. Schuldgefühlemacher sind nicht unsere Freunde.

Mondzauber

Schuldgefühle loswerden

Arbeit für die linke Gehirnhälfte: Schreibe auf ein Blatt Papier, weshalb du dich schuldig fühlst. Mache eine ganze Liste deiner Schuld(en). Setze dich mit dem Problem auseinander.

Arbeit für die rechte Gehirnhälfte: Um dich von Schuld zu reinigen, putze erst dein Haus und geh deine Sachen durch, sortiere alles aus, was dich an deine Hauptschuld erinnert. Gibt es Dinge, an denen Schuld klebt, so wirf sie weg. Es ist gut, Dinge loszuwerden. Vollziehe ein Wegwerfritual mit Kleidungsstücken und nützlichen Dingen.

Wenn die Mondin aufgeht und sich eine zunehmende Sichel zeigt, nimm ein Bad in grünen Salzkristallen oder auch mit Kochsalz. Gib auch ein Beutelchen Ysop in dein Bad und besorge dir Badeöle, die nach Zitrone riechen. Nimm eine Zitronenschale mit in dein Bad und reibe deinen ganzen Körper damit ein. Sprich:

> *Mein Körper, mein Geist, mein Körper, meine Seele,*
> *seid gereinigt mit Wasser, gereinigt mit Salz.*
> *Es dämmert eine neue Zeit, ein neues, frisches Leben.*

Ich sag »Leb wohl« zu aller Schuld –
Göttin sei Dank, leb wohl!
Ich bin ein guter, edler Mensch,
der Engel der Liebe bin ich.
Ich verleihe meinen Segen
allen Geschöpfen groß und klein.
Ich segne meinen eignen Körper,
ich segne meine eigne gute Seele –
so daß, wo immer ich auch gehe,
nur Glück sich noch entfalten wird.

Angst

Dieses Gefühl ist in unserer Spezies sehr dominant. In den alten Tagen unserer Rasse, als wir relativ hilflos waren, fürchteten wir die Fülle an Raubtieren der Wildnis. Heutzutage sind wir nicht weniger ängstlich, aber die Ursachen unserer Angst haben sich verändert. Wir fürchten die Angst selbst, wir haben Angst vor Liebe und Intimität. Wir fürchten auch die Feinde des Tages: Männer haben Angst vor Frauen, Frauen haben Angst vor der Gewalt der Männer. In keiner Spezies gibt es solch eine brutale, anhaltende Gewalt gegen die Weibchen und die Jungen. Angst ist unsere Erbsünde.

Die ganze Zeit in Angst und mit der Angst zu leben, verkrüppelt unseren Geist und unsere Seelen. Exzessive Angst ist zu unserer Unterhaltung geworden. Horrorfilme, Gewaltfilme, Fernsehnachrichten – sie alle füttern unsere Ängste.

Um dein Herz von der Angst zu erleichtern, benütze diesen Mondzauber:

Wenn die Mondin abnimmt, besorge dir ein rotes Flanellbeutelchen, klein genug für deine Hosentasche. Schwenke es durch segnenden Rauch und rufe die Schutzengel an, daß sie dir helfen mögen, deine Ängste in dieses Beutelchen zu tun. Nachdem du eine weiße Kerze entzündet hast, sprich:

Meine Ängste versammle ich in meinem roten magischen
Beutel.

Ich schließe die schwarzen Steine der Verhaftung mit ein.
(Gib kleine schwarze Steine in den Beutel.)
Die roten Steine des Ärgers und der Unzufriedenheit schließe
ich mit ein.
(Gib rote Steine in den Beutel.)
Die grauen Steine der Angst vor dem Unbekannten schließe
ich mit ein.
(Gib graue Steine in den Beutel, verschließe und segne ihn.)
Während die Mondin schwindet,
laß die Großmutter sie wegnehmen.

Häng dein Beutelchen auf einen Baum, wo niemand es erreichen kann. Vergiß die ganze Angelegenheit.

Mondfeste

Fest der Gauri
Erster Tag im Bhadra, Neumondin – Indien
Gauri (»Die Helle«),ist der jungfräuliche Aspekt von Durga. Sie ist eine goldene Göttin, süß wie Honig, die der Menschheit verzaubernde geistige Getränke (vor allem Met?) gibt. Zur Neumondin im Monat Badhra werden Bonbons mit Honig gemacht und zur Schlafenszeit gegessen, um Gauris Süße und Anmut in die Seele zu senken. Es ist eine gute Zeit, um Vergebung zu beten und selbst etwas zu vergeben.

Citua (Fest der Mondin)
Die der Tagundnachtgleiche nächste Neumondin - Altes Peru
In Südamerika ist die Frühjahrstagundnachtgleiche im September. Den Spaniern zufolge, die die Inkabräuche beschrieben, war dies der Monat, den die Frauen am meisten genossen.

Das Citua-Fest begann mit dem Aufgang der Neumondin. Erst führten die Männer ein Reinigungsritual durch, um die Stadt von Krankheiten freizumachen. Dann nahmen alle ein Bad. Man beschmierte die Gesichter der Menschen und die Türklinken mit einer Maispaste als Zeichen der Reinigung. Das Fest wurde mit etlichen Tagen des Feierns und Tanzens fortgesetzt und gipfelte in der Opferung von vier Lamas, deren Lungen auf Omen untersucht wurden. In der Inkamythologie war die Sonne männlich und wurde durch den Inka-Herrscher repräsentiert. Mama Quilla, der Mondin, diente die Schwester-Frau des Inka, die Coya. Sie wurde mit einem mit Silber verzierten Schrein verehrt und Priesterinnen dienten ihr.

Man könnte spekulieren, daß die Frauen dieses Fest genossen, weil sie zu dieser Zeit als die Repräsentantinnen der Mondgöttin verehrt wurden, die das Getreide wachsen ließ. Wahrscheinlich übernahmen die Männer zusätzlich zur Reinigung auch andere Hausarbeiten. Jedenfalls waren die Frauen während dieses Festes von der täglichen Hausarbeit befreit. Wenn du in einem partnerschaftlichen Haushalt lebst, könntet ihr vielleicht eine wechselseitige Abmachung treffen, daß ein Mann an einem der Sonnenfeiertage geehrt wird als Ausgleich für seine Dienste an diesem Neumondinfest. Laß ihn ein amerikanisches Festtagsessen kochen (und das Geschirr abwaschen), oder laß dich zu einem Essen in ein südamerikanisches Restaurant ausführen.

Geburtstag der Erntegöttin
Achter Tag der Neunten Mondin
Zunehmende Viertelmondin – Altes Rußland
Der Geburtstag der Göttin wurde mit Festen und dem Austausch von Geschenken zelebriert. Traditionell volkstümliche Stickereimotive der Herbstzeit zeigen Frauen, die Weinkelche hochhalten und sie auf Altäre stellen. Andere Stickereien haben als Grundmotiv abwechselnde Reihen von Weizengarben und Frauen, die Kelche hochhalten oder eine größere Göttinfigur, die ihre Hände ausstreckt, um die Ernte zu schützen. In manchen Gegenden wurde ein junges Mädchen, das die Göttin Berehynia verkörperte, durch die Felder getragen, gehüllt in ein rotes Tuch, das mit traditionellen Göttinnen- und Sonnensymbolen bestickt war, ihre Arme in der traditionellen Pose erhoben; oder es wurden Erntepuppen mit erhobenen Armen aus der letzten Garbe gefertigt und durch die abgeernteten Felder getragen.

Um dieses Fest mitzufeiern, schmücke deinen Altar mit Kornpuppen, osteuropäischen Stickereien (oder Farbkopien von ihnen aus einem Buch über Volkskunst) und roten Kerzen. Fülle deinen Kelch mit Bier oder Apfelwein und biete ihn der Göttin mit erhobenen Armen an. Gieße etwas auf die Erde und trinke den Rest. Opfere und iß in der gleichen Weise einen runden Laib Vollkornbrot.

Tag des Heiligen Kreuzes
Vollmondin des neunten Monats – Europa des Mittelalters

In ganz Europa und im Nahen Osten scheint das Gedenkfest, mit dem man den Fund des wahren Kreuzes der Kreuzigung durch Helena, die Mutter von Kaiser Konstantin, feierte, eine ganze Reihe alter Gebräuche geerbt zu haben.

In der Stadt Avening in Gloucestershire ist der Sonntag nach dem Fest als Schweinegesicht-Sonntag bekannt und in der Pfarrkirche werden Sandwiches mit Schweinefleisch serviert. Schweinsköpfe werden aufgestellt und dann mit Apfelknödeln gegessen. Eine Legende erklärt das als Gedenkfeier für die Erlegung eines Wildschweines, das zeremoniell an einer Eiche im Zentrum des Dorfes aufgehängt und dann gegessen wurde.

Die Schweine waren in ganz Europa den Erdgöttern heilig – von der griechischen Demeter bis zu der nordischen Vanir.

Das aufgehängte Wildschwein erinnert speziell an den germanischen Brauch, Opfer an heilige Bäume wie Eichen zu hängen. Darüber hinaus war das Wildschwein der nordischen Göttin Freya heilig. In Großbritannien wurde der Tag des Heiligen Kreuzes auch mit Nüssesammeln in den Wäldern gefeiert. Am zweiten Sonntag im September werden Schweine in einer Prozession zum Schrein der Santa Maria delle Grazie in Italien geführt und zeremoniell geschlachtet.

Feiere mit einem festlichen Schweinebraten (Vegetarier können ihn durch Mais ersetzen), mit heurigem Wein und frischem Brot (vielleicht auch mit Früchten wie Weintrauben und Äpfeln), und lege eine Platte mit Opfergaben für die Erdgöttin an einem Platz in der Wildnis aus, wo ihre Stellvertreter sie verzehren können.

Mondgeschichte

Das Sorgerecht für Emily

Es war einmal in den frühen siebziger Jahren, in den ersten Tagen der Frauenspiritualitätsbewegung, als wir noch nicht einmal wußten, daß wir eine »Bewegung« darstellten, da begab ich mich auf meine erste »Hexenwiederbelebungstour«. Es war meine erste Erfahrung damit, die Göttin auf Reisen mitzunehmen und zu lehren. Die Reise fand unmittelbar nach meinem Prozeß wegen des Legens und Deutens von Tarotkarten in Los Angeles statt. (Siehe die Novembergeschichte in *The Grandmother of Time*.) Ich verlor und mußte Strafe zahlen. Ich hasse es zu verlieren, deswegen spiele ich auch weder Karten noch Monopoly. Aber in diesem Fall war es wichtiger zu verlieren, als meinen Fall vor Gericht zu gewinnen. Hätte ich gewonnen, wäre das Urteil nicht zu historischer Bedeutung gelangt. Aber da ich der Zukunftsvorhersage durch Kartenlegen für schuldig befunden worden war, bedeutete meine Niederlage eigentlich eine Ahndung der Hexenkunst. Der Prozeß zog eine Menge Aufmerksamkeit auf sich und dadurch ergab es sich, daß man mich bat, bei einigen Treffen und Festivals zu sprechen.

Der Schauplatz dieser Geschichte befindet sich in der Nähe des Quiver River in Missouri, wo ein Frauenfestival abgehalten wurde, das der Göttin und der Heilung gewidmet war. In einem geborgten Ford Pickup fuhren eine Freundin und ich Tag und Nacht von Kalifornien durch die Wüste von Arizona und die Great Plains.

Als wir schließlich dort ankamen, packte ich meine drei Kissen aus und begann mich zu entspannen. Ich reise immer mit meinen Kissen. Sie verwandeln ein Hotelzimmer oder ein Zelt in ein Zuhause. Ich finde, ein Kissen hat etwas äußerst Mondisches an sich. Die Ungarn haben eine eigene Kultur daraus gemacht, Kissen zu schmücken, zu besticken und zu sammeln, sie in Ritualen zu gebrauchen und sie sowohl mit Kräutern als auch mit Gänsedaunen auszustopfen.

Das Festival war klein und gemütlich. Wir wohnten in Hütten, es gab einen großen Speisesaal, wunderschöne Felder, die sich in jede Richtung erstreckten, hochgewachsene Bäume, mildes Wetter und Frauen in wehenden Hemden oder mit gar nichts bekleidet. Die Toleranz gegenüber der Nacktheit ist ein Gradmesser für die persönliche Freiheit in jeder Gemeinschaft. Die Menge an getragener Kleidung (natürlich soweit das Wetter es zuläßt) stellt einen direkten Indikator dafür dar, wie frei Frauen sich in einer bestimmten Umgebung fühlen. Wenn Frauen sich völlig ungezwungen fühlen, streifen sie ihre Kleidung des 20. Jahrhunderts ab und laufen »einfach so« herum.

Zu dieser Zeit hatte ich mich auf Segnungen von Frauengruppen, die für irgendein hohes moralisches Ziel zusammenarbeiten, spezialisiert. Wenn man mich bat, dieses Bindungsritual durchzuführen, pflegte ich die Angehörigen der Gruppe mit einem roten Faden, der das Handeln, das Leben und unser Blut symbolisiert, zu umschlingen. Wir hoben die Energie mit unseren Gesängen an, riefen in Gruppen die vier Richtungen an und dann segnete ich im Namen der Neumondin, die über unsere Köpfe dahinzog, ihre Arbeit und Energie. Das waren sehr kraftvolle Rituale. Diejenigen, die ich berührte, berichteten von großen Verwandlungen in ihrem Leben, zumeist äußerst positiven. Als Ergebnis dieser Bindungsrituale wurden etliche Frauen zu Lehrerinnen. Sie verbanden sich sowohl mit der Göttin als auch mit den anderen Frauen. Bei diesem Festival segnete ich eine Gruppe mit dem Namen HERA. Sie waren Therapeutinnen, die zugleich Aktivistinnen waren – politisch und spirituell. Die neue Generation. Die vierte Welle.

Nach dem Bindungsritual kam eine Frau mit traurigen Augen, namens Leslie, mit einigen Freundinnen im Schlepptau zu mir. »Ich brauche Hilfe in einer Sorgerechtsangelegenheit«, sagte sie. »Es muß ein Wunder geschehen, alles andere ist fehlgeschlagen. So wie die Dinge stehen, habe ich nicht die geringste Chance. Mein Ex-Mann hat einen mächtigen und teuren Anwalt engagiert, um mir meine Tochter wegzunehmen. Und es ist reine Bosheit – er konnte Emily nie leiden, auch früher nicht. Das Problem ist – er ist selbst Anwalt. Du kannst dir also vorstellen, wie hauchdünn meine Chance ist, das Sorgerecht für meine Tochter zu bekommen.«

Das war eindeutig der Hilferuf einer guten Mutter. Leslies Freundinnen bezeugten alle, daß Emily wirklich bei ihrer Mutter wohnen wollte. Noch befanden sich alle in Ritualstimmung, also versammelte ich sie alle um einen jungen Sassafrasbaum herum. Wir konnten der Göttin nur Wasser anbieten, also stellten wir den Kelch am Fuß des Baums hin. Wir hielten uns an den Händen und summten wie ein sich sammelnder Bienenschwarm.

Mein Volk im Herzen Europas betete oft zu den Winden, also rief ich die vier Winde an und bat Hera, die Göttin der Mütter, Leslie dabei zu helfen, daß sie ihre Tochter behalten könne, wenn es ihrer beider Wunsch sei. Jede von uns sprach alle Arten von positiven magischen Segenssprüchen. Wir improvisierten. Die Segenssprüche beinhalteten geistigen Frieden, sowohl für Emily als auch für Leslies Ex-Mann. Wir dankten den Geistern. Wir gossen ein Trankopfer auf den Erdboden, küßten den Sassafrasbaum und baten dessen Geist, für uns beim Großen Geist ein gutes Wort einzulegen. Ich erinnere mich, daß die Neumondin während des ganzen kurzen Rituals sichtbar war. Die silberne Sichel stieg über den Bäumen auf. Ein Gefühl der Zuversicht war da, ein Hauch der göttlichen Gegenwart und hinterher eine Ruhe, die ich als göttliches, gutes Omen betrachtete.

Dann aßen wir zu Abend und bis auf das Gefühl, daß die Dinge sich gut entwickeln würden, schwand das Ritual aus meinem Bewußtsein. Das Festival ging seinem Ende zu, und ich hatte das Ganze schon vergessen – doch kurz, bevor wir wegfuhren, kam ein Telefonanruf.

Es war Leslie.

»Hexe!« begann sie, aber ihre Stimme feierte. Ohnehin fasse ich es als Kompliment auf, wenn man mich Hexe nennt.

»Also was ist passiert?« fragte ich. »Stell dir vor, mein Exmann und sein Anwalt machten sich gemeinsam auf den Weg zum Gericht – aber sie kamen dort niemals an. Niemand weiß, wo sie geblieben sind. Ich habe meinen Fall durch ein Säumnisurteil gewonnen! Sei gesegnet!«

»Sei gesegnet!« kam mein Echo, dann bat ich sie einfach eine weiße Kerze als Zeichen des Dankes für die Göttin zu entzünden.

»Du weißt, ich werde es tun. Hier – Emily möchte auch noch etwas sagen.« Am anderen Ende der Leitung knackste es, und ich hörte die Stimme eines kleinen Mädchens kichern.

»Danke dir, Göttin!« sagte sie ganz süß.

Im Hintergrund konnte ich Leslie lachen hören. Die Neumondin ist flink mit ihren Ergebnissen und ehrfurchtgebietend in ihren Lösungen.

Soviel ich weiß, wurde der Fall des verschwundenen Anwalts samt Ex-Ehemann nie gelöst.

Zehnter Mondzyklus

Zeit: *September – Oktober*
Sternzeichen: *Waage*
Mondpflanze: *Haferstroh*
Mondtier: *Katze*

Blutmondin

Mondsicht

Rot geht die Blutmondin im Rauch der brennenden Blätter auf. Unter ihr verwischt der Nebel den Horizont und treibt über die geleerten Felder. Während das Gleichgewicht der Tage sich der Dunkelheit zuneigt, werden die Wälder in sanfte Schattierungen von Gelbbraun und Ocker getaucht und in das dunkle Rot alten Blutes. Zwischen den Blättern reifen Nüsse heran, und Eicheln und Eckern fallen zu Boden. Diese Freigiebigkeit ist ein Festmahl für die Tiere des Waldes und sie setzen Fett an — für die Jahreszeit des Hungers, die kommen wird. Die Luft ist ruhig und still. Es ist eine Zeit des Annehmens und der Vervollständigung. Die Waagemondin ist die Ausgewogenheit der Jahreszeiten; in ihrem Licht kommt die Welt zur Ruhe.

Die Göttin spricht

Maat

Wie viele Male haben wir uns getroffen, du und ich! Ein Leben ums andere, meine Liebe, kommst du zu mir. Wir treffen einander, wenn du dich nach getaner Arbeit niederlegst und auf die andere Seite überwechselst, zu mir. Mit meiner Zwillingsschwester erwarte ich dich in dieser Halle der Doppelten Maat. Die Männer sagen, daß wir dein Herz mit einer Straußenfeder aufwiegen, um zu sehen, ob dein Leben es mit Schuld beschwert hat, oder Wohltätigkeit und gute Taten es leicht haben werden lassen.

Aber wir sind nicht deine Richterinnen. Du bist es. Wenn du dem Leben mehr Leid zugefügt hast, als daß du es geliebt hättest, dann wird dein eigenes Herz dich verraten. Die Mondin, die in dir, in deiner Seele scheint, wird enthüllen, ob du bösartig oder gütig warst. Sie wird uns zeigen, ob du getötet hast, anstatt zu gebären, ob du öfter genommen hast als freiwillig von deinem Besitz zu geben. Nur du allein weißt das und du bist es, die dich schließlich an uns verraten wird.

Wir sind die Wahrheit, der Rhythmus der Gerechtigkeit. Wir stehen dir einfach gegenüber – und alles ist bekannt. Wir verkünden nicht das Schicksal, daß die, die für gut befunden wurden, siegreich unter den Toten wandeln werden. Du bist es, die das bestimmen wird. Du besitzt den freien Willen, die Grenzen deiner Freiheit nach deinem Tod festzulegen, meine Liebe, nicht wir. Du wirst dir andere Seelen suchen, die dich in deinem Verlust trösten, deine eigenen Ahnen werden dich aus der Halle der Doppelten Maat zurückfordern und dich in die nächste Welt geleiten.

Die Toten sind tot, mein Liebes. Ich habe weder Hölle noch Himmel. Wie die Ernte wirst du eingebracht, gewogen und abgerechnet. Letztendlich wird das Gleichgewicht wiederhergestellt. In unserem Reich gibt es keine Schuld mehr. In unserem Reich bewahrt ihr alle nur eine Wahrheit.

Erblicke mich in den fallenden Blättern, erblicke mich in den Federn, die von Vögeln auf dem Erdboden zurückgelassen worden sind. Sieh mich in der Mondin Schein, in der Halle der Doppelten Maat.

Die Bilanz deines Lebens muß mit der Bilanz deines Todes ausgeglichen sein. Die Ernte ist eingebracht. Es ist Zeit zu frohlocken; singe die Trinklieder des Weines, halte zu meiner Ehre großartige Tänze ab, umarme die, die dich lieben und gib mit deinen eigenen Schöpfungen Schönheit zurück.

Botschaft der Waage

Die Energie dieser Mondphase ist die des Komforts und der Schönheit. Die Waagemondin regt in uns den Sinn für Romantik, eine Sehnsucht nach Partnerschaft in Liebe und Beruf an. Gestalte dir jetzt eine schöne Umgebung. Stelle jeden Tag Schnittblumen in eine Vase, an denen du dich erfreuen kannst, achte auf deine Kleidung, greife neue Fäden auf. Es ist eine glückverheißende Zeit, um sich in jemand Bestimmten zu verlieben.

Die Waage ist ein Zeichen, das in uns das Bedürfnis nach Gerechtigkeit verstärkt. Das Gleichgewicht in der Natur bringt unter der Herrschaft der Venus Erfüllung. Das ist das natürliche Tao. Die Lebensenergie schwelgt jetzt in Vergnügungen und die Zeit begünstigt insbesondere das Verständnis und die Ausübung der schönen Künste und der Schriftstellerei.

Erntemondin wurde diejenige Vollmondin im September genannt, die der Herbsttagundnachtgleiche am nächsten ist, weil ihr Licht den Bauern ermöglichte, die ganze Nacht hindurch zu arbeiten. Zu dieser Zeit läßt die Position der Mondin zur Erde sie sehr groß erscheinen und sie scheint ganz langsam aufzugehen. Zum Grassäen ist dieses Sternzeichen hervorragend geeignet. Treibe das Vieh auf die Weide, aber mache kein Heu, wenn die Mondin in der Waage steht (warte die anderen Zeichen in diesem Monat ab) – das Vieh würde es nicht fressen. Pflanze und säe alles, wovon die Blüten genommen werden. Während der zunehmenden Mondin pflanze Bäume und Büsche. Was Aktivitäten mit anderen Menschen anbelangt, so solltest du jetzt Projekte auf der physischen Ebene beginnen, die schnell abgeschlossen werden können. Es ist eine hervorragende Zeit für Reisen, Parties, Feste, Heiraten, neue Freundschaften und für Geschäfte im allgemeinen.

Mondgezeiten

Freude

Freude nehmen wir mit unseren fünf Sinnen wahr – und mit unserem sechsten auch. Freude ist aber für unsere Industriegesellschaft derart bedrohlich, daß unser ganzes Berufsleben darauf ausgerichtet ist, sie abzutöten. Denk doch mal über das »Von-9-bis-5-Schema« des Geldverdienens nach. Haben wir es wirklich nötig, die meiste Zeit unseres Erwachsenenlebens für andere zu schuften? Unsere Freuden beschränken sich aufs Wochenende und auf die Urlaube. Kannst du wirklich innerhalb von zwei Urlaubswochen deinen Lebenszweck erkennen?

Willst du mehr Freude in dein Leben rufen, mußt du dir zunächst einmal die Zeit dafür schaffen. Das ist ein Akt des Willens (nämlich deines Willens!) und nicht der göttlichen Vorsehung. Wenn du dir für deine Freuden keine Zeit schaffen kannst, redest du nur davon und willst es gar nicht wirklich. Wieviel Freude ist eigentlich genug? Wieviel Freude ist angemessen? Stell dir einen Lebensstil vor, der es dir erlauben würde, die äußerste Grenze deiner Genußfähigkeit auszuloten und diese Erfahrungen dann als organischen Teil deines Lebens zu integrieren. Im Tantra, einer der ältesten Praktiken der östlichen Erdreligion, wird die Lebenskraft Kali Ma genannt und ihre Verehrung wurde mit allen Sinnen praktiziert.

»Durch die Frau in mir, die befriedigt wird, wird die ganze Welt befriedigt«, besagt ein altes tantrisches Mantra. »Es gibt so viel Schmerz in der Welt, warum die Religion also nicht zum Vergnügen machen?« ein anderes.

Man verehrt Kali Ma mit Gedanken, Tönen, Gerüchen, Geschmäckern, dem Gesichtssinn und mit Sex. Dieselbe Kraft, die

Leben schafft, bringt auch Seligkeit und Tod. Sie ist zugleich wundervoll und schrecklich. Jedenfalls hat die Förderung ihrer Gegenwart auf Erden ein glücklicheres Leben, erhöhte Widerstandskraft gegen Krankheiten und Langlebigkeit zur Folge. Fortgeschrittene tantrische Übungen schulen den Körper darin, das Herz mit der Seele und den Genitalien zu verbinden. Die Kontrolle der sexuellen Kraft bringt den schnatternden Verstand zur Ruhe, schafft Einssein mit der Matrix der Schöpfung.

Mondzauber

Für Freude

Errichte einen Altar für Kali Ma auf einem Tisch mit einem schönen Tischtuch, Blumen, hübschen Kerzenhaltern mit brennenden roten Kerzen und einem Bild der Göttin als Dreieck mit einem Schlitz. Sie kann auch durch eine Muschelschale, eine offene Rose, das Bild einer Yoni, die Tür zum Leben, die Vagina einer Frau repräsentiert werden.

Stelle sie dir als deine innere Frau vor, als eine, die wie eine alte Form deiner Seele erscheint, nonverbal, von Freuden, Gerüchen, Nahrung, Schönheit und Sex angezogen. Dieselbe innere Frau kontrolliert deine Lebenskraft, deine Paarungsgewohnheiten, dein soziales Leben und die Lebensenergie. Du solltest auf gutem Fuß mit ihr stehen. Wenn die Mondin voll oder dunkel ist (sie mag beides), dann geh nach einem Reinigungsbad nackt zu deinem Altar und entzünde etwas Räucherwerk, Salbei und Sandelholz, Weihrauch oder Myrrhe. Gib einige Delikatessen für den Geschmack auf deinen Altar, beispielsweise Brot oder Süßigkeiten. Wein ist ihr heilig. Ein Kelch gefüllt mit Rotwein entspricht dem Brauch. Wenn du keinen Alkohol verwenden kannst, nimm Traubensaft und ändere das Gebet entsprechend ab.

Verwende Glocken für die Töne. Sie mag klingende Töne. Atme den Duft ein und singe ein kurzes Mantra: »Kali Ma, Kalina Ma, ich gebe mich der Liebe hin«, bis du das Gefühl hast, daß sich deine Körpertemperatur erhöht hat und dir nicht mehr kalt ist.

Dann nimm das Glas mit dem Wein, biete es ihr dar und sprich dazu:

> *So wie diese Flüssigkeit*
> *Trauben zu Wein wandelt,*
> *wandle ich Düsternis in Freude um.*
> *So wie ich diesen Kelch Wein trinke,*
> *füllt mein Leben sich mit deiner Energie.*
> *Meine Lebenskraft wächst und zieht deine Freuden an –*
> *Kali Ma, Kali Ma, Kali Ma, Kali Ma*
> *deinem Fluß gebe ich mich hin.*

Jetzt biete die Speisen dar und iß dann davon:

> *Wenn ich diese köstliche Speise esse,*
> *ißt du mit mir. (Läute die Glocke.)*
> *Wenn ich diesen Tönen lausche,*
> *tanzt du in mir. (Berühre dich selbst liebevoll.)*
> *Wenn ich mich berühre,*
> *liebst du mich.*

Das kann ein bißchen dauern. Feminisiere, aber laß dich noch nicht bis zum Orgasmus kommen. Wenn du an der äußersten Grenze bist – höre auf. Atme tief in deine Genitalien und ziehe den Atem bis in dein Herz hinauf. Spüre, wie dein Herz sich voll Lebensenergie weitet. Wiederhole das dreimal, dann belohne dich selbst mit einem Orgasmus.

Stelle dir Kali Ma als großzügige, wunderschöne nackte Frau vor, wie sie in deinem Geist tanzt. Tanze mit ihr, wenn du es vermagst. Zuletzt rieche an den Blumen, die du auf deinen Altar gestellt hast.

> *Wenn ich die Schönheit genieße,*
> *bringst du mir mehr.*
> *Wenn ich das Leben genieße,*
> *bringst du mir mehr Leben.*
> *Wenn ich dich genieße,*

bringst du mir mehr von dir.
Wenn ich mehr von mir genieße,
pflanzt du meine Freuden fort und erhältst sie.

Zieh dich nun an und lösche die Kerzenflammen. Wiederhole das einmal im Monat. Kali Ma hat mir Glück und Geliebte gebracht. Sie bringt schnell ein Ergebnis, also bedenke gut, um was du bittest.

Mondfeste

Rosh Hoshanah
Neumondin des Tishri – Israel

Rosh Hoshanah, der »Kopf« des Jahres, ist der Beginn einer zehntägigen Zeit der spirituellen Erneuerung, die das jüdische neue Jahr einleitet. Der jüdische Kalender basiert auf den Mondphasen. In alter Zeit zeigten offizielle Mondbeobachter den Aufgang der Neumondin an, und Freudenfeuer wurden auf allen Hügeln entzündet, zum Zeichen, daß ein neuer Monat begonnen hatte. Zum Rosh-Hoshanah-Fest gehört auch der Verzehr von runden Challah, die mit Honig und frischen Früchten gegessen werden und die Hoffnung symbolisieren, daß das kommende Jahr »rund, sanft und süß« werden solle. Jede der genossenen Speisen hat einen eigenen Segen zum Inhalt.

Ob du das jüdische Neujahr feierst oder den heidnischen Erntedank – sei dir der einzigartigen Eigenschaften jeder Art von Speise bewußt und danke der Erde für ihre Fülle.

Neumondin im Zehnten Monat
(Oktober) – China

In China bildete die Ahnenverehrung einen Hauptteil des religiösen Familienlebens. Die Lebenden taten ihr Bestes, um zu beweisen, daß sie ihre Vorfahren noch ehrten und sie mit dem Lebensnotwendigen in der Anderwelt versorgten. Der Oberpriester dieses Kultes war der älteste überlebende Mann in der Familie. Die Hauptfeste der Toten lagen im Frühling, im Hochsommer und in der Erntezeit. Die Toten wurden unter Erdhügeln in den Feldern beigesetzt und im zehnten Monat pflegten die Familien in ihrer Nähe zu picknicken und sich um die Gräber zu kümmern. Zu dieser Zeit opferten sie ihren Ahnen Abbildungen mit Winterkleidung und symbolische Geldgeschenke.

Durga Puja
(1. bis 5. Tag der Asvin-Neumondin)
(September/Oktober) – Indien

Das große indische Fest der Göttin Durga ehrt sie als göttliche Mutter, die Personifikation der Energie. Durga ist die Tochter der Berge des Himalaya und wird als rechtmäßige Töterin des Büffeldämons angesehen. In Bengalen ist es ein Familienfest. Vier Tage lang wird die Göttin verehrt und am fünften Tag wird ihr Abbild im Wasser gebadet. Familien halten Zusammenkünfte ab, Kinder ehren ihre Eltern, und Nachbarn, die im Streit lagen, schließen Freundschaft. Um zur Fröhlichkeit noch mehr beizutragen, ziehen sich alle festlich an. Im nördlichen Indien ist das Fest als Dasahara bekannt und hat Spiele aus Ramas Leben zum Thema, der Durga vor und nach seiner erfolgreichen Errettung seiner Frau Sita vor dem Dämonenkönig Ravana verehrte. Am nächsten Tag wird Lakshmi, die Glücksgöttin, angebetet. Jedes Haus ist hell erleuchtet und das Fest geht die ganze Nacht hindurch.

Asvin-Vollmondin – Indien

In der Hindumythologie ist die Mondin das Endergebnis jeglicher Evolution und gleichzeitig die Opfergabe (Soma) – das, was verzehrt wird und dadurch das Leben erhält. Die Mondin ist das Behältnis dieses göttlichen Nektars, der vor allem im Monat Asvin äußerst kraftvoll ist. Während dieser Zeit werden Süßigkeiten und süße Getränke den Strahlen der Mondin ausgesetzt, um die Süße des Soma aufzunehmen. Man glaubt, daß die aufgenommene Kraft Krankheiten heilt, insbesondere Augenkrankheiten. Das Zuckerwerk wird in luftdichten Gefäßen aufbewahrt und nur Stück für Stück zur Stärkung und zur Verbesserung des Aussehens gegessen.

Divali, Asvin oder Kartik
Dunkle Mondin/Neumondin – Indien

Divali, das Fest der Lichter, war vermutlich ursprünglich ein Ernte- und Fruchtbarkeitsfest, das mit der Krönung von Rama in Verbindung gebracht wurde. Der erste Tag ist Lakshmi gewidmet, der Göttin von Reis und Wohlstand. Händler ziehen an diesem Tag ihre Bilanz und beginnen die neuen Bilanzbücher. Am Abend des vierten Tages werden irdene, ölgefüllte Lampen entzündet und außerhalb der Häuser aufgereiht. Die Menschen tauschen Grußkarten, Geschenke und Süßigkeiten aus.

In Bengalen wird mit diesem Fest Kali geehrt, die sowohl die ursprüngliche Energie als auch die Zerstörung ist, die erschaffende Kraft von Shiva, das Absolute. Kali zerstört das Böse in der Natur und in der Menschheit, beschützt das Gute und ist ihren Anhängern Schutz und Schirm. Der Tag wird mit Feuerwerken und Festbeleuchtung gefeiert. In den Bergen ist das der Anlaß, alle Ansammlungen von altem Müll zu verbrennen.

Fest der Ciuateotl
Vollmondin – Altes Mexiko

Für die Azteken und Tolteken war die Vollmondin zur Erntezeit die Schlangenfrau Ciuateotl, die Großmutter des Elends, der Armut und der Plage, die Mutter der Sterne. Man nannte sie Obsidianschmetterling und Alte Göttin des Schwitzbades. Ihre Priester trugen phallische Symbole, um sie anzuziehen, und sie erschien mit lautem Gebrüll in ihrem weiten, grünen Rock, um für eine gute Ernte zu sorgen. Später wurde sie in die Gute Frau der Amerikas umgewandelt.

Fest der Kinder
Vollmondin – Vietnam

Die Vietnamesen feiern mitten im Herbst ein Fest, bei dem die Kinder eine Laternenprozession im Mondlicht machen und mit rudernden oder schwingenden Bewegungen durch die Straßen marschieren. Dabei wird der folgende Reim gesungen:

Wir wollen im Rhythmus rudern,
einander nicht auslachen,
denn es gibt keine Äste,
die frei sind vom Gewürm.
Wir wollen im Rhythmus rudern,
wir wollen im Rhythmus rudern.
Denkst du ans Leben jetzt nicht,
kannst du es später nicht mehr.
Wir wollen im Rhythmus rudern.
(Butler, *Skipping around the World,* S. 63)

Ein ausgezeichneter Aufruf zur Toleranz!

Disirblot
Vollmondin nach der Herbsttagundnachtgleiche
oder 14. Oktober – Skandinavien
Dieses Fest, das man auch Winternächte nannte, war der offizielle Beginn des Winterhalbjahres im Norden (gemessen an der geographischen Breite war es vermutlich auch der tatsächliche Winterbeginn). Es war eines der Hauptfeste im nordischen Jahr und hatte wohl eher lokale und häusliche Angelegenheiten im Sinn als nationale. Das Volk feierte zu dieser Zeit die Ernte und opferte den Dísir, den Ahninnengeistern, die die Familienfolge bewachten, und der Freya Vanadís, ihrem Oberhaupt. Das nordische Fest war Teil der Verehrung. Mit Met und Ale gefüllte Hörner wurden den Toten geopfert, die man einlud, sich der Familie beim Fest anzuschließen. Schweinefleisch war den Vanir, den älteren Göttern, heilig. Man aß auch Äpfel, Gerste und Kraut.

Die Dísir könnten etwas ähnliches wie die galloromanischen Muttergottheiten namens Matronae gewesen sein, die Fruchtbarkeit und Wohlstand gewährten. Die Dísir erschienen auch oft, um ihre Abkömmlinge vor Gefahren zu warnen. Bei den germanischen Völkern schrieb man den Frauen große spirituelle Macht zu. Die Königinnen hielt man für zauberkundig und die Helden baten die Geister ihrer Mütter um magischen Schutz. Frauen waren auch die ersten, die Seidr, eine Form der schamanischen Weissagung, ausübten.

252

Mondgeschichte

Die letzten Längen

Ich bin eine begeisterte Schwimmerin und ging für gewöhnlich im Lions' Club in Oakland zum Schwimmen. Nun, eines Tages verpaßte ich meinen geplanten Termin und landete beim Seniorenschwimmen. Es sollte eine ziemliche Überraschung werden.

Wenn du mit der üblichen Herde von Bahnenschwimmern schwimmst, ziehst du still deinen Badeanzug an, duschst dich schnell, springst ins Becken und schwimmst, bis die Stunde um ist, gehst zur Kabine zurück, ziehst dich wieder still um, duschst und gehst nach Hause. Gelegentlich sagst du vielleicht gerade noch: »Verzeihung!«, oder »Tut mir leid!«, wenn du versehentlich jemanden angerempelt hast, oder dich zwischen Körpern hindurchzwängen mußt, um zu deinen Kleidungsstücken zu gelangen. Ein selbstauferlegter Benimmkodex verlangt: kein persönlicher Kontakt in den Umkleideräumen. Es gibt keine weibliche Verbündung in der Art, wie sie in den Umkleideräumen von Männern stattfindet, durch rauhe Witze und Klapse mit Handtüchern. Wir, die Frauen, müssen uns anscheinend vor dieser ganzen köstlichen Nacktheit schützen und achtgeben, daß sie uns ganz sicher nicht zusammenbringt. Wir, die wir in die Kategorie »weibliche Erwachsene« fallen, versuchen unsere nackte Gegenwart zu verleugnen und unsere Gefühle, die dabei auftauchen könnten, indem wir vorgeben, allein zu sein.

Die Seniorinnen hingegen hätten aus einem anderen Land stammen können!

Diese Frauen waren in ihren Sechzigern, Siebzigern, ja sogar in ihren Achtzigern und scherten sich überhaupt nicht mehr um gute Manieren. Und sie hatten keine Angst vor ihren nackten Körpern. Es gab unverhohlene Blicke, tiefschürfende Diskussionen über Pasteten, Ehemänner, Operationen und Geburtstagsgeschenke, während sie ihre Körper rubbelten, abspülten, schrubbten oder einseiften, die intimsten Körperteile und alles andere.

Aus Angst, sie könnten mich aus dem Becken werfen, weil ich nicht alt genug war, verbarg ich mich im Umkleideraum vor ihnen, indem ich frühzeitig ins Becken ging; und sobald ich da angelangt war, nahm ich nie meine Schwimmbrille ab. Ich schwamm einfach meine Bahnen, in Gedanken, wie ich mich immer in die Seniorenschwimmzeit hineinschmuggeln könnte.

Die Alten waren freundlich, sie plauderten miteinander. Sie riefen einander über das Wasser hinweg zu. So was, sie kannten einander sogar beim Namen!

Wenn jemand: »Da ist Jennifer!« rief, reckten alle ihre Schwimmhaubenköpfe aus dem blauen Wasser, um das zu überprüfen.

»Ja, ja das ist sie wirklich!«

»Schon eine ganze Weile nicht gesehen«, sagte eine andere Stimme.

»Letzte Woche war sie da. Wie es wohl ihrem Knie geht?« fiel eine dritte ein.

Die freundliche Art, miteinander umzugehen, das Gefühl menschlicher Zusammengehörigkeit und gegenseitiger Fürsorge waren die ganz normalen Verhältnisse hier in der Seniorenschwimmzeit. Ich war wild entschlossen, mich zu ihnen zu gesellen. Irgendwie mußte ich sie dazu bringen, mich zu akzeptieren, mich kommen und dazugehören zu lassen.

Aber ich konnte mir nicht ausmalen, was ich dafür anstellen müßte. Wochenlang ging ich weiter hin, mit meiner Schwimmbrille vermummt und genoß es wirklich, während der Senioren-schwimmzeit dort zu sein. Ich hatte das Gefühl, daß ich vielleicht per Osmose hineingelangen konnte – wenn ich nur lange genug käme, würden sie mein Alter nicht mehr in Frage stellen. Jahre könnten so vergehen und sie würden sich einfach an mich gewöhnen.

Eines Tages ging es mir gerade so gut und ich fühlte mich so voll Vertrauen mitten unter ihnen, daß ich ohne zu überlegen meine Schwimmbrille abnahm und Mildred, die neben mir schwamm, mein Gesicht sah. Mildred ist eine, die ihr Herz auf der Zunge trägt.

»Mein Gooooooott!« schrie sie. »Du bist ja gar keine Seniorin!«

Ertappt! Ich fühlte mich wie eine Diebin. Da stand ich nun im Wasser, ein paar Dekaden zu jung geraten, um für diese warmherzige Gemeinschaft qualifiziert zu sein. Alle schauten mich an, stellten meine Integrität in Frage. Was für ein schmutziger Trick, dachten sie. War ich wohl da, weil die Seniorinnen fürs Schwimmen weniger zahlen müssen? Im Pool herrschte Schweigen. Alle Augen und Schwimmbrillen waren auf mich gerichtet.

Dann fiel mir eine dieser verzweifelten Nonsensantworten ein, die man nie vorherplant, aber mit denen man sich aus der Affäre zu ziehen versucht. Nur wußte ich nicht, ob es funktionieren würde. Ich zeigte auf mein silbernes Haar, das seit meinen frühen Dreißigern vorzeitig weiß ist und sagte: »Ist schon wahr, aber ich habe eine Menge weißer Haare!« Stolz zog ich meine Badekappe vom Kopf und zeigte ihnen einen Schwall meiner nassen, weißen Mähne.

Mildred begutachtete mein Haar. Ja, es war tatsächlich weiß. Sie färbte ihres und hatte kein einziges weißes Haar. Meins beeindruckte sie.

»Ja, silbernes Haar!« verkündete Mildred den anderen.

»Ja, silberne Haare. Sie hat eine Menge«, bestätigte eine andere Stimme.

Und somit war alles in Ordnung. Mir fehlten zwar so um die zwanzig Jahre, aber weiße Haare hatte ich schon jetzt – und das war die Hauptsache. Ich war aufgenommen.

Ich ging weiterhin zum Seniorenschwimmen, nun allerdings

ganz öffentlich, wie eine Seniorin. Sie lernten meinen Namen
kennen und ich die ihren. Nach dem Schwimmen plauderten wir
ein bißchen miteinander in den Umkleideräumen, wir duschten
einander ab, wenn wir fertig waren, damit das Heißwasser nicht
jedesmal neu eingestellt werden mußte.

Eines Tages kam ich herein und alle hingen irgendwo am
Beckenrand herum. Kein Lachen war zu hören und niemand
schob diese kleinen, blauen Schwimmer für die Bauchübungen
vor sich her, wie sie alle es sonst immer zu tun pflegten. Ein
Hauch Begräbnisstimmung lag in der Luft. Aus Angst zu fragen
begann ich Köpfe zu zählen. Einige fehlten, aber die Ältesten, auf
die ich besonderes Augenmerk legte, der »Haufen über Siebzig«
war vollzählig anwesend. Also – niemand war gestorben. Göttin
sei Dank!

»Was ist los?« fragte ich endlich.

»Es ist das letzte Mal Schwimmen«, sagte Hugh voll Wehmut.
»Sie haben die Zuschüsse gekürzt. Sie schließen das Bad.«

»Was?«

Dann kam die Geschichte heraus. Sogar schon lange bevor ich
mich zu ihnen gesellt hatte, hatte das eine ständige Gefahr
dargestellt. Jahr für Jahr waren die Senioren ins Rathaus gegangen, um über ihr Bad zu verhandeln. Das Schwimmbad war zum
Zentrum ihres Lebens geworden, ihr Versammlungsort und der
Hauptgrund dafür, daß sie sich körperlich wohl fühlten. Die
meisten dieser Treffen im Rathaus zogen sich die ganze Nacht hin
und so wechselten die Senioren einander damit ab, sich um die
laufenden Angelegenheiten zu kümmern, während die anderen
in ihren Sesseln schliefen.

Und nach all dieser Mühe war es vorbei. Die Entscheidung war
gefallen. Nach drei Jahren Kampf sollte das Schwimmbad geschlossen werden. Alma weinte leise vor sich hin. Sie war am
gefühlsbetontesten, war sie doch oft diejenige gewesen, die den
Kampf wider die Bürokratie angeführt hatte. So viele Nächte,
Jahr für Jahr, alles umsonst!

Aber was konnte man schon tun?

Es war kurz nach Reagans Wahl zum Präsidenten. Viele dieser
Senioren hatten ihn gewählt, im Glauben er sei »seniorenidentifi-

ziert«. Ich erklärte ihnen, er sei »schauspieleridentifiziert«, sogar »leitfiguridentifiziert«. Aber nein, sie bestanden darauf, der Mann sei alt, so wie sie. Ihm mußte diese Tatsache doch aufgefallen sein. Aber das erste, was nach seiner Wahl geschah, war, daß die Zuschüsse für das Bad gestrichen wurden.

Weil ich eine Hexe bin, hatte ich das Gefühl, es sei an mir, einen Plan aus dem Ärmel zu zaubern. Außerdem wollte ich mich für die Aufnahme in den Kreis ihrer gesegneten Familie revanchieren; für mich waren sie eine erweiterte Familie, wo ich Zugang zu neunundzwanzig Mutterfiguren hatte. So oft hatten sie mir in bezug auf mein Leben Rat erteilt. So oft schon hatten sie mir Mut gemacht, indem sie sagten: »Du wirst sehen, morgen sieht alles schon ganz anders aus!«

Ich betete zum alten, knorrigen Myrrhenbaum, der gegenüber von unserem Bad stand. Ich hielt seine Äste, blickte zur Vollmondin hinauf und bat sie, uns zu helfen, daß wir das Bad behalten könnten. Und dann kam mir ein Plan in den Sinn, kristallklar und ausgefeilt. Es würde klappen, vorausgesetzt, die Senioren würden selbst geschickt mitspielen. Diesmal mußten sie radikal sein.

»Wir werden eine Pressekonferenz einberufen!« verkündete ich.

Die Senioren in den nassen Badeanzügen am Beckenrand blinzelten nicht einmal. Ich konnte spüren, daß sie für alle Möglichkeiten offen waren. Es ging ihnen mies, sie wußten, daß sie ihr Bad verlieren sollten und sie fühlten sich betrogen – und waren zornig.

Saunders, der Leibwächter gewesen war, wollte Näheres wissen. Wo sollte die Pressekonferenz stattfinden?

»Hier im Bad«, sagte ich. »Ich werde die Presse verständigen und ihr mitteilen, daß das die letzten Bahnen sind, die hier geschwommen werden.«

»Niemand wird kommen!« warf die zweiundsiebzigjährige Jennifer ein. »Wer will schon mit einem Haufen alter Vögel auf einer Pressekonferenz reden?«

»Schon möglich«, stimmte ich ihr zu. »Aber denkt daran – ihr seid nicht irgendwelche Senioren – ihr seid Senioren, die hier jeden Tag schwimmen gehen, und die ihr ganzes Leben lang hier schwimmen waren, seit ihr Kinder wart und euch das Bad 1920 gewidmet wurde.«

»Naja, das stimmt schon«, unterstützte Logan mich, der Feuerwehrmann gewesen war.

»Gerade zur Zeit streift Maggie Kuhn, die Graue Pantherin, in unserer Gegend umher, und in Washington D. C. wird die erste Konferenz über das Altern abgehalten. Ich werde versuchen diese Enden miteinander zu verknüpfen«, sagte ich.

Es begann einleuchtender für sie zu klingen, als ich es erklärte. Nach und nach gewannen sie Zuversicht. Sie begannen es miteinander zu besprechen, um sicherzugehen, daß wirklich jeder dieses große Unterfangen verstünde. Keiner von ihnen hatte je zuvor eine Pressekonferenz besucht, geschweige denn daran teilgenommen.

Was ich von ihnen brauchte, war genau das, was sie immer schon von sich aus getan hatten. Es war Brauch, daß die Senioren kleine Leckerbissen ins Bad als Imbiß für nachher mitbrachten. Das war nur noch ein Grund mehr, warum ich es liebte, zu dieser Gruppe zu gehören – sie behandelten einander wie eine Familie. Jennifer machte ihre berühmten Zitronenschnitten, die einfach eine Wonne für den Gaumen waren. Logan machte ein ausgezeichnetes Ingwerbrot. Saunders war Fleischer und üblicherweise röstete er die Hamburger bei unseren Picknicks, wendete und wendete sie immer wieder, bis sie einfach perfekt waren. Wir brauchten keine Hamburger, aber er konnte auch ganz gut Kaffee kochen. Ganz vorsichtig goß er den Gourmetkaffee durch braune Papierfilter in die bereitgestellten Tassen auf.

Alle waren so wundervoll – Alma, die Aktivistin; Kathleen, die Frau, die jeden Tag eine Meile schwamm und Olga, die aus Deutschland stammte und jedes Jahr an der Seniorinnenolympiade teilnahm und Medaillen für uns alle gewann. Unter den Männern gab es den feschen Hugh; Bob, der wie ein Wal schwamm und bei jedem Atemzug Wasser sprühte; und den alten Arzt Herbert, der mit einem Schnorchel schwamm. (Ich hegte immer den Verdacht, daß er den Damen unter Wasser gerne zwischen die Beine guckte, der alte Schlawiner!)

Und das war mein Plan: Ich würde den Presseleuten von

Großmutters Plätzchen und Großvaters Ingwerbrot und Kaffee erzählen. Dank meiner Erfahrung als PR-Frau habe ich herausgefunden, daß die Presse einer guten Auswahl von Naschwerk und Leckereien nicht widerstehen kann.

Aber ich wollte von den Senioren auch, daß sie etwas Radikales täten.

»Ich brauche ein Protestschild – irgend etwas auf einem großen Blatt Papier. Darauf sollte stehen: ›Senioren, schlagt zurück!‹«

Im Becken waren sie mit einer angeregten Diskussion darüber beschäftigt und planschten mit ihren Beinen, während sie sich darüber unterhielten, wie sie ein so großes Poster machen könnten. Das mit dem »Senioren, schlagt zurück!« – der radikale Teil – kümmerte sie überhaupt nicht. Niemals hatten sie in ihrem Leben je gegen etwas protestiert. Dies war die Generation des Schweigens, die gehorsame Generation – und nun die beraubte Generation.

Ich ging nach Hause und kramte meine alten Radio- und TV-Listen hervor und rief bei den Medien an, betonte dabei immer wieder, daß die Senioren schwimmen müßten, um zu überleben, und daß dies die allerletzten Bahnen wären, außer wir erregten genügend öffentliche Aufmerksamkeit. Ich erinnerte die Presseleute daran, daß sie nur allzu bald auch zu Senioren würden und fügte umgarnend hinzu, daß die Senioren mit ihren ganzen Back- und Kochkünsten alle Mühen auf sich nehmen würden, damit sich das pure Schlaraffenland vor der Presse auftue – unvorstellbar wohlschmeckende Leckerbissen für Erwachsene ohne Großmütter und Großväter, die für sie backen könnten.

Mehr wie jeder andere Hebel wirkte, denke ich, der »süße«.

Als ich mich dem Bad am Morgen unserer Pressekonferenz näherte, konnte ich schon das köstliche Aroma von Kaffee, der sich harmonisch mit Kuchenduft verbindet, erschnuppern. Und da, am Zaun, wo sonst nur die Uhr zum Zeitnehmen bei unseren Längen hing, hing ein riesiges Blatt Papier, auf dem in Almas Handschrift stand: »Senioren, schlagt zurück!« Es sah toll aus.

Als ich das Bad betrat, waren alle Senioren im Wasser, aber ich konnte mit Sicherheit behaupten, daß die Frauen ihre besseren Badeanzüge angezogen hatten und alle ihr bestes Benehmen hervorkehrten. Sogar Sophie, die Wilde, die bescheidene vierundsechzig Lenze zählte, nahm Abstand davon, ihre traditionellen Bauchplatscher vom Sprungbrett zum besten zu geben, die immer allgemeinen Ärger erregen, weil sie so spritzte und so viele Wellen verursachte, um dann einfach zum Beckengrund zu sinken wie ein Stein. Es war nervenaufreibend.

Dann begann die Presse einzutrudeln. Sie kamen mit Lastwagen voller Equipment. Wie hungrige Kinder fielen sie auf der Party ein. Sie knabberten und machten Interviews. Sie bewunderten die Senioren in ihren feschen Badeanzügen, wie sie schwammen oder Wasser traten.

Ich hörte sie den Satz: »Wir schwimmen um unser Leben!« wiederholen, was auch stimmte – sie hatten es nur niemals zuvor erwähnt. Ich konnte Logan hören (er war siebzig), wie er ein Interview gab. Jennifer auch. Hugh, unser bestaussehender Mann, gab seine Ansichten zum Schwimmen und zu seiner Gesundheit zum besten und dann sprach Sophie mit der Presse – ihre Belohnung für die unterlassenen Bauchplätscher.

Dann kam noch mehr Presse – und noch mehr Interviews. Wir enthüllten sogar noch mehr von den köstlichen Kuchen und Keksen, und Saunders holte eine zweite Kanne Kaffee aus dem Büro. Es gab ein zufriedenes Gemurmel zu der ganzen Angelegenheit, alle fühlten sich wohl, die Reporter, gebückt am Beckenrand, die Senioren, die voll Gelassenheit die Fluten teilten, bescheiden und unberührt von dem ganzen Rummel. Die Filmkameras nahmen Jennifer auf, die stolz mit ihrem nagelneuen Nasenclip dahinschwamm. Einmal kam Sophie dem Sprungbrett gefährlich nahe, aber Alma erwischte ihre Beine und hielt sie lange genug fest, um sie an ihr Versprechen zu erinnern – und ganz scheu glitt Sophie wieder ins Wasser zurück und begann gelassen weiterzuschwimmen.

Der beste Teil kam noch. Wir gingen alle nach Hause und trafen uns abends wieder, um uns gemeinsam die Nachrichten anzusehen. Den Senioren, die um ihr Bad kämpften, widmete man fast ganze fünf Minuten – bei lokalen und sogar bei landesweiten Nachrichtensendern. Wir waren auf jedem Kanal. Die Senioren, die im blauen kalifornischen Wasser schwimmen – das waren

Nachrichten! Ich war ekstatisch und dankte der Göttin für unser Glück.

In unserem Rathaus hingegen war man keineswegs amüsiert. Es gab eine kleine Explosion und irgend jemand mußte wohl ordentlich auf den Tisch gehauen haben, denn am nächsten Morgen warteten einige offiziell aussehende Männer beim Bad auf uns – mit einem Lächeln auf ihren Gesichtern. Sie wollten ein weiteres Treffen. Plötzlich gab es doch einen Weg, das Bad zu retten. Sie wollten noch eine Pressekonferenz.

Aber eine Information, die bereits ins öffentliche Bewußtsein gedrungen ist, kann nie mehr widerrufen werden. Saunders hatte einen ausgezeichneten Eindruck gemacht. Er sah traurig und doch würdevoll drein. Sein Bericht war zögernd erfolgt, die Worte von einem, der es nicht gewohnt ist, sich zu beklagen. Da war er, ein großgewachsener, gebräunter alter Mann, durch die grausame Behandlung der Machthaber an die Grenze zur Rebellion getrieben.

Nun kamen diese Machthaber zum Bad, beschämt.

Logan brachte die Tatsache zur Sprache, daß er einen Senioren zum Präsidenten gewählt hatte, er aber nun der Ansicht sei, das sei ein Fehler gewesen, weil dieser Senior sich gar nicht um die restlichen Senioren scherte, den Enkelkindern das Essensgeld strich und den Großvätern die Zuschüsse fürs Bad. Almas Emotionen hinterließen im Fernsehen einen bleibenden Eindruck. Wir weinten mit ihr, als sie erklärte, wie glücklich sie sich fühle, nicht jeden Tag unter Schmerzen leiden zu müssen und wie ihre Arthritis durch die regelmäßigen Übungen verschwunden sei.

Und das Essen wurde auch fotografiert – die gelben und die schokoladeüberzogenen Kekse, der Zitronenkuchen (mein liebster), die Früchte und die Tees. Wie konnte jemand so gemein sein zu einem Haufen so netter Leute, die noch dazu so ausgezeichnete Leckerbissen machten, also wirklich! Das war einfach nicht amerikanisch.

Die Machthaber legten einen neuen Plan vor. Sie schlugen vor, wir sollten zehntausend Dollar auf einem Konto deponieren, damit wir, wenn ihre Zuschüsse nicht mehr ausreichen sollten, das Bad offenhalten könnten, indem wir die Differenz drauflegten.

Nun, durch den Verkauf von Bäckereien und mit etlichen Garagenflohmärkten kratzten wir das Geld zusammen und wir lassen es in der Bank liegen − nur für den Fall des Falles. Die Zinsen »verprassen« wir bei Ausflügen aufs Land mit einem gemieteten Autobus. Wir halten auch gemeinsame Essen ab, mit denen wir unseren Aktivismus feiern − eine Erinnerung, die jetzt zehn Jahre alt ist, aber ein stolzes Erbe darstellt.

Das Bad wurde gerettet, obwohl die Ratsherren den Senioren erst dann Ehrerbietung erwiesen hatten, als diese sie im Fernsehen bekämpften. Es erinnerte mich an ein Zitat von Florence Kennedy, der berühmten Bürgerrechtsaktivistin und feministischen »Störenfriedin«: »Denke daran, wenn du irgendwas Politisches tust und es nicht im Fernsehen ist, dann ist es nicht passiert!«

Und TV-Berichterstattung kommt ohne Kuchen und Kaffee nicht zustande. Die Geschichte läßt sich wohl letztendlich immer auf die entsprechende Anzahl Kekse reduzieren.

Darin liegt irgendwo eine tiefe Weisheit begraben. Die Wahrheit kennt nur der alte, knorrige Myrrhenbaum. Und die Vollmondin.

Elfter Mondzyklus

Zeit: *Oktober – November*
Sternzeichen: *Skorpion*
Mondpflanze: *Brennessel*
Mondtier: *Schlange*

Klagemondin

Mondsicht

Ein kalter Wind bläst Wolkenschleier zwischen Erde und Vollmondin, um sie dann wieder wegzureißen. Ein Land, das von allem, was wesentlich ist, entblößt wurde, liegt enthüllt in ihrem frostigen Licht. Trockenes Gras zischt; laut rasseln die nackten Knochen der Bäume im Wind, der wieder anhebt und einen raschelnden Haufen abgefallener Blätter vor sich herbläst. Die Bären suchen sich Höhlen für den Winterschlaf; Eichhörnchen verstecken die letzten paar süßen Nüsse, die von den Bäumen gefallen sind. Durch den offenen Wald schreiten Hirsche mit verzweigtem Geweih. Dann suchen auch sie einen Unterschlupf. Nur der Wind bleibt noch, um den verschwundenen Sommer unter der Klagemondin zu betrauern.

Die Göttin spricht

Selket

Hoch ragen die Überreste der Toten in ihren stolzen Urnen auf, aber nicht alle befinden sich in Gräbern. Die Toten sind unter deinen Füßen. Sie sind überall. Du gehst auf den Knochen deiner Vorfahren, sie hören deine Schritte, sie zählen jeden Schlag deines Herzens – so wie ich auch.

Ich bin Selket, die Hüterin der Toten. Meine goldenen Flügel entfalten einen Frieden, der ewig ist. Meine ausgestreckten goldenen Hände beschützen die Träume der Träumenden. Du sahst mich in kurzen, heimlichen Momenten, als du an den Tod dachtest. Während du an einem Friedhof vorbeigingst oder jemanden, den du geliebt hattest, zu Grabe trugst, war ich da. Du sahst mich, als die Liebe in deinem Herzen starb, oder du ein Gefühl ohne jegliche Zukunft töten mußtest.

Du sahst mich, als du die Wahl treffen mußtest, Leben zu geben oder es zu versagen. Da war ich auch da.

Ich bin immer da hinter meinem Schleier, in meiner vollen Macht, teile meinen Segen aus oder meinen tödlichen Streich. Ich bin die Kraft, die das Leben welken läßt, nicht schnell und gnädig, sondern langsam und schmerzlich. Ich entziehe den Lebenden die Lebenskraft, wenn sie mich erzürnen. Ich durchschreite den Schleier und nehme mir, was mein ist.

Ich fordere Achtung für die Toten. Ich verlange, daß die Namen der Toten erinnert und gepriesen werden. Ich verschaffe den Toten das Recht auf Denkmäler und Andachten.

Ich hütete das Grab des jungen Tutenchamun. Ich versteckte das königliche Grab vor Räubern und Wissenschaftlern, was fast dasselbe ist. Jahrhundertelang wirkte ich meine Magie, bis ich es nicht mehr länger vermochte und dann verfluchte ich die, die den Frieden störten, ich vernichtete die Schürfer, schlug die, die die Expedition unterstützt hatten, über einen halben Kontinent hinweg mit Krankheit. All das vollbrachte Selket.

Ich bin die Skorpiongöttin. Ich trage den Skorpion in meiner Krone und ich befehlige die Skorpione in der Wüste. Sie sind meine Haustiere. Grimmige Krieger, tödliche Gegner, sonnendurchtränkte Kreaturen – sie sind ich.

Wenn du stirbst, wirst du mich sehen.

Ich bin die goldene, ausgestreckte Hand, die dir einen Führer senden wird, den du erkennen kannst. Dieser wird dich zu meinen Kammern geleiten und dich in feine seidene Roben aus purem Weiß hüllen, der Farbe der Toten. Ich bin es, die deinen Namen auf die Liste derer setzen wird, die geschützt werden sollen, die dich fragt, was du brauchst und dann deine Bande zur Welt der Lebenden durchtrennt.

Bist du in meinem Reich, wird nichts mehr dich schmerzen. Nicht die Geliebten, die dich verließen, oder die Geliebten, die niemals kamen, die Ehemänner, die dich schlugen oder nie für dich da waren. Die undankbaren Kinder, die dich ausnutzten oder sich verirrten, sogar dein eigenes Übel, die Schuld und der Schmerz – nichts davon wird dir je wieder weh tun.

Deine Armut, deine Unwissenheit, deine Sklaverei und deine Leiden – nichts soll von ihnen übrig bleiben. Ich lösche alle Erinnerungen aus. Du wirst du selbst sein – rein und erneuert. Ich ermögliche dir, deine Stärke zurückzugewinnen, dein Selbstwertgefühl, deine Selbstliebe. Nie gekannten Frieden wirst du in meiner Skorpionzuneigung finden, Möglichkeiten, von denen du nicht einmal zu träumen gewagt hättest, Möglichkeiten zur Wiedergeburt und zur Reinkarnation.

Auch dies bin ich. Ich bin das Tor des Lebens und des Todes. Du wirst mir sagen, wie lange du im Schutz meiner Schwingen verweilen willst, wie lange du meinen ewigen Frieden zu genießen wünschst, ohne die Schmerzen des Lebens. Du wirst mir sagen, wie lange du bedingungslos geliebt werden willst.

Wenn du sagst, daß du bereit bist zurückzukehren, bin ich diejenige, die die Tore weit öffnen wird.

Auf dem Rücken der Nordwinde werde ich dich in die Welt entlassen. Sie werden dich zu deiner Bestimmung außerhalb meines Reiches führen, wo ich nicht mehr Königin bin. Dort wirst du mich nicht mehr sehen oder fühlen, denn ich werde jegliche deiner Erinnerungen an mich streichen. Du wirst den Frieden und die Seligkeit, die ich dir gegeben habe, vergessen, damit du dich nicht mehr danach sehnst, bei mir zu sein.

Wenn ich dich zum Lebewohl küsse, wirst du beginnen, mich zu fürchten, du wirst dich nur dunkel daran erinnern, daß ich jemals existiert habe, ich, Selket, die Skorpiongöttin unter deinen Füßen, immer in deiner Zukunft, niemals in deinem Herzen.

Botschaft im Skorpion

Dieser Mondumlauf bringt uns den Tod und die Wiedergeburt nahe. Jetzt ist die Zeit gekommen, in sich zu gehen, unsere Sterblichkeit zu bedenken, wie wir unser Leben bisher verbracht haben und wie wir unsere Gewohnheiten zum Besseren hin verändern wollen, damit wir unsern Lebenstraum verwirklichen können.

Dies ist eine Zeit tiefer Sexualität und Intimität, die besten Mittel gegen den Tod. Wir bleiben mehr im Haus, feiern mit Familie und Freundinnen, wir kochen und nähren, wir verspüren das Bedürfnis nach Nähe. Diese Jahreszeit ist auch an Träumen reich und an jeglicher Art von Weissagung. Laß dir Karten legen, suche mit Freundinnen eine Wahrsagerin auf. Im mittelalterlichen Europa sahen die Bauern ihre Herden durch und schlachteten die Tiere, bei denen sie es sich nicht leisten konnten, sie den ganzen Winter durchzufüttern. Das Fleisch wurde geräuchert, zu Wurst verarbeitet oder eingefroren. Nun ist es Zeit, den heilsamen Knoblauch zu pflanzen, vitaminreichen Lauch und alles Gemüse, von dem die Blätter genommen werden. Spritze die Pflanzen ab, säe Hopfen, Mohn und Melonen, ziehe Früchte mit spitzen Formen, beispielsweise Birnen. Aber pflanze keine Kartoffeln und schneide kein Holz oder Heu. Wasche deine Haare, schneide die Zehennägel, damit sie nicht so schnell wachsen, aber ziehe nichts Frisches an.

Mondgezeiten

Mut

Um uns zu helfen, dem Tod ins Angesicht zu schauen, haben wir eine Eigenschaft mitbekommen, die uns hilft, harte Zeiten zu überstehen. Sie ist wertvoller als Gold. Es ist der Mut. Wie oft hast du Mut gefaßt, obwohl du schon dachtest, in deinem Herzen gäbe es keinen mehr? Wie oft hast du um Mut gefleht, wenn du ihn gebraucht und daran gezweifelt hast, ob du ihn aufbringen könntest?

Mut ist die Gesundheit der Seele. Ohne ihn würde Geschichte nicht stattfinden. Ohne Mut würde nie jemand heiraten, ein Buch schreiben oder einen Preis gewinnen. Mut ist ein essentielles Gefühl, das adelt und heilt. Mut kann jeglichen Selbstzweifel heilen, er kann Haß auf sich selbst heilen, er kann Angst heilen.

Es ist besonders während dieses Mondumlaufs eine gute Idee, mehr Mut in dein Leben zu rufen.

Mondzauber

Für Mut

Bilde einen Kreis aus goldenen Kerzen und nimm so viele, wie dir angemessen erscheinen. Fünf ist die traditionelle Zahl, sieben jedoch ist die Zahl des lunaren Glücks und neun wiederum ist die Zahl der Musen – wähle also.

Stelle in die Mitte des Kreises dein eigenes Foto oder eine Voodoopuppe, die dich darstellt, oder ziehe auf dem Boden einen Kreis, in dessen Mitte du dich für dieses Ritual stellst. Entzünde Salbei oder Artemisia und laß die Kräuter brennen, bis der Raum vom heiligen Rauch erfüllt ist. Strecke die Arme zur Neumondin oder zur Vollmondin aus und bete in folgender Weise:

Ich beschwöre dich, Mutter der Dunkelheit!
Ich beschwöre dich, Mutter der Nacht!
Deine Engel der Inspiration laß mein Herz öffnen,
deine Engel des Mutes laß hineinfliegen.
Eine goldene Wiege werde ich machen,
für meinen Mut ein Plätzchen.
Ein goldenes Feuer werde ich machen,
meinen Mut darin zu wärmen.
In deinen Schoß werde ich meine Hände legen,
daß du sie segnest und gebrauchst.
In deinen Schoß werde ich mein Herz legen,
daß du es liebkosen magst mit deinen segnenden Händen.
Daß es zu vollem Mut erwachse in deinem Gebrauch,
daß hoher Zweck in meinem Herzen wohne.
Inanna, Herrin des Abendsterns,
Inanna, Herrin des Morgensterns,
erforsche meine Worte.
Möge Mut in meiner Seele weilen,
so wie du in den Großen Höhen geweilt hast.
Möge Mut in meiner Seele weilen,
so wie du in der Großen Tiefe geweilt hast.
Möge Mut in meinem Herzen und meinem Schicksal sein.
Laß es so sein.
Laß es so sein.
Laß es so sein.

Mache jetzt einen Schritt aus deinem Kreis heraus oder tritt von deinem Altar zurück, lösche die Kerzen mit angefeuchteten Fingerspitzen. Blase die Kerzen nicht aus. Wiederhole das Ritual an drei oder sieben oder neun einander folgenden Nächten – das liegt bei dir.

Mondgezeiten

Hingabe

Ich liebe dieses Gefühl. In anderen suche ich es, ich gebe es anderen.

Hingabe ist eine tiefe, versengende Leidenschaft auf Sparflamme. Sie ist stetig, sie ist selbstlos, sie befriedigt. Sie kann sexuell sein oder auch nicht. Sie ist zugleich auch unpersönlich. Über Hingabe an Gott hören wir eine Menge. Es ist wie in einem dauernden Zustand des Gebets zu sein, mit jedem Gedanken, jeder Tat, mit jedem Wunsch. Ja – sie grenzt an Besessenheit. Aber während eine Besessenheit schwer und dramatisch und oft dunkel ist, ist Hingabe leichtherzig, freiheitsliebend und großzügig.

Hingabe besitze ich an meine besten Freundinnen, die mich etwas über die Welt und mich selbst gelehrt haben. Diese wertvollen Schätze behandle ich mit Hingabe.

Ich besitze Hingabe an meine Göttinnenarbeit. Immer noch arbeite ich achtzig Prozent meiner Zeit ohne Lohn. Immer noch verschenke ich viel von mir für einen guten Zweck und die Erde. Das sind Werke der Hingabe zum Wohle aller. Dabei kann man auch den Wert und die taoistische Qualität dieses Gefühls spüren. An eine Sache hingegeben zu sein gibt dir Energie. Es erhöht deine Selbstachtung. Wenn du es übertreibst, kann es dich jedoch auch zornig und ausgebrannt werden lassen. Doch ohne Hingabe gibt es kein Gebet, weil ein echtes Gebet reines Tun ist; alle Energien sind eins.

Es ist eine große Versuchung, sich einem Mann oder einer Frau hinzugeben, nicht wahr? Aber sei mit persönlicher Hingabe vorsichtig. Es könnte dich davon abhalten, dich auf dich selbst zu beziehen. Wenn ihr einander hingegeben seid, so denkt immer daran, die Engel zwischen euch tanzen zu lassen.

Mondzauber

Um Hingabe zu steigern

Entzünde eine weiße Kerze, auf die du dreimal deinen Namen geschrieben hast. Stelle ein Bild oder Abbild der Göttin auf deinen Altar. Auch eine einzelne Rose wäre schön. Entzünde einige »Vertivert«-Kräuter und inhaliere den Rauch. Du wirst den erdigen, kräftigen Geruch köstlich finden. Sprich:

> *Meine Herrin blickt in süßem Staunen vom Himmel.*
> *Meine Herrin der Mondin ist strahlend.*
> *Dem Dienst gebe ich mich hin und der Verkündigung*
> *der Herrin des Abendsterns.*
> *Sie, die alle Lebewesen hütet*
> *und sie zu ihren Schlafstätten eilen läßt.*
> *Die Himmelskönigin ist sie, die Feenkönigin.*
> *Sie werde ich sein und sie wird ich sein.*

Dieser Mondzauber soll jeden Freitag wiederholt werden.

Mondfeste

Fest des Osiris
Choiac-Mondin – Ägypten

Osiris war ein Gott der Pflanzen und der Herr der Unterwelt, den man als die nächtliche Gestalt der Sonne oder als Mond ansah, dessen Phasen seinen Tod und seine Wiederauferstehung symbolisierten. Während des Monats Choiac, wenn die Nilfluten zurückwichen, gedachten die Ägypter seines Todes und seiner Wiederauferstehung mit verschiedenen Gebräuchen und Feiern. Der dramatisierte Mythos des Gottes beinhaltete auch einen rituellen Kampf, in dem Osiris von seinem Bruder Seth getötet und zerstückelt wurde. Die Menschen begleiteten die trauernde

Isis auf ihrer Suche nach den verlorengegangenen Körperteilen und folgten ihr in leidenschaftlicher Trauer zum Tempel. Durch die Magie der Isis und ihrer Schwester Nephthys zu neuem Leben erweckt, triumphierte Osiris über den Tod – wie das sprießende Korn. Sein Sohn Horus (Isis hatte ihn auf magische Weise empfangen) besiegte Seth daraufhin in einem weiteren rituellen Kampf.

Einer der Bräuche bestand darin, in Blumentöpfen Gerste zu pflanzen und sie mit Nilwasser zu gießen, bis sie zu treiben begann. Man ließ Osirisbildnisse und Gerste gemeinsam mit Darstellungen anderer Götter und dreihundertfünfundsechzig Kerzen auf Barken den Nil hinabtreiben. Sobald die Nilfluten zurückgewichen waren, konnte die Pflanzzeit beginnen. Während dieser Zeit setzte man die Osirisbildnisse in einem mondsichelförmigen Sarg aus Maulbeerholz bei. Das Bildnis, das im Jahr zuvor begraben worden war, wurde nun in die Zweige eines Bergahorns, Hathors heiligem Baum, gehängt. In anderen Gegenden modellierte man die Körperteile des Gottes aus Teig und Körnern, goß und hegte sie einundzwanzig Tage lang; dann balsamierte man sie ein und begrub sie. Nach der Zerstückelung des Osiris landeten die verschiedenen Körperteile in zahlreichen ägyptischen Städten, deren jede ihren eigenen Kult um den Gott und ihre eigene Version für das Fest hatte. Vor allem sein Rückgrat war heilig und wurde als die Djedsäule dargestellt und bei einer großen Zeremonie aufgerichtet.

So wie im Hinduismus ist bei der Verheiratung von Isis und Osiris das Männliche die passive und das Weibliche die aktive Kraft, die auf die Welt einwirken. Unter der Erde regiert Osiris im dunklen Schoß, in dem der Same begraben liegt. Die Magie der Isis erweckt seinen Körper genügend zum Leben, so daß sie durch ihn empfangen kann. Er wurde dann zum Herrn über die Toten, während sie seinen Sohn gebar. Danach blieb er in der Unterwelt, während sein Sohn Horus über das Tageslicht gebot; Isis aber regierte sowohl im Reich der Lebenden als auch der Toten als Königin. Dieser ist einer der zahlreichen Mythen, die den Gedanken widerspiegeln, daß der Gott stirbt und wiedergeboren wird, die Göttin aber viele Aspekte besitzt und ewig ist.

Oschophoria-Fest
Pyanepsion-Vollmondin – Antikes Griechenland

Es war das Fest der Herbsttraubenlese. Zwanzig Jugendliche rannten mit reifen Trauben vom Tempel des Dionysos bis zum Heiligtum der Athene Sciras in Phaleron. Der Sieger erhielt einen Trunk Wein, Käse, Mehl und Honig und einen Ehrenplatz in der darauffolgenden Prozession. Der Festzug, der von zwei Jugendlichen in Frauenkleidern angeführt wurde (ursprünglich von Priesterinnen, aber vielleicht handelte es sich auch um eine Anerkennung des transsexuellen Aspektes von Dionysos), denen ein Chor folgte, bewegte sich vom Tempel der Athene zurück zum Tempel des Dionysos. Anschließend gab es ein Festbankett.

Martini (Tag des hl. Martin)
11. November, zunehmende Mondin – Europa

Die ältesten irischen Aufzeichnungen beschreiben die festliche Schlachtung eines Schweins an diesem Tag. Da das Schwein sowohl den mediterranen als auch den nordischen Erdgöttinnen heilig war, wird vermutet, daß es sich ursprünglich um ein Fest zu Ehren der Erdgöttin als Totengöttin handelte. Es war einer der Festtage, an denen keine Arbeit getan werden durfte, bei der sich ein Rad drehte, beispielsweise Spinnen oder Kornmahlen; auch pflügten die Bauern nicht, vielleicht um zu vermeiden, den sich drehenden Jahreskreis und den Jahreswechsel zu stören.

Der Tradition nach sollte an diesem Tag Blut vergossen werden. Später opferte man eine Kuh, ein Schaf oder eine Gans, einen Truthahn oder auch ein Huhn und man bespritzte die Hausschwelle und die vier Ecken des Hauses mit dem Blut, um im kommenden Jahr die bösen Geister fernzuhalten. Die Reichen waren dafür verantwortlich, das Festmahl mit den Armen zu teilen.

Es ist wichtig, sich daran zu erinnern, daß alle fleischverzehrenden Kulturen der alten Welt das natürliche Blutvergießen, das mit der Schlachtung von Tieren verbunden war, spiritualisierten, indem sie in regelmäßigen Abständen den Göttern wilde Tiere als Opfergabe darboten. Üblicherweise gab man einen Teil des Tieres der Erde, und den Rest teilte die Gemeinschaft. In manchen

Gegenden war es die einzige Zeit überhaupt, in der die meisten Menschen zu tierischem Eiweiß kamen. Wir, die wir unser Fleisch plastikverpackt, auf Styropor gebettet im Supermarkt kaufen und niemals dem Geschöpf danken, das sein Leben gab, um uns zu ernähren, oder die wir kein Fleisch essen, aber Produkte benutzen, die die Umwelt zerstören, in der andere Lebewesen leben – wir haben kein Recht, die Nase über Kulturen zu rümpfen, die ehrfürchtige Blutopfer darbringen.

Frauen haben allerdings eine Quelle des Blutopfers, die keinem Leid zufügt. Führe das folgende Ritual während deiner Menstruation in dieser Mondzeit durch, um das Herbstopfer zu vollziehen. Reinige dein Haus und räume oder gib Sachen, die du im kommenden Winter nicht brauchst, weg. Bade dich dann und entzünde ein herbes, reinigendes Räucherwerk, beispielsweise Salbei, und eine rote Kerze. Sammle ein bißchen von deinem Menstruationsblut in einer Schale oder in einem Schwämmchen. Gib das Blut auf deinen Altar und sprich:

Herrin über Leben und Tod –
wie das Jahr sich vom Sommer zum Winter wandelt,
wie die Mondin sich von neu zu dunkel wandelt,
nimmt auch mein Schoß zu und ab.
Nimm dies Blut meiner ungebrauchten Fruchtbarkeit,
Blut, das im Wandel der Mondin fließt,
freiwillig gegeben als Opfer an,
so wie meinen Körper und Geist, wenn die Zeit gekommen ist.
So wie mein Schoß mit jeder Mondin erneuert wird,
laß meinen Geist zur rechten Zeit wiedergeboren sein.

Verbringe einige Momente in der Meditation über die dunkle Göttin und spüre ihre Liebe zu dir. Dann nimm dein Blut und markiere die vier Ecken deines Hauses und die Türschwelle (wenn du genügend Blut dazu hast, zeichne das dreieckige Yonisymbol der Göttin). Sprich: »Das Opfer ist vollbracht, der Preis bezahlt. Blut der Erde und der Mondin – schütze dieses Haus!«

Vielleicht magst du bei diesem Fest auch dein Lieblingsfleischgericht, Nüsse und andere herbstliche Spezialitäten mit deinen

Freundinnen teilen. Danke dem Tier auf jeden Fall dafür, daß es dich ernährt. Bringe danach Lebensmittel in ein Obdachlosenasyl als Geschenk.

Fest der neun Lotosblüten
Neunzehnter Tag der elften Mondin
Abnehmende Mondin – China

Dies war ein Fest der Kuan-yin, der Dame der neun Lotosblüten – die neun Reiche der buddhistischen Philosophie. Der neunzehnte Tag der Mondin (etwa auf halbem Weg zwischen voll und dreiviertel) ist immer der Kuan-yin gewidmet. Auch die persische Göttin Anahita wurde am neunzehnten Tag der Mondin verehrt. Die »Merry Maidens« (»Fröhliche Jungfrauen«) und etliche andere megalithische Steinkreise in Großbritannien bestehen aus neunzehn Steinen, und nach einer anderen Version hüteten neunzehn Nonnen oder Priesterinnen der Brigid ihr heiliges Feuer. Eine Theorie besagt auch, daß sich diese Zahl auf einen neunzehnjährigen Zyklus der auf- und absteigenden Positionen der Mondin bezieht.

Mondgeschichte

*Requiem für Masika**

18. April 1979

An diesem Tag überfiel mich eine freischwebende Angst. Emsig, emsig versuchte ich die fast unerträgliche Spannung abfließen zu lassen, eine Spannung der Art, wie ich sie vor meiner Menstruation spürte, aber die war gerade vorbei. Was war los? Sollte ich mich in Bewegung halten oder...? Nichts, was ich tat, reichte. Trägheit gähnte mich an und ich schlug zurück. Das einzige, was ich tun konnte, war, mich weiterhin dreizehnmal schneller als die anderen zu bewegen.

Ich machte mir um Masika, meine Mutter, Sorgen. Seit mein Vater gestorben war, hing dieses Damoklesschwert, daß sie die Nächste sein würde, über mir. Aber mit dreiundsechzig? »Nein, du wirst weiterleben, nicht wahr?« dachte ich. »Ewig? Laß den alten Mann für sich alleine gehen.« Sie hatte um ihn keine Träne geweint, hatte sie gesagt. Ich auch nicht. Aber danach rief sie immer dringlicher nach mir. Sie fürchtete sich vor dem Winter. »Letzte Nacht haben die Winde das Haus durchgeschüttelt«, schrieb sie, »wie Hunde haben sie ums Haus geheult.« Und noch andere Dinge geschahen.

---

* Erschienen in »Womanspirit«, Frühjahr 1979

Eines Tages saßen sie und ihr dritter Mann in ihrem Atelier und *Krach*, ein gigantischer Lärm erschütterte das Haus. Masika dachte, all ihre Keramiken und Gläser seien zerbrochen. Aber alles war heil geblieben. Kama, ihr Mann, hatte es auch gehört. Als das bei einer anderen Gelegenheit noch einmal geschah, schrieb sie mir darüber.

»Sind die Tore zwischen Leben und Tod geöffnet worden? War dieser Krach der Ton zwischen den Welten?«

Den ganzen Tag über ließ ich meine Widderkräfte spielen, erledigte Telefonate, schrieb, wusch die Wäsche und machte meine Tempelübungen; ich schwamm ungefähr fünfunddreißig Bahnen. Das beruhigte mich. An diesem Abend sollte ich zu einem Treffen der feministischen Wiccaschwestern gehen. Ich holte meine Geliebte ab und fuhr den Laurel Canyon hinauf auf der Suche nach dem Haus. Wir fanden es nicht. Als wir das Tal wieder hinunterfuhren, begann ich zu zittern, als hätte ich mich erkältet, mit einer tiefen, inneren Kälte, die sich durch nichts erwärmen ließ.

19. April

In Budapest erwachte Masika erfrischt. Es war Frühling und sie liebte ihren wilden Garten. Da wuchs alles: Akazien und Dahlien, Petersilie und Schwarzwurz und scharlachroter Mohn. Mohnblumen liebte sie in allen Farben.

Während der Nacht fühlte auch ich mich gut und erwachte erfrischt. Aber sobald ich aufgestanden war, verließ mich all meine Energie. »Ich muß das Haus putzen«, dachte ich, aber es wurde plötzlich zu einer nicht zu bewältigenden Aufgabe, den Staubsauger umherzuschieben. Wenn eine Hexe müde ist, dann legt sie sich wieder ins Bett. Ich schlief tief.

Masika sagte Kama und Imre, ihrem Sohn, auf Wiedersehen; der eine ging zur Arbeit, der andere zur Schule. Kama erinnerte sie daran, daß ihr Frühstück auf dem Herd bereitstand. Er machte ihr immer das Frühstück, bevor er das Haus verließ.

Kurz bevor er ging, rief sie den Anwalt an, einen alten Freund, um ihr Testament zu ändern. Sie wollte, daß ihre Tochter auch bedacht würde. Irgendwie dachte sie wohl, ich würde eines Tages zurückkehren und in dem Haus, das sie gebaut hatte, wohnen wollen. Der Anwalt sollte am nächsten Tag vorbeikommen. Einstweilen fixierte sie Kama mit ihren blauen Augen, die voll Kraft waren und sagte: »Vergiß nicht, ich habe zwei Kinder, nicht nur eines. Wenn ich nicht mehr bin, sieh auf jeden Fall zu, daß Zsuzsika in meinem Testament bedacht ist.«

Sie wußte – ihre Zeit war kurz. Masika hinterließ ihre gesamte Kunstsammlung dem nach ihr benannten Museum in Celdömölk, einem aufblühenden kleinen Dorf mit Feldern, frischer Luft und Kunstliebhabern. Ihr Haus jedoch, ihren einzigen Trost und Stolz, hinterließ sie ihrer unmittelbaren Familie – Kama, Imre und mir.

Langsam aß sie ihr Frühstück und sah zum Fenster hinaus. Sie zog es vor, hinauszublicken, denn in letzter Zeit begann sie im Studio umherschwebende Gesichter zu sehen, manche freundlich, manche voll Neugier, manche einfach passiv. »Ich kann nun durch den Schleier hindurchsehen«, schrieb sie. »Es ist so seltsam, wie die Warnungen kommen.«

Gleich nach dem Frühstück hatte sie einen weiteren Herzanfall, den dreizehnten, den großen. Die zwölf davor hatte sie überstanden, ohne ihnen zu erliegen. Sie scherzte sogar darüber: »Keiner, außer dem dreizehnten, wird mich erwischen!« sagte sie. Außer dem Nachbarn, der zufällig gleich, nachdem sie ihr Frühstück erbrochen hatte, hereinkam, war niemand zu Hause. Der Nachbar half ihr die Stiegen hinauf, damit sie sich hinlegen konnte.

Der zweite Stock war ihr Tempel. Hier ruhten all die Stücke, die sie über die Jahre hinweg geschaffen hatte. Es war ein kleines Museum, das nach Ton und Farbe und Holz roch. Sie hatte immer frisch gepflückte Wildblumen mit Weidenkätzchen gemischt in taubengrauen, hüfthohen Blumenvasen stehen. Pläne hatte sie keine mehr. Im Museum für Moderne Kunst hatte sie zuletzt einen heidnischen Tempel errichtet, ihre letzte Ausstellung. Sie plante nun keine mehr. Sie hatte alles gesagt. Allem hatte sie Ausdruck verliehen. Ihre »Weiße Periode« war zugleich ihre letzte. Das wußte ich auch. Aber ich hatte gehofft, das Leben würde auch ohne Arbeit für sie anziehend sein. Dem war nicht so.

Kama wurde geholt und Imre auch. In Taxis rasten sie nach Hause. Masika lag da, den Kopf auf einer Seite. Kama zitterte vor Angst um sie. Imre weinte, während er den Arzt anrief. Er war nicht da. Der Arzt, der sie so oft dem Rachen des Todes entrissen hatte, war nicht da. Ruf weiter an! Ruf den Notarzt an!

Kama packte Mamas Sachen fürs Krankenhaus zusammen, ihre Zahnbürste, ihre Handtücher und ihre Brille. Masika hob ihren Kopf und sah sie an und sagte dann: »Ich will nicht mehr ins Krankenhaus!« Sie deutete an, daß sie sie segnen wollte. Sie knieten nieder, und Masika küßte ihre Hände und legte so ihren Kuß auf ihre Köpfe. Es war vollbracht.

Als der Arzt endlich kam, hatte ihr Geist ihren Körper bereits verlassen und schwebte im Zimmer. Imre fiel das Räucherwerk, das ich ihm geschickt hatte, ein und entzündete ein wenig davon. Kama fand weiße Kerzen; auch sie wurden entzündet. Masika, die Priesterin, die Künstlerin, die verkörperte Göttin verschmolz mit der Großen Quelle, die sie so oft dargestellt hatte. Sie kannte den Weg zu Ihr. Friede lag auf ihrem Gesicht. Es würde keinen Winter mehr geben. Nur tiefen Frieden.

Ich erwachte schweißgebadet und schmerzgepeinigt vom Kopf bis zum Solarplexus. Ich versuchte aufzustehen und etwas im Haus zu tun. Was war nicht in Ordnung? »Ich muß wohl Grippe haben«, dachte ich. »O Göttin, das hat mir gerade noch gefehlt, wo so viel zu tun ist! Ich bin des Lebens müde«, sagte ich zu mir. »Ich bin es müde, weiterzumachen.« Die tiefe Depression, die mich umfing, überraschte mich. Ich kroch wieder ins Bett zurück und wünschte, meine Mutter wäre da, um mir Tee zuzubereiten und mir ein paar aufmunternde Worte zu schenken. Mutter! Ach, ich vermisse meine Mutter!

Abends erwachte ich wieder, immer noch bedrückt. Ich nahm etwas Lobelia und Cayenne zu mir. Vielleicht würde mir das auf die Beine helfen. Ich entzündete rote Kerzen − für Energie. Die Flammen meiner Kerzen schossen gewaltig hoch, brannten an der Seite herunter, bildeten eine neue Kerze, beide in hohen Flammen. Es ängstigte mich.

20. April

Ich fühlte mich wie eingewachsen. Meine Gefühle waren tief in mir eingeschlossen und nun brachte ich mich dazu, aufzustehen und meinen Verpflichtungen nachzugehen. Ich sang und putzte. Ich hatte eine Verabredung fürs Kino; vielleicht würde das ja auch helfen. Wir versäumten den Film. Sollte wohl nicht sein. Letztendlich begann meine Körpertemperatur zu steigen. Jetzt hatte ich Fieber. Nur nach Hause und Ruhe! Und da erwartete mich ein Telegramm.

»Unsere Mutter ist tot. Imre.«

Wie eine Explosion all meiner Krankheitssymptome brach die Agonie in einem ersten Aufheulen aus mir hervor. Benommen wirbelte ich umher, klammerte mich an die Wand, als wäre es meine Mutter. Ich mußte die Wand zwischen uns ersteigen! Ich wollte dich wieder berühren! Das Kind in mir lag im Sterben und mit neununddreißig war es ein schmerzvoller Durchgang. »Nie habe ich dir den Erfolg meiner Karriere zeigen können, mein neues Haus, Mutter. Ich wollte nichts lieber als dir zeigen, wie gut du mich gelehrt hast.«

Aber das wußte sie und »Erfolg« hatte sie nie von mir verlangt. Und doch schmerzte es mich, daß ich das nicht mit ihr teilen konnte, weil sie zu früh gegangen war. Masika war sterblich gewesen – und nun war sie unsterblich. Ich hätte jubeln sollen. Ich konnte es nicht. Untröstlich. In tiefer Trauer. Tagelang weinte ich ohne Unterbrechung. Jede Menge Theologie konnte meinen Schmerz auch nicht stillen. Keine der Lehren über Reinkarnation schien irgendeinen Sinn zu ergeben. Nur, daß sie zu viel gelitten hatte und sie getan hatte, was sie tun mußte.

Hexenschwestern umgaben mich mit ihren nackten Körpern, bargen mich wie in einem kollektiven Schoß. Ich weinte und weinte. Ich wußte, dieser Schmerz würde nie vergehen. Dieser Schmerz würde mein sein, bis zu unserem Wiedersehen. Aber wann? Ich wollte meine Mama!

Dann hielten wir Nachtwache, Wein, etwas Brot und Kuchen wurden gebracht und gedeckt und wir ließen uns an meinem Altar nieder, der voll im Schein der Kerzen, die ich gerade im »Wicca« gekauft hatte, erstrahlte.

Das Tarot diente uns als Sprache. Ich nahm meine Tarotkarten heraus und mischte sie über dem Telegramm, meinem letzten Bindeglied nach Hause. Die Karten fühlten sich bereit an. Beth war mit ihrer Katze, einer Siamesin, zu Besuch. Sie gesellte sich zu uns, und ihre Katze sah von außerhalb meines Zimmers zu.

Dreimal hob ich die Karten ab und die erste Karte, der Signifikator, war der Tod. Sie ist da!

Die zweite Karte waren die Drei Schwerter. Herzinfarkt.

Die dritte Karte war der Sohn der Kelche. Geliebtes Kleines! Sie haßte es, mich zurückzulassen. Für die Dauer des Kartenlegens lebten wir beide. Gesegnet sei das Tarot dafür, daß es mir Trost spendete!

Darüber, in der Position der Krönung ihres Lebens, waren die Sechs Stäbe – ein moralischer Sieg, das Erreichte, hohe Ehre. Sie war eine moderne Tempelgründerin. Ihre Wurzel war der Wagen – die Seele, die nach Höherem strebt, das Unterbewußtsein, das sie anderen Ebenen zuführte. Ihre Vergangenheit war der Hohepriester. Ja, sie hatte sich um Organisationsaufgaben gekümmert. Der letzte Wille, die Arbeiten – alle geschützt und abgeschlossen. Ihr Göttliches Selbst war die Stärke – die Kontrolle über ihr Schicksal. Sie war ihrem Tod voll Würde und nicht von Drogen niedergespritzt begegnet. Die unmittelbare Zukunft – die Sieben Schwerter. Es war noch nicht vorbei. Ihr Bewußtsein mußte nun die Bindung an die Lebenden überwinden. Ihr Haus waren die Acht Kelche – die erdgebundene Liebe zurücklassen für eine höhere Liebe, höhere Ziele. Die Karte für den Ausgang waren die Fünf Scheiben. Ach, wenn du stirbst, ist damit nicht ohnehin alles gelöst? Eine Anpassung an ihre neue Situation war erforderlich. Aber bitte, fühle dich nicht einsam! Das Endergebnis ist die Gerechtigkeit. Schwer zu schlucken, ein gerechtes Ergebnis . . . Ich will meine Mama wieder! Es hat sich entwickelt, so wie es sein sollte. Aber, o Göttin, es tut so weh!

Plötzlich begann die Katze zu miauen. Jupiter kam in den Kreis und mir fiel ein, daß Mutter Katzen liebte. Also gut, bitten wir die Katze, eine Karte zu ziehen!

»Wie verläuft dein Weg in den nächsten drei Monaten?« fragte ich. Die Katze pratzelte, als spielte sie mit einem Ball, nur war es das Stab-As aus dem Tarot. Ein neues Leben für Masika. Die Sechs Stäbe – ein moralischer Sieg und Erfolg lagen vor ihr. Die Drei Kelche – eine glückliche Angelegenheit, eine gute, göttliche Wahl, wert, gefeiert zu werden.

Dann zog Jupiter den Tod – nur für den Fall, daß ich es vergessen haben sollte. »Ja, Mutter, ich versuche mich damit abzufinden.« Der Wagen: Ihr Schicksal sollte sich erst entfalten. Dies war nur eine Episode gewesen.

Der Schmerz nahm kein Ende, aber die Schwere verließ mich in dem Moment, als ihr Körper eingeäschert wurde. Dann fühlte es sich vollständig an. Sie hatte es nach Hause geschafft.

13. Juni

Neunundvierzig Tage nach ihrem Tod versammelten wir uns, um ihre Ankunft in der geistigen Welt zu feiern. Es handelt sich um eine heidnische Sitte, die man das Fest der Parentalia nennt. Nur enge Freundinnen werden eingeladen. Der Platz meiner Mutter war am Kopf des Tisches. Es war unsere erste Parentalia. Göttin, würde sie kommen? Bis zum heutigen Tag hatte ich versucht, Masika nicht in ihrem tiefen Schlaf zu stören. Auch Kirstens Mutter Dorothy war anwesend. Sie war zufällig gerade hergeflogen, um ihre Tochter zu besuchen. Obwohl sie eine sehr konservative Dame ist, verstand sie sofort, was die Parentalia sind und bestand darauf, das gesamte Essen dafür zu kochen.

Ich erzählte Geschichten über Masika und ihre Erinnerung lebte wieder auf. In einem großen, ledernen Buch hatte ich Bilder von ihr gesammelt – von ihrer Kindheit bis zu ihrem Tod. Wir reichten es herum und schickten ihr Liebe. Bei diesem Ereignis bekamen wir kein Zeichen. Aber ich hatte das Gefühl, es war, weil Kirstens Mutter sie als die »Alte« repräsentierte und sie keine übersinnlichen Ereignisse wollte. Wir aßen und priesen sie. Es war gut so. Ich habe nun jedes Jahr die gleiche Verabredung zum Essen mit Masika.

31. Oktober, Halloween

Ich habe nur einmal von dir geträumt, seit du gestorben bist und das hat wie Medizin das ganze Jahr über gewirkt. Du bist von irgendeinem Platz tief unten die Stiegen hinaufgerannt, gehüllt in ein weiches, bodenlanges purpurnes Kleid, das du nie besessen hast, und du sahst aus wie fünfunddreißig, dein Alter, als wir noch zusammengewohnt hatten. Ich rang meine Hände, flehte dich an aufzuhören – dein Herz! Aber du hast dein ausgiebiges, freies Lachen gelacht und gesagt: »He, ich kann sogar fliegen!«

Warum kommst du nicht öfter zu mir? Auf meinem Altar liegt ein bißchen Staub von deinem Friedhof. Ich muß dich öfter sehen. Warum? Hatten wir nicht einen Vertrag, einander sogar nach dem Tod beizustehen? Brauchst du etwas von mir? Nichts?

Du hast etwas mit meinem Buch zu tun, das spüre ich. Deine Kunst ist darin enthalten. In *Herrin der Dunkelheit, Königin des Lichts* sind wir ein Team. Ich spüre deinen Schutz wie ein kugelsicheres Fenster. Irgendein Penner hat mein Auto gestohlen und ich habe dich um Hilfe gebeten, zog dein marineblaues Kleid an, das Titi mir als mein Erbteil gesandt hatte. Zwölf Stunden später wurde das Auto gefunden – unversehrt. Ich fühle deine Stimme wie einen Monolog in mir. Du läßt mich noch mehr schreiben; du sprichst mit mir. Aber der Schmerz will mich nicht verlassen. Und zum erstenmal in meinem Leben trotze ich dem Tod auf deiner Fährte. Deine Liebe zur Göttin! Bitte, hilf mir jetzt zu leben und dann, wenn meine Zeit gekommen ist, schicke mir einen sanften Tod. Ich weiß, du wirst die Kraft haben, mich durch den Schleier zu ziehen. Meine »Ghostwriterin«, meine Mutter, meine Schwester.

Dies Lebewohl ist nur für begrenzte Zeit.

Zwölfter Mondzyklus

Zeit: *November – Dezember*
Sternzeichen: *Schütze*
Mondpflanze: *Mutterwurz*
Mondtier: *Eule*

Mondin der Langen Nacht

Mondsicht

Die Zeit der längsten Nächte ist gekommen und die Königin der Nacht, die Kalte Weiße Mondin, ist die oberste Regentin. Über einer weißen Welt rollt sie durch die Himmel, als würde ihre Macht die Erde in ihr eigenes Abbild verwandeln. Auf den vereisten Ästen glitzert das Mondlicht, sprüht aus den Feldern voll frischgefallenem Schnee. Die Luft prickelt vor Energie. Nun ist die Zeit der größten Dunkelheit, die Mondin geht mit ihrem Licht schwanger. Am Himmel tanzen die Sterne um sie herum und eine Million heller Pünktchen bringen die Erde zum Blühen. Aus der Dunkelheit heraus wird das neue Jahr geboren.

Die Göttin spricht

Diana

Auf allen Bergen und Flüssen steht mein Name geschrieben, die Lieder über meine Schönheit klingen in den Herzen der Landleute. Meine magischen Taten füllen die Märchenbücher der Kinder. Ich bin Diana, die feurige, beschützende Jägerin, die, die alle Kinder empfängt und entbindet. Ich bin der freie Unternehmungsgeist und unter dieser Mondin werde ich dich anregen, meinem dynamischen Beispiel zu folgen. Stecke dir hohe Ziele und ich werde dir helfen, sie zu erreichen.

Wovor fürchtest du dich so? Was soll deine Feigheit, was schmorst du in deiner eigenen Untätigkeit vor dich hin? Höre auf den Klang meiner Trompeten! Auf! rufe ich meinen Schwestern zu. Auf! rufe ich meinen Hunden und wilden Hirschen zu. Auf! Eine neue Zukunft muß gesät werden. Auf! Ein neues Leben muß aus dem alten geschmiedet werden. Auf! Hört den Ruf meiner Trompeten, euch hinter meinem Banner zu versammeln.

Ins Herz müßt ihr euch schreiben, daß es gut ist, außergewöhnlich zu sein, anders zu sein. Es ist gut, Risiken auf sich zu nehmen, voranzudrängen. Es ist gut, deine Gelegenheiten zu ergreifen und zu sehen, wie weit du kommen kannst. Frauen, die es mir gleichtun, sind unabhängig. Ich gebe ihnen die Kraft, sich in harten Zeiten aufrecht zu halten. Zuversichtliche Frauen sind meine Lieblingstöchter. Für ihre Mühen belohne ich sie mit Anerkennung. Meine besondere Verbündete ist die Energie, sie wird mit Taten erzeugt. Je mehr du arbeitest, um so mehr Energie wirst du bekommen. Aber die Arbeit muß körperlich sein. Energie ist physisch, du wirst stark sein müssen. Im Freien mußt du mit mir unter den Bäumen und den Sternen dahinlaufen, du mußt mit mir um die Wette laufen oder ein Marathonrennen, oder in Gewässern, ob groß oder klein, deine Bahnen schwimmen. Du mußt dich bewegen und mehr Energie erzeugen. Das Leben ist zu kurz, als daß du immer nur auf etwas warten könntest.

Ich bin voller Lust. Glaube nicht, daß die Keuschheit belohnt wird, außer sie selbst wäre die Belohnung. Sexualität ist der Brennstoff fürs ganze Leben, nicht bloß für die Zusammenkunft der Liebenden. Ich dränge dich zu lieben, so viel du kannst. Ich dränge dich, andere Herzen zu umarmen. Deinen Geliebten bleib treu – es wird dich stärker machen. Ich bin Diana, die Gebieterin über das Wild und die Schützenmondin des weißen Bogenschützen über dir. Ich liebe dich, wie die Amazonenkriegerinnen einander lieben. Ich geleite dich als deine Schwester und Gleichgesinnte und ich belohne dich mit der Bestärkung deiner eigenen Gaben. Komm und nimm teil – am Wettkampf des Lebens! Sei Mitspielerin und meine Partnerin. Hinter dir steht die Schützemondin, du kannst nicht versagen!

Botschaft im Schützen

Dieser Umlauf der Mondin bringt eine Energiewelle zu uns, wir werden wiedergeboren. Unsere Säfte beginnen wieder in Wallung zu geraten, wir kommen auf Touren und mit unseren Vorsätzen fürs neue Jahr stecken wir uns hohe Ziele. Die Natur sieht leblos aus, aber unter der Oberfläche drängt das Tao bereits wieder zum Leben. Der Erneuerungsprozeß hat schon begonnen, wir bewegen uns auf die Wiedergeburt des Lichts zu.

Nimm alles, was du lernst, ganz ernst – die Zukunft gehört denen, die informiert sind und belesen. Das nächste Jahrhundert ist das Informationszeitalter, das am Ende dieses Jahrzehnts beginnt. Das Informationszeitalter wird von Frauen dominiert werden, weil die Arbeit mit Intuition und Wissen zu tun haben wird, mit Geschick, nicht mit Wettbewerb und brutaler Gewalt. Unterstütze deine Spiritualität, gehe nach außen und riskiere etwas. Baue Partnerschaften auf. Ernte in diesem Zeichen alles, was in deinem Garten noch übriggeblieben ist.

Mondgezeiten

Begeisterung

Begeisterung ist die Gabe einer guten geistigen Verfassung oder möglicherweise ein Geschenk der Sterne. Menschen, die sich für nichts begeistern können, versäumen eine Menge. Dieses Gefühl läßt dich erglühen, dein Blut schneller kreisen, es ist der Brennstoff, der dich an dein Ziel bringt. Eine andere Form dieses Gefühls ist Motivation.

Mondzauber

Für größere Begeisterung

Wenn du mehr Begeisterung in dein Leben bringen willst, dann praktiziere dieses Ritual jeden Morgen gleich nach dem Aufstehen und jeden Abend vor dem Einschlafen.

Besorge dir ein Stückchen von einem grünen Stein. Es kann Jaspis sein, Malachit, ein Smaragd oder Jade. Reibe ihn mit deinen Händen über dem Rauch von ein bißchen Räucherwerk und sprich dreimal:

> *Grüner Stein, grüner Stern,*
> *wir wachsen, wir erreichen,*
> *wir achten, wir leuchten!*

Trage den Stein immer in einem kleinen Beutel am Körper. Schlafe sogar mit dem Stein unter deinem Kopfkissen. Die Kleinen Leute, die unter der Erde hausen, sind immer voll Begeisterung und werden dir dabei helfen, etwas von ihrer Magie zu erlangen.

Mondgezeiten

Apathie

Apathie ist der Tod jeder Seele. Wenn man dich so lange und so viel geschlagen hat, daß du nicht mehr zurückschlagen kannst, dann haben »sie« dich. »Sie« sind in diesem Fall alle, die von deiner mangelnden Teilnahme am wahren Leben einen Vorteil hätten. Apathie ist schlecht für deine Gesundheit, sie ist eine Form der Depression. Heutzutage sind viele Leute depressiv, aber ich glaube nicht, daß sie krank sind. Ich glaube, daß eher diejenigen, die meinen, sie könnten in einer sowohl kulturell als auch ökologisch ungesunden Umwelt völlig gesund sein, krank sind.

Wenn du noch gesund genug bist, um dich entmutigen zu lassen: Apathie stellt den Zustand der Vorhölle dar. Du kannst dich ausruhen und darauf warten, neuen Wind in die Segel zu kriegen. Sobald du bereit bist dich zu befreien – hier ein paar Dinge, die du tun kannst.

Mondzauber

Gegen Apathie

Da Apathie bedeutet, daß du absolut nichts tust, wäre es zu anstrengend, zu zaubern. Aber du könntest mit einem Aktivtonikum anfangen. Ich bevorzuge Johanniskraut (Hypericum, in jedem Kräuterladen erhältlich), das ist ein Nervenmittel für Ausgeglichenheit. Es heilt überstrapazierte Gefühle. Freundinnen von mir benutzen Ginsengtee, entspannend und gegen Depressionen.

Du hast noch genug Energie, um einen Duft zu tragen – so nimm Lavendel. Er wird dich kräftigen. Ylang-Ylang wird negative Stimmungen vertreiben und deine Kundalini aufwecken. Düfte beeinflussen die Art und Weise, in der wir uns selbst und die Welt wahrnehmen. Solltest du Verdauuungsprobleme haben, nimm Klettentinktur ein. Sie läßt den gesamten Verdauuungsvorgang in deinem Körper leichter ablaufen, und wenn du den Zustand deines Körpers verbesserst, bessert sich auch dein Gemütszustand.

Mondzauber

Gegen Depression

Wenn du depressiv oder in tiefe Apathie versunken bist, so entzünde eine rosafarbene Kerze und betrachte sie eine Weile. Rosa ist eine Farbe mit hoher Schwingung, die deine Energiereserven mobilisieren wird. Rosa ist die Farbe der Ausgeglichenheit.

Wenn du ein bißchen psychische Energie gesammelt hast, ist ein Bad der einfachste magische Zauber für den Hausgebrauch. Reibe deine Wanne mit Salz ein. Entzünde ein paar rosafarbene Kerzen und verteile sie im Bad. Gib in ein Badebeutelchen ein wenig Melisse, Ruhrkraut und Ysop. Du hältst deinen Kräuterbadebeutel unter das einlaufende Wasser und läßt dein Badewasser so zu einer Art Tee werden, in dem du sitzt. Es wird auch himmlisch duften. Reibe deinen ganzen Körper mit dem Kräutersäckchen ab, damit dein Kreislauf angeregt wird und das Blut bis an die Hautoberfläche steigt. Laß auch in der Badewanne rosafarbene Kerzen brennen.

Sprich, unmittelbar bevor du bereit bist, aus der Wanne zu steigen und bevor dir kalt ist:

> *Bei der Göttin Macht,*
> *bei der Macht aller Natur,*
> *den Sternen, den Wolken,*
> *dem Regen und den Kräutern,*
> *sei ich geheilt,*
> *sei ich geheilt,*
> *sei ich geliebt,*
> *es ist vollbracht!*

Tu das an sieben aufeinanderfolgenden Nächten, wenn du genug Energie dafür aufbringen kannst. Sonst beobachte bloß die Kerze, verbrenne etwas Sandelholz und laß es damit genug sein.

Sobald du ohne stärkere Arzneien wieder funktionsfähig geworden bist, wird es nötig sein, die Ursachen für deine Depression zu untersuchen. Ist die Ursache psychologisch begründet oder körperlich? Ist es das erstere, wirst du möglicherweise dein Leben ändern, ein großes Risiko auf dich nehmen, wählen und weitergehen müssen. Depression ist ein Zeichen dafür, daß du dich nicht auf deinem spirituellen Pfad befindest, daß dein Geist nicht genährt wird. Die Depression wird wiederkehren. wenn du nicht die Kraft ergreifst und dein Leben besser in Ordnung bringst. Wenn das in deiner gegenwärtigen Umgebung unmöglich sein sollte, mußt du an einer sozialen Veränderung arbeiten, um eine Situation zu schaffen, die es dir ermöglicht, aufzublühen. Politischer Aktivismus ist eine gute Medizin für Leute, die zu Depressionen neigen; das erinnert dich andauernd daran, daß Millionen andere deinen Schmerz mit dir teilen.

Sollte die Depression jedoch das Ergebnis einer chemischen Fehlfunktion sein, solltest du jedenfalls Kontakt mit einer Therapeutin, vorzugsweise mit sozialem Bewußtsein, aufnehmen. Meide selbstgerechte, männliche Ärzte, die Elektroschocks, schwere Medikamente oder eine Gehirnwäsche empfehlen würden. Denke daran: Dein Körper kann dich heilen − mit Hilfe deines Geistes.

Mondfeste

Andräi (Fest des hl. Andreas)
29. November, Dunkle Mondin − Osteuropa

Irgendwie scheint diese Mondin von Liebe und Heirat zu sprechen. Am St.-Andreas-Abend halten Mädchen eine schwarze Katze über das (oder vor das!) Feuer, werfen eine Handvoll Gerste in die Flammen und sagen: »Gerste brenne! Katze miaue! Und laß meinen Liebsten kommen!« (Urlin, *Festivals, holy days*, S. 219). Die dunkle Mondin eignet sich tatsächlich sehr gut für Weissagungen, aber diese Katzenschreck-Geschichte spricht mich gar nicht an.

In Österreich gab es einen Brauch, nach dem man angeblich alle Hexen erkennen konnte, wenn man an Andräi zur Messe einen blühenden Aprikosenzweig trug. Aber für mich klingt das eher nach einem verdrehten Liebeszauber. In anderen Gegenden der Erde bedeutet es, daß du deine(n) Liebste(n) heraufbeschwörst, wenn du die Zweige eines kahlen Baumes mit hineinnimmst, weil dann die Liebe schneller erblüht.

In alter Zeit waren der letzte Tag im Monat und die Dunkle Mondin der Hexengöttin Hekate gewidmet. Die nordischen Vanir waren die Gottheiten der alten Erdreligion, in der so viel von der alten Magie erhalten blieb. Freya, deren Wagen von Katzen gezogen wurde, war eine Göttin der Liebe, des Todes, der Hexenkunst und ihr Bruder/Liebhaber Frey ein Gott der Fruchtbarkeit und des Wohlstands.

Wetterwirken
(Poseidon, Nikolaus)
6. Dezember, zunehmende Mondin – Europa
Im antiken Griechenland wurde das Hauptfest des frühen Dezember zu Ehren des Poseidon abgehalten. Die mediterranen Küstenkapellen sind voll mit Votivgaben, die ursprünglich dem Poseidon und dem Neptun für Sicherheit vor den Stürmen gegeben wurden. Es ist die Jahreszeit der heranrollenden Winterstürme, wo das Ausbleiben von Schnee und Regen genauso katastrophal sein kann wie ihre Gewalten. Auf den Shetlandinseln folgt dem Fest der Mutter Nacht die Nacht des Tundermannes, das Fest von Thor, dem Donnerer, der die Stürme bringt.

Ob du ihn Poseidon, Nikolaus oder Thor nennst, ehre die Gottheit der Meeresstürme an diesem Tag und bete um sanften, gleichmäßigen Regen. Wenn das Wetter zu stürmisch war, so tanze im Uhrzeigersinn herum als Zauber für günstigeres Wetter. Während einer Trockenperiode tanze gegen den Uhrzeigersinn, um die Stürme hervorzurufen. Analysiere deine Art des Umgangs mit Wasser und stelle verschwenderische Gewohnheiten ab.

Soyal
Vollmondin – Eingeborene Amerikas (Pueblo)

Die Wintermitte war bereits zur Zeit der Anasazi eines der Hauptfeste der Pueblos. Die Plätze über den Kivas beim Chimney Rock Pueblo sind so ausgerichtet, daß man die aufgehende Mittwintervollmondin durch die doppelten Turmspitzen des Chimney Rock beobachten kann. Die zwischen den roten Felsen über einer schneegefrorenen Wüste aufgehende Mondin in der Farbe des Sonnenuntergangs ist ein erstaunlicher Anblick.

In der Zunimythologie überredet White Shell Woman (die weiße Muschelfrau) die Sonne dazu, bei der Sonnwende in Richtung Norden zurückzukehren. Das Aufgehen der vollen Mondin ermöglicht den Häuptlingen, das Datum für die Soyal-Zeremonie festzusetzen.

Soyal ist das neuntägige Wintersonnwendfest der Hopi, das die Rückkehr der Sonne in ihr Haus feiert. Es folgt der Initiation der Hopi-Jugendlichen als Erwachsene in den Stamm. Stelle dir vor, wir hätten ein Wintersonnwendritual, in dem Männer Teil eines friedlichen und starken Rollenmodells sein könnten! Der Zweck des Festes besteht darin, um Gesundheit und Wohlstand im neuen Jahr zu beten und den Weg für die Rückkehr der Kachinas, der Ahnenschutzgeister des Volkes aus ihrem Heim in der Unterwelt zu öffnen.

Wiederkehr des Lichts
Neumondin nach der Wintersonnwende – Inuit (Eskimo)

In der Inuitmythologie ist der Mond männlich und die Sonne weiblich. In der längsten Nacht oder beim ersten Vollmond nach der längsten Nacht werden alle Feuer im Dorf gelöscht. Zwei Schamanen, von denen einer als Frau verkleidet ist (oder der seinerzeit wohl eine Frau war), gehen dann von Hütte zu Hütte und entfachen die Feuer wieder mit ihrer eigenen, zeremoniell entzündeten Flamme und singen: »Von der neuen Sonne kommt Licht«. Dem folgt ein Fest, Spiele und Tänze, um die Wiederkehr der Sonne zu feiern und die Aussicht auf gute Jagd.

Dianische Vollmondin

In dieser Zeit teilen die versammelten Frauen das gute Essen aus dieser Jahreszeit mit der Göttin. Der Kreis der Mütter wird geehrt, diejenigen, die die schwierige Aufgabe auf sich genommen haben, Seelen von dem Ort, wo sie warten, herbeizuholen und in Fleisch zu manifestieren. Befana, die gute Hexe, spendet ihren Segen und Gaben aus ihrem magischen Beutel. Die Märchenerzählerin läßt uns auf den Flügeln des Julhirsches mitfliegen, der den Wagen der Mondin zieht. Kunst- und Handwerksfeen feiern die Schaffenskraft, Schönheit wird offenbar.

Mondgeschichte

Willkommen, Großmutter!

Ich bin nicht die Art Kalifornierin, die es liebt, schlaff in heißen Becken herumzusitzen, die eine heiße Sauna genießen würde oder ein türkisches Dampfbad aufsucht. Ich hasse es, wenn mir zu heiß oder zu kalt ist. Und ich hasse es, zu schwitzen.

Ich brauche mediterrane Temperaturen für mein Wohlbefinden, eine kleine Brise, sonnigen Himmel, aber keine Glutofenhitze. Meine eingeborenen amerikanischen Freundinnen haben mich vor Jahren in die Schwitzhütte eingeführt und ich habe daran teilgenommen, weil man mir diese Gelegenheit freundlich angeboten hatte.

Es stimmt, daß ein gutes Schwitzbad dich reinigen und dich dazu drängen kann, dich im kleinen, dunklen Schoß der Schwitzhütte mit deinen Ängsten zu konfrontieren. Aber ich habe die Schwitzhüttenerfahrung nie wahrhaftig genossen, vor allem dann nicht, wenn viele Frauen in der Hütte waren und ich warten mußte, bis alle ihre Gebete gesprochen hatten, während ich nach Luft japste. Mit nacktem Hintern auf Zedernzweigen zu sitzen kann auch eine ausgesprochen unspirituelle Erfahrung sein. Mein »Stadtmädchen-Hinterteil« wußte die Erfahrung von sich in die Haut bohrenden, einen scharfen Schmerz verursachenden Zweigen keineswegs zu schätzen.

Für dieses Jahr kündigte ich an, daß ich ein Retreat zum Jahresende leiten würde. Es sollte eine Reinigung vom alten Jahr / der alten Dekade / dem alten Jahrhundert werden. Voll Begeisterung planten wir und beschlossen, daß wir mit einer Vollmondzeremonie am Freitag beginnen würden. Am nächsten Tag würde ich die Schwitzhütte leiten und später in der Nacht wollten wir in eine 150 Fuß tiefe Höhle hinuntersteigen (die kalifornischen Kavernen im Calaveras County), um die drei Schicksalsgöttinnen in einer Kerzenzeremonie zu ehren.

Das klang nach einem guten Plan.

Aber sobald ich das abgedruckt schwarz auf weiß sah, begann ich sorgenvoll an die Schwitzhütte zu denken. O Göttin! Schon wieder mein eigenes Fleisch kochen! Mein einziger Trost war, daß ich sie leiten würde. Ich konnte die Gebete kurz halten, über die Anzahl der heißen Steine in der Mitte entscheiden, Wasser gleich neben mich stellen und überhaupt die Dinge unter Kontrolle haben. Also ging es mir wieder gut bis zum eigentlichen Beginn.

Die dreizehn Frauen kamen alle gut an, ein großer Erfolg, weil wir diesen wirklich sehr privaten Platz in den westlichen Sierras im Dunkeln finden mußten. Der Platz gehört Kala, meiner spirituellen Tochter (ich meine damit, daß sie bei mir lernt) und ihren Lebenspartnern.

Seit fünfzehn Jahren schon wird »Touchstone« von ihnen gemacht. Diese Frauen lieben ihr Land – 180 Acres unberührter kalifornischer Wald – und sie wollten es mit anderen Frauen teilen. Sie bauten ein Rotholzhäuschen, komplett ausgestattet mit Meditationsraum und Küche, Toiletten, zwei weiteren Schlafräumen und einer tollen Plattform. Der Boden ist mit Beerengestrüpp bedeckt, freundlich, keine giftigen Eichen, die den Wanderer aufhalten würden. Es gibt ein paar kleine Teiche – wir nennen sie »Seen« –, die in der Dürre des Winters keinen sehr tiefen Wasserstand haben oder völlig ausgetrocknet sind.

Es war das erste professionelle Göttinretreat in Touchstone. Alle waren nervös. Kala überprüfte immer wieder sämtliche Details. Sie entspannte sich und es begann ihr Spaß zu machen und im nächsten Moment ertappte sie sich dabei, daß sie sich schon wieder sorgte. Wir haben das alles schon gemacht. Kalas erweiterte Familie hatte sich in Köchinnen und Besorgerinnen verwandelt. Sogar die kleine sechsjährige Darsey, die normalerweise eine rosige Nervensäge ist, übernahm willig Aufträge von ihrer Mama, teilte der Gruppe mit, wann das Essen fertig war, fand die Verlorengegangenen, die unter den sternenerhellten Bäumen weggewandert waren.

Der Kreis zentrierte sich um die Vollmondin und ein großes Feuer. Der vertraute Geruch von brennendem Holz, die köstliche Beschwerlichkeit des Rauchs, die Sterne und die Mondin – das alles bezauberte die Seele.

Ist das jetzt endlich normal? fragte ich still. Besitzen die Frauen genügend Gemeinschaft und Quellen, um die Verehrung der Göttin im Freien, im Angesicht der strahlenden Mondin wirklich genießen zu können? Ich versuchte meine Fühler in die ganze Welt hinauszustrecken. Laß es so sein, betete ich, laß unsere Anwesenheit diesem Traum zur Geburt verhelfen. Auf der ganzen Welt laß die Frauen, wenn die Mondin voll ist, um Frieden und Gesundheit, um Wohlstand und Weisheit beten. Als Medea, als Medizinfrau, habe ich eine ganz leichte Aufgabe. Es ist der Weg, den du für die verehrten Geister bereitest.

Mit einem dicken Räucherstab aus in der Gegend gepflückten Kräutern – einem Bündel aus Salbei und Zedern, den großen Reinigern – ging ich um den Kreis herum. Jede Frau, der ich gegenüberstand, streckte ihre Hände aus und blickte zur Mondin auf. Ich ließ das Räucherbündel aufglimmen und wenn der Rauch in reichen Schwaden aufstieg, fächelte ich ihn in die Aura um die Köpfe der Frauen; eine nach der anderen wusch ich mit dem Rauch, ich wusch ihre ganzen Leiber.

»Ich reinige dich von aller Angst, Furcht und jeglichem Zweifel. Ich segne deine Hände, daß sie die Arbeit der Göttin tun mögen. Ich segne deinen Leib, daß du das Leben in Schönheit und Stärke genießen mögest. Ich segne deine Füße, daß sie den Pfad der Göttin wandeln mögen.«

Schließlich drehte ich sie herum und räucherte ihren Rücken. »Gesegnet sei dein Rücken, daß du sicher und gesund seist, ohne Feinde.«

In diesem Moment warf ich all meine üblichen Ideen vom Energieerzeugen durch Summen und Singen zum Fenster hinaus. Diese Techniken sind für den Gebrauch innerhalb von vier Wänden besser geeignet. Draußen brauchst du Trommeln und Rasseln und Glocken und noch mehr Trommeln.

Die Nacht war fortgeschritten, die Mondin nahe bei unseren Gesichtern. Die kalte Nacht machte uns nichts aus, weil uns das Feuer warmhielt. Einige zogen sogar ihre Pullover aus. Wir trommelten. Wir tanzten.

Wir beschworen die vier Ecken des Universums. Ich genieße es immer, den Vorstellungen zuzuhören, die die Teilnehmenden aufleben lassen, die Art, wie sie auf verschiedenste Weise, aber mit der gleichen Ehrerbietung die Göttin anrufen. Manche ganz einfach, andere sehr ausgefeilt.

Ich beschwor die Mitte, die Ahnen.

Drei wunderschöne rote Äpfel waren meine Opfergaben. Rot ist die Farbe des Lebens und des Blutes. Äpfel sind die heiligen Früchte der Herrschaft und des Ungehorsams – Evas Macht. »Kommt zu uns, o Schutzgeister der Zukunft! Engel des Glücks und Engel der Wirksamkeit! Kommt in diesen Kreis, Engel der Zukunft! Inspiriert und beschützt uns, durchflutet uns mit Mut und Leichtigkeit! Führt uns in die nächste Phase! Laßt uns gemeinsam mit euch schöpfen!«

Im Kreis explodierte der Klang der Trommeln. Kein Zweifel, die Göttin war da! Ich hatte die drei magischen roten Äpfel. Der erste war für mich persönlich, für mein Liebesleben, meine Gesundheit, meine Arbeit. Der zweite Apfel war das Symbol für die erfolgreiche Fortsetzung der Göttinarbeit, das, was für alle gut ist. Der dritte war für den Tod, daß er wohlwollend und nicht überstürzt kommen möge. Ich bot sie der Mondin dar und warf sie sodann in das tosende Feuer als eine Opfergabe. Bratäpfel für Unsere Liebe Frau.

Die anderen Frauen reichten ein Tablett mit einer mit Linsen vermischten Kornspeise herum – beides sind traditionelle Opfergaben für die Göttin. In Stille beteten sie alle und warfen dann eine Handvoll ins Feuer. Wir nennen das »das Feuer füttern«, eine alte bäuerliche Tradition aus Mitteleuropa.

Was kann man sich eigentlich wirklich für die Zukunft wünschen? Daß sie großartig wird? Daß es eine Zukunft für die Frauen wird? Daß es überhaupt eine Zukunft gibt? Wir gaben unser Bestes. Wie üblich dachten die Frauen an alles und jede(n) – von Kindern und Männern über die Redwoods bis zur Lebensqualität. Die alte Mondin hörte dreizehn Hexen, die in ein neues Jahrhundert tanzten.

Ja, aber am nächsten Morgen, ganz früh, begann ich mich wegen der Schwitzhütte zu sorgen.

Ich wollte etwas anderes machen, nicht das traditionelle Gebet an die vier Richtungen und Gesänge, sondern etwas, das meiner Meinung nach besser zu der extremen Hitze passen würde. Extreme Hitze hilft, ebenso wie extremer Schmerz, in die tiefsten Tiefen unseres Seins vorzudringen, mit der Dunkelheit umzugehen.

Kala sprach über die Vorbereitungen zum gemeinsamen Schwitzen. Ich begrüßte dies als Gelegenheit, meine eigenen Ängste in bezug auf diesen engen, dunklen Ort zu erkennen und allen zu sagen, daß dies die erste Schwitzhütte war, die ich leitete, so daß sie wußten, woran sie waren.

Ich erwähnte auch, daß ich seit Halloween meinen eigenen spirituellen Bedürfnissen nicht hatte folgen können. Ich war beim fünften jährlichen Heiligen Tanz der Frauen als Priesterin anwesend gewesen, aber da geht meine Energie immer nach außen. Ich kann da den transformierenden emotionalen Weg, den ich die anderen entlangführe, nicht mitbeschreiten. Viele Frauen, die zum Halloween-Frauentanz kommen, finden dort eine Gelegenheit, mit ihren eigenen Gefühlen umzugehen. Im ersten Teil des Programms hören wir Geschichten zu, wir hören uns Lieder an und dann hören wir auf unsere eigenen Herzen. Da finden wir unseren Schmerz, unsere Verluste und unsere Wunden und wir weinen miteinander, halten einander fest, sind einander nicht länger fremd. Diese Katharsis war immer die Frucht meiner Arbeit, aber ich selbst kann sie niemals spüren. Nach dem Halloweenkreis fühlte ich mich einsam. Alle hatten so eine tolle Zeit miteinander verbracht – erst hatten sie ihren Schmerz gefühlt, dann waren sie von ihm befreit worden. Wenn das passiert, fühle ich mich manchmal von meinem eigenen Talent betrogen. Wie komme ich dazu, die Gebende dieser Gabe zu sein und nicht die Empfangende?

Aber hier in Touchstone unter dem weiten westlichen Himmel war meine Zeit gekommen.

Wir betraten die Schwitzhütte von Osten und sagten beim Eintreten »Für meine Ahninnen.«

Im Inneren war der rote, schmutzige Boden mit Zedernzweigen bedeckt, aber ich hatte klugerweise mein eigenes Handtuch zum Draufsitzen mitgebracht. In dieser ersten Schwitzrunde waren wir zu sechst. Der erste glühende Lavastein kam auf einer Heugabel im Inneren an.

»Willkommen, Großmutter!« begrüßten wir sie alle.

Die Hitze des Felsbrockens füllte den Raum sofort aus. Die Zeder fügte Frische hinzu. Ich fühlte, wie mir der Schweiß auf der Stirne ausbrach. Ich war mir der sechs nackten Körper der Frauen und des heißen, glühenden Felsens in der Mitte des kleinen Raumes sehr bewußt. Meine Klaustrophobie regte sich. Es fühlte sich an, als wären wir alle sechs zugleich in den Mutterschoß zurückgekrochen.

Sobald ich mir dieses Gefühls bewußt wurde, entließ ich es. Die Angst ging vorbei. Da erkannte ich auch, daß die Schwitzhütte gar nicht so dunkel war, weil draußen die Sonne schien und ein wenig durch die Ritzen hineinschaute.

»Ich möchte dieses Schwitzhüttenzeremoniell unseren Lebenszyklen weihen«, sagte ich. »Dies ist das Ende einer Dekade und auch das Ende eines Jahrhunderts. Laßt uns unsere Seelen erforschen und uns alten Schmerz anschauen, neuen Schmerz, was immer es sein mag, um das wir uns kümmern müssen, damit wir gereinigt werden können.«

Die Frauen nickten schweigend. Was für ein Mut, dachte ich. Wir haben uns gerade erst letzte Nacht getroffen, eine zufällige Auswahl an Teilnehmerinnen und heute würden wir einander helfen, unseren psychischen Müll wegzuputzen. Heiliger Kompost. Seelendünger.

Ich begann. Es ist immer einfacher, mit gutem Beispiel voranzugehen. Ich beschwor das kleine Mädchen in mir herauf, das während des Zweiten Weltkrieges ein Kleinkind gewesen war. Mein inneres Kind hat immer Angst davor, erschossen zu werden. Es wuchs in einer Kriegszone auf. Es hat Angst vor lauten Explosionen, dem Geräusch von abgefeuerten Gewehren oder gar von Kanonen. Im Fernsehen kann es sich keine Kriegsszenen ansehen, auch nicht im Kino. Es schaut weg, versteckt sein Gesicht. Es fürchtet sich vor dem Verhungern, es ißt immer für morgen gleich mit.

Es fiel mir nicht schwer zu weinen. Die Hitze wärmte uns alle, aber als mein kleines Mädchen für mich Wirklichkeit wurde, fühlte ich abermals die Kälte des Todes. Ich streckte eine Hand unter dem Zeltrand hindurch und winkte um weitere heiße Felsbrocken. Noch ein glühender Lavastein kam.

»Willkommen, Großmutter!« begrüßten wir sie.

Die Hitze nahm zu. Langsam schmolz mein Schmerz mit den Tränen dahin. Wie kann man jemals eine alte Wunde wie den Krieg wieder heilen? Was geschieht mit den Veteranen einer Revolution? Das kleine Mädchen streckte die Hände übers Feuer und schluchzend ließ sie sich nieder. »Der Krieg ist vorbei. Du hast jetzt genug zu essen. Mach dir keine Sorgen, ich werde dich beschützen!« versichert ihm mein Erwachsenenselbst. Die Tränen flossen immer noch.

Die nächste Frau nahm die Aufgabe der Seelenreinigung auf sich. Sie war viel jünger. Ich bemerkte, wie schön sie war; sie hatte den Körper einer Ballerina oder einer Turnerin, wie sich herausstellte.

»Ich fühle mich so traurig wegen meines kleinen Mädchens«, begann sie. »Sie hat immer so Angst vor ihrem Papi, vor allem wenn er trinkt, dann schlägt er sie und ihre Mammi...«

Die Tränen kamen von selbst. Sie vermied jedwede Philosophie und blieb bei ihren Gefühlen und so jammerte das kleine Mädchen in ihrem Schmerz über sexuellen Mißbrauch, Demütigungen, Armut. Sie schluchzte, erschütterte das Zelt, spie ihren Schmerz heraus wie eine psychische Entladung.

Wieder ließ der Schmerz die Hitze erkalten.

»Mehr Steine, bitte!« Und noch ein glühender Stein kam an.

»Willkommen, Großmutter!« riefen wir aus.

Nun begann etwas Interessantes in der Schwitzhütte zu geschehen. In der Mitte waren jetzt drei Steine, und als der letzte angelangt war, hatte ihre gesammelte Hitze noch mehr zugenommen. Ich erinnerte mich an das Wasser und goß etwas auf die Steine. Die Hitze schnellte tatsächlich hoch. Meine Haarwurzeln trieften nun vor Schweiß.

Die Geräusche des Schluchzens und des erinnerten Schmerzes wurden Teil der hitzeerfüllten Umgebung. Die Schwitzhütte entwickelte ihren eigenen Klang und Geschmack. Wir saßen immer noch im Kreis und hielten uns an den Händen, aber wir begannen uns urtümlicher zu fühlen, tierähnlicher, während wir unsere Pein über die unabänderliche Vergangenheit losließen. Wir nährten uns an unseren Tränen. Ob wir sprachen oder nicht, wir weinten.

In dem bescheidenen Erdloch vor uns glühten die drei Großmütter voll erdigem Zutrauen zum Feuer des Lebens. Langsam begann sich ein Gesicht in der matten Glut darüber abzuzeichnen, das Gesicht einer siebten Frau, keiner von uns. Ihr Gesicht war wie die Felsen voller Furchen, ihre Augen glühten wie Kohlen, ihr Körper war die Dunkelheit. Doch sie war da. Als die nächste Frau zu sprechen begann, griff sie instinktiv nach der alten Frau, um sie zu berühren, und ließ dabei die Hand der neben ihr sitzenden Frau los. Immer wieder griff sie nach dem alten Gesicht in der Mitte und die alte Frau küßte ihre Hände.

»Mehr Steine, bitte!« rief ich.

»Willkommen, Großmutter!« sagten wir alle, als der nächste Stein hereingeschoben wurde.

Nun trieb mich die Hitze wirklich an den Rand dessen, was ich ertragen konnte. Es war so heiß, daß sogar meine Augen vor Schweiß trieften. Ich konnte nichts sehen, wegen der Feuchtigkeit, die über sie lief. Aber ich konnte die Großmutter in der Mitte sehen. Sie wurde größer. Nun hatte sie Schultern und ihre Arme waren sichtbar. Je mehr Felsbrocken wir in die Mitte taten, so schien es, um so sichtbarer wurde sie. Ich fragte mich, ob die anderen sie sehen konnten. Klar war, daß sie sie spüren konnten.

Die fünfte Frau begann über die Gefühle zu sprechen, die sie mit sich herumschleppte. Sie war eines der vielen vernachlässigten Kinder. Eine verlorene Tochter. Eine Tochter, die angeschrien worden war, ungeliebt, der nicht erlaubt worden war, sich von ihrer Großmutter, als sie starb, zu verabschieden. Der alte Schmerz schüttelte sie wie ein Erdbeben. Wie Dampf schien Großmutter sie zu umhüllen. Einen Moment lang war ihr Schluchzen erstickt, dann brach es mit erneuter Kraft aus ihr hervor.

»Ich möchte so gerne meine Großmutter halten!« weinte sie. »Sie haben mich nicht auf Wiedersehen sagen lassen!«

Der sechsten Frau machte es Schwierigkeiten, mit ihren Gefühlen in Kontakt zu kommen. Sie war der Typ, der niemals weint, der seine Gefühle immer verbirgt. Als ich sah, wie sie darum kämpfte, genügend in die Tiefe zu gelangen, goß ich etwas Wasser auf die Steine und die Hitze schoß wieder hoch.

»Mein kleines Mädchen war so ein braves Mädchen. Sie wollte es allen recht machen.« Sie hielt inne.

Großmutter drehte sich zu ihr und berührte ihr Gesicht, berührte ihr Herz und lockerte ihre Arme. Ein mächtiges Schluchzen stieg in ihr auf und durchschüttelte sie mit elementarer Gewalt. Alle kapierten, daß mit dem süßen kleinen Mädchen, das allen nur Freude hatte machen wollen, etwas Unaussprechliches geschehen war, das sie nun so trauern ließ.

»Ich fühle mit dir, kleines Mädchen!« sagten wir zu ihr und weinten mit ihr. Großmutter sammelte unsere Gefühle in ihrem Schoß. Ich konnte sehen, wie sie sie aus unseren Herzen fegte und in ihre Röcke hinein. Sie legte sie auf die glühenden Steine.

Sie brachte die Trauer in unseren Augen zum Schmelzen. Sie ließ sie aus unserer Erinnerung wegschmelzen. Die sechs Frauen wurden vom Schmerz gereinigt. Großmutter war ganz schön beschäftigt mit uns.

»Noch einen Stein, bitte!«

»Willkommen, Großmutter!«

Wie schafften wir es überhaupt bis zum Erwachsenenalter, so mißbraucht wie wir sind? Ist irgendeine den mißbrauchenden Händen des Patriarchats entwischt? War jemals ein kleines Mädchen glücklich und sicher? Hier waren sechs Frauen. Drei waren vergewaltigt worden, eine verlassen, eine vernachlässigt und ignoriert, nie jemals berührt und eine lebte in einer Kriegszone. Es ist ein Wunder, daß wir heute überhaupt Stärke besitzen.

Nun bespritzte ich uns alle mit Wasser. Uns schauderte und wir kreischten.

»Sagt auf Wiedersehen zu dem kleinen Mädchen. Versichert ihr, daß sie immer wieder angehört werden wird. Aber nun müssen wir mit unserem jugendlichen Selbst sprechen.«

Während des Jugendlichenalters entwickelten sich die Dinge für die meisten von uns etwas besser. Ich freilich war in einem Bürgerkrieg gefangen. Man schoß auf mich, mein Haus wurde wieder dem Erdboden gleichgemacht, meine Freunde getötet. Ich ging über tote Körper auf den Straßen.

Die anderen Frauen kämpften noch, aber man konnte nun hören, wie sie erfolgreich begannen, ihre Situation zu verändern. Das sexuell mißbrauchte Kind lief davon. Das war hart, aber sicherer. Das vernachlässigte Kind wurde immer noch vernachlässigt. Das ungeliebte Kind wurde immer noch nicht von den Eltern geliebt, aber es gewann Freunde.

Noch mehr Tränen flossen, aber man konnte spüren, daß Großmutter nicht mehr ganz so viel Schmerz wegpackte wie vorher. Sie war noch da, aber sie blendete sich ein und aus im Gesichtsfeld. Sie tröstete uns, streichelte unsere nassen Köpfe, sie küßte unsere Gesichter.

Wir verabschiedeten uns von den Jugendlichen in uns und ich bespritzte uns mit noch mehr Wasser. Wir reichten den Krug herum und tranken auch etwas.

Die letzte Runde war tränenlos. Wir versicherten einander, daß wir Stärke besitzen würden und Frieden des Geistes. Wir waren hier zusammen und wir hatten es geschafft. Am Ende wußte ich mehr über diese fünf Frauen, die mit mir hier waren, als ich über meine beste Freundin wußte. Ich liebte sie alle zutiefst und fühlte, daß sie meine Freundinnen waren.

Wir dankten Großmutter, indem wir unseren Schweiß auf die Steine abschüttelten. Dann berührten wir die kühle, rote Erde und beschmierten unsere Gesichter und Körper mit ihr.

»Für meine Ahninnen!« begrüßte ich den Sonnenschein draußen, als ich das Zelt verließ.

Als wir uns alle um die kalten Wannen versammelten, um unsere Körper einzutauchen und abzuwaschen, blickte ich um mich. Wir sahen aus, als wären wir gerade aus der Steinzeit zurückgekehrt. Unsere Gesichter waren schweißverklebt und dreckverschmiert; Tränen- und Schweißstreifen ließen uns wie Kriegerinnen, die von der wilden Jagd zurückkehrten, aussehen.

Zum erstenmal seit langer Zeit hatte ich das Gefühl, daß ich als Priesterin eines Rituals emotionell für mich selbst gesorgt hatte. Der Schmerz über den Krieg und die Revolution wird sich wieder ansammeln, aber wenn ich ihn weiter löffelweise an Großmutter abgebe, werde ich ihn vielleicht nach und nach loswerden.

Wir kommen alle aus der Göttin
und zu ihr kehren wir zurück
wie Regentropfen fließen wir zum Ozean.

Dreizehnter Mondzyklus

Zeit: *Zwischen den Jahren*
Sternzeichen: *Dein eigenes*
Mondpflanze: *Beifuß*
Mondtier: *Schmetterling*

Blaue Mondin

Mondsicht

Gelassen und unbeirrt folgt die runde Mondin ihrer Bahn durch den Himmelskreis. Doch während sie weiter dahinrollt, geht vor ihr ein neuer Planet auf, blau wie Lapislazuli, in Strähnen von Wolkenschleiern gehüllt. Wie vollkommen diese Welt doch ist in ihrer Rundheit, wie perfekt ausbalanciert, wie reich an Elementen, geschützt durch ihren zarten Schleier, die Atmosphäre. Die Mondin ist weiß und kalt, aber da unten ist alles Bewegung. Das Lebensgewebe, das seine Oberfläche bedeckt, ist Teil des Glühens. Voll Liebe greift die Mondin nach ihm, und der Planet, Land und Meer und alle Kreaturen erwidern dieses Sehnen. Und immer noch rollt die Mondin weiter und das Erdenlicht färbt ihr Weiß mit einem blauen Schimmer.

Die Göttin spricht

Titania

Erhebt euch aus den unerwarteten Nebeln, meine Feenvölker, meine lieblichen Blumen! Ich, die Königin der Natur, wünsche hier zu ruhen und durch eure Narreteien unterhalten zu werden. Kommt, meine kleinen Kobolde, meine leichtfüßigen Elfen; kommt, meine Schmetterlingsmännlein; kommt, meine Zephyre und ernsten Baumgeister. Umgebt mich mit eurem leichtherzigen Geplauder, mit euren musikalischen Gaben, den Liedern und Gesängen, die ihr mir so gerne vorführt, wenn ich dazu in Stimmung bin.

Eure Zeit ist wieder gekommen, es ist die gesegnete Blaue Mondin, die keinen Namen hat, sondern nur eine außergewöhnliche Farbe. Das ist unsere magische Überraschung für die Welt, es ist auch unser eigenster Scherz und unsere Freude, eine zusätzliche Vollmondin in manchen Monaten einzuschieben. Es scheint nicht sonderlich lange her zu sein, daß einige Priester für die Zeitrechnung den silbernen Kalender der Luna mit dem goldenen der Sonne vertauschten.

Ha! Die Mondin hat da nicht ganz reingepaßt, jetzt stehen sie da mit dem Unerklärlichen, und die blaue Mondin ist sogar noch magischer als zuvor! Dreizehn volle Mondinnen gibt es immer in meinem Jahreskreis, nicht zwölf. Für die Kirche war die sanfte Mondin zu bedrohlich; die Mondin hielt die Feenfeiertage, die die Leute so gerne voll Frohsinn feierten, am Leben.

Jetzt haben sie Verwirrung. Zusätzliche Tage und zusätzliche Nächte bleiben über, weil nur die Mondin die Zeit im Einklang mit den Gesetzen der Natur mißt.

Also, meine Feen, laßt uns tanzen! Die blaue Vollmondin scheint. Ihr wißt, ihre Strahlen können die Kranken heilen und Schwermütige aufmuntern. Heulende Eulen, wie wunderbar ist euer Geschrei! Bellende Wölfe, wie süß ist eure Klage! Zirpende Grillen und süße Nachtigallen, ihr meine Lieblinge, kommt zu den

Festlichkeiten der Blauen Mondin und laßt uns den Tanz des Lebens tanzen!

An viele Nächte wie diese erinnere ich mich. Meine Feentochter, die Fröschin, ist immer die erste, die sich zu diesem Anlaß erhebt. Schau, wie sie ihre grüne und braune Haut abstreift, sieh, wie sie ihren silbernen Umhang anlegt und ihre silberne Krone aufsetzt.

»Wirst du mich küssen?« fragt der sterbliche Mann voll Verlangen nach Liebe.

»Ich werde dich küssen – wenn du stirbst«, antwortet sie mit einem Lächeln.

»Dann laß mich jetzt sterben«, verzehrt sich der Sterbliche vor Sehnsucht.

»Geh nicht, geh nicht! Deine Zeit ist noch nicht gekommen!« zirpen die Insekten als Antwort.

»Wenn du mich erst bei meinem Tode küssen wirst, dann laß mich jetzt für dich sterben!«

Oh, sieh, wie der magische Kuß von der Prinzessin des Teichs dem sterblichen Mann gewährt wird, der voller Liebesverlangen glüht. Sieh, wie er sich in ihren Gefährten verwandelt, ihren Gatten. Wie glücklich sie jetzt tanzen! Der Kuß des Lebens hat sie beide verwandelt.

Unter der Blauen Mondin kannst du andere Gestalt annehmen, du kannst andere Welten aufsuchen, du kannst die wahre Liebe finden. Ich, Titania, wache über die Wunder. Ich bin die Feenkönigin, die Elfe der Natur, die Energie, die alles in vollkommenen Kreisläufen wirken läßt. Sieh, nun kommen Hexen in Grüppchen zu dreien und vieren, alle zusammen dreizehn, dort unter dem großen Rotholzbaum. Werden sie meine Nähe fühlen?

»Dürfen wir dich sehen, bitte?« Schon spüren sie meine Anwesenheit. Meine Enkelkinder sind sie. Ich heule durch die Kehle meiner Eule zurück. Die Hexen schwingen, halten sich bei den Händen, sie schwingen im Rhythmus. Dann spricht die Jüngste wieder.

»Dürfen wir dich bitte sehen, o Göttin der Wälder?«

Oh, das macht großen Spaß! Titania ist niemals langweilig. Ich kenne viele magische Tricks. Ich bin es, die alle verehren.

»Ja, ihr dürft mich sehen!« sage ich als eine der Frauen.

»Wer hat das gesagt?« fragen sie, jetzt voll Unruhe. Tief in sich selbst wissen sie, daß ich es war.

»Titania!« singen sie meinen Namen, und die Wälder werfen das Echo zurück. »Titania, blaue Mondgöttin! Komm zu uns!«

»Ich bin schon da!« sage ich durch die Kehlen meiner Hirsche.

»Habt ihr gehört? Habt ihr das gehört?« fragen sie einander aufgeregt. Und ich lache. Mein Lachen ist das Lied der Nachtigall, das aus den Gräsern aufsteigt.

»Ich muß schlafen«, sagt die Jüngste nun. »Ich glaube, wenn ich träumte, würde ich sie wirklich sehen.«

Sie legen sich alle auf meinem moosigen Gras hin. Ich lege mich zu meinen Hexen und werde Visionen in ihre Köpfe träufeln – aus einer Blume, die ich an meinem Busen trage, dem Beifuß. Also träumt, meine Kinder, träumt von mir!

»Ich sehe sie!« sagt die Älteste nun in tiefem Schlaf.

»Ah, jetzt sehe ich sie!« flüstern die übrigen Hexen. Nun haben sie alle Visionen von Titania.

»Seht noch mehr, meine Enkelkinder!« flüstere ich. Kommt, seht meine Familie, die Elfen; kommt, seht euch ihre winzigen, zerbrechlichen Flügel an, die durchscheinenden, samtigen Flügel, die sie für sich selbst entworfen haben. Seht ihre winzigen, roten Schuhe, die euch helfen können, Berge ohne Mühe zu ersteigen. Seht die Spiegel, die sie in ihren Taschen tragen – meine Elfen können hineinschauen und mich und einander zu jeder Zeit, wo sie es wünschen, sehen.

»Wie ist unsere Zukunft?« fragen meine Hexen.

»Die Zukunft ist Leben«, antworte ich und sie sind es zufrieden.

Nun ist es still geworden im Wald der Rothölzer. Die Hexen schlafen und träumen von mir und beobachten die Festivitäten, die sich zu später Stunde entfalten.

»Herrin, Lord Oberon sucht nach dir!« sagt mein kleiner Grillendiener.

»Laß ihn nur suchen!« sage ich lächelnd. »Mein Lord Oberon weiß, wo seine Herrin ist.« Bald wird er erscheinen in seiner nackten Schönheit, mein Gatte, der mich unter der Blauen Mondin liebt.

»Dies ist die Nacht unserer Zusammenkunft, meine Dame!« sagt er, wie er aus den Schatten hervortritt.

»Es ist so, wie es sein soll!« antworte ich. »Titania ist bereit, mein Lord!«

Als Hirsch kommt er zu mir, sein Geweih bedeckt mit jungfräulichem Flaum, ein Spiegel des Mooses unter seinen Hufen. Oh, mein Oberon, mein Kind, mein Gatte! Ich umarme ihn innig, meine weißen Brüste wie Lilien, meine rosigen Arme wie Rosen, mein tiefer Schoß wie die Tiefen der Sümpfe. Meine Lippen erröten wie Himbeeren auf der Suche nach den seinen. Er fühlt meine Bezauberung, er atmet tief, als meiner Lust zu Diensten ist, er leckt, er küßt, er flüstert Phantasien in meine Ohren.

Über uns segelt die Blaue Mondin dahin, Selenes Wagen. Ich liege in den Armen meines Geliebten und lasse ihn mich zur Ekstase tragen. Die ganze Natur paart sich, wenn ich es tue. Die ganze Natur liebt, wenn ich liebe.

Meine Hexen schütteln die Köpfe.

»Was stimmt nicht?« frage ich.

»Nichts. Es ist nur deine Paarung, Herrin. Du bist mit einem Mann zusammen.«

»Ihr irrt, meine Enkelkinder. Mann und Frau, in mir sind alle eins. Seht euch nur meine Calla-Lilien, Orchideen und Dattelpalmen an. Schlaft weiter und sorgt euch nicht.«

Die Nacht fliegt vorüber. Meine Freuden erfüllen die Leere in den Herzen aller Lebewesen. Ein neuer Tag wird anbrechen, der neue Hoffnung bringt. Titania hat ihre Blaue Mondin in Fülle gefeiert.

Botschaft der Blauen Mondin

Wenn es innerhalb eines Monats mehr als eine Vollmondin gibt, nennt man sie Blaue Mondin. Die Blaue Mondin gibt uns eine zusätzliche Chance, das Göttliche zu berühren und wichtige, verrückte Dinge anzustellen wie Schwelgen, Tanzen, nachts in den Wald gehen, um der Feenkönigin Kuchen und Wein zu opfern. Die Zeit der Blauen Mondin ist das Niemandsland, eine Zeit, die mit mehr Zauber erfüllt ist als jede andere, weil sie selten ist. Weil die Blaue Mondin zwischen den Zeiten ist, kann man die Zwischenwelt nie so leicht erreichen wie unter dieser Vollmondin. Magische Sprüche erfüllen sich schneller und stärker mit dieser Verzauberung im Hintergrund. Gedanken fliegen wie der Wind, die Realität biegt sich im Gefolge.

Mondgezeiten

Veränderte Bewußtseinszustände

Unsere Spezies, die lunaren Primaten, hat sich eine Menge Gedanken über das Bewußtsein und dessen Inhalt gemacht. Dieses Thema ist eine Hauptbesessenheit unseres Daseins. Egal, welche Kultur du untersuchst, du wirst bald herausfinden, daß unsere Vorfahren viele Methoden entwickelt hatten, das Bewußtsein zu verschieben, von bewußtseinsverändernden Drogen über mildere »Highs« bis hin zu Methoden, die ganz ohne Drogen auskommen. Das ist anscheinend so gegangen, seit unsere Gattung die Erde bewohnt. Wir sind die einzige Spezies, die Drogen nimmt. Das ist eine so außergewöhnliche Handlung, daß ich geneigt bin zu glauben, daß unsere Beschäftigung mit der natürlichen Welt und ihren Drogen auf unserer ursprünglichen, sehr lunaren Natur gründet.

Veränderst du dein Bewußtsein, so veränderst du dein Gehirn. Du übernimmst Verantwortung für das Göttliche, indem du dein Gehirn darauf einstimmst, dieses oder jenes Ziel zu verfolgen, einen spirituellen Prozeß zu fördern, Geist und Seele zu verbinden, eine Wunde heilen zu lassen. Die ersten Narkotika haben wir wohl entdeckt, als wir uns um unsere Verwundeten kümmerten, und wir benutzten sie sehr behutsam und rituell als eine Gabe der Götter.

Unsere Gattung kam zur Entfaltung, weil sich unser Gehirn weiterentwickelte, so wie andere Arten vielleicht ihren Körperbau veränderten oder ihnen längere Federn zum Fliegen wuchsen. Wir verwandelten unser Gehirn und entwickelten daraus einen äußerst komplexen Computer. Würden wir versuchen, davon ein Duplikat herzustellen, so bräuchte er so viel Platz wie der ganze Staat Texas groß ist. Unser Geist wurde zu einem Fenster zu anderen Welten, die wir aufsuchten und wo wir Verbündete fanden, von denen wir lernten und sogar Hilfe bekamen.

Einmal sah ich eine Dokumentation über den indianischen Stamm der Matses in Südamerika, die »Nu Nu« schnupfen, das aus den Blättern des wilden Tabaks und aus der Innenborke des Makambobaums besteht. Sie blasen sich die Mischung gegenseitig in die Nasenflügel, und es durchfährt sie alsbald ein Schmerz, der ihnen die Sinne raubt. In diesem veränderten Bewußtseinszustand treffen die Jaguarmenschen (Matses) Tiere, die sie später jagen und sie wissen dann schon, welches sie erbeuten werden. Ein veränderter Bewußtseinszustand ist eine erweiterte Realität. Es ist, als hätten wir unseren Sinnen ein paar weitere Fenster zur Wahrnehmung geöffnet. Unsere normale Wahrnehmung gestattet uns nur einen Teil des Gesamtbildes zu sehen, die sogenannte »Realität« ist nur ein Bruchteil dessen, was vor sich geht. Wir befinden uns immer noch in den Wehen des Chaos ohne einen vollständigeren Überblick.

Wie sieht dieses größere Gesamtbild nun aus?

Es ist die Welt unserer Erde, ihr Kern und ihre Kruste, ihre oberste Schicht aus Tieren und Lebewesen aller Art, die im Wasser und in der Luft leben. Der Zweck, in einer anderen Realität zu reisen ist, diese Seelen zu besuchen, die schamanische Reise des Selbst zu unternehmen, um unsere Verbindung mit den Tieren zur Gewißheit zu machen, damit wir sie nie wieder verletzen, weil wir uns daran erinnern, daß sie Seelen wie wir sind — nur in anderer Gestalt.

Ein veränderter Bewußtseinszustand, in dem du dich der Welt der Natur mit Ehrfurcht näherst, läßt keine Engstirnigkeit zu. Die ersten menschlichen Zivilisationen entsprangen diesen veränderten Bewußtseinszuständen, die sich nach den intensiven und kulturell unterstützten Zwecken von Nationen und Stämmen ausrichteten. Wir versammelten uns regelmäßig, um diesen veränderten Bewußtseinszustand zu erreichen, wenn wir die Zyklen der Erde und der Mondin mit Gesängen und Tanz im Freien feierten. Wir benutzten dazu den Schein der Sterne und Lieder,

Drama und Theater und Komödien, die Poesie. Heutzutage benutzen wir Video, Filme und Rockkonzerte. Das sind die modernen Stammeszusammenkünfte, wenn wir uns freuen, uns in Schale werfen und gemeinsam mit unseren »Stammesgefährtinnen« feiern.

Halluzinogene

Einen veränderten Bewußtseinszustand konnte man mit vielen Pilzarten Nord- und Südamerikas erreichen. Viele Eingeborenentraditionen zeigen die Heilkraft der »Heiligen Kinder«, wie Maria Sabina ihre Pilze zu nennen pflegte, auf. Sie gebrauchte sie, um von den Heiligen Kindern Hilfe zu erhalten und heilte Menschen, indem sie in diesen veränderten Bewußtseinszuständen Nachtwache hielt und sang.

Europäische Hexen benutzten die berühmte Flugsalbe, die eine Mixtur aus verschiedenen starken Drogen, unter anderem auch aus der Tollkirsche, war. Sie erzeugte ein Gefühl, als ob man fliegen würde. Die Körper der Hexen fielen zu Boden und wurden dann von ihren Schwestern bewacht, während sie selbst nicht in ihrem Körper waren. Hunde, die heiligen Tiere der Mondin, bewahrten ihre Herrinnen vor Störungen bis sie wieder zurückkamen. Die Hexen berichteten, daß sie mit Diana und ihren tausenden Gefährten zu einem Fest auf einem Berggipfel flogen, wo sie nach Herzenslust aßen und tranken und sich liebten. Und keine von denen, die auf diesen Reisen Liebe machte, wurde jemals schwanger. Manchmal traten Hexen in einen veränderten Bewußtseinszustand, um der Verfolgung ihrer Feinde zu entkommen: In einer Überdosis eingenommen bringt die Tollkirsche das Herz sofort zum Stillstand – immerhin ein besserer Tod als zu verbrennen.

Das Opium, das eine sehr beliebte Droge des letzten Jahrhunderts war, zerstörte ganze Reiche. Es ist eine sehr mächtige Droge, aber wenn man sie rituell und in niedriger Dosierung einnahm, läßt sie prophetische Visionen aufsteigen.

Man weiß, daß Haschischklumpen in den Erdspalten, über denen die Priesterinnen weissagten, verbrannt wurden. Heute ist

Marihuana eine Ritualdroge in Jamaika; man gebraucht Ganja zur Anbetung der Natur.

In den Sechzigern wurde Marihuana zur bedeutsamsten amerikanischen Droge. Joints zu teilen und »stoned« zu sein veränderte das Bewußtsein einer ganzen Generation. Es erlaubte ihnen, eine Gegenkultur zu errichten, den Status quo in Frage zu stellen. Die Drogengeneration definierte den Begriff Gesellschaft neu, lehnte den Krieg ab und feierte die Kreativität mit einem Ausbruch der besten Musik der Welt. Marihuana wurde eine Friedensdroge. Auch Peyote-Buttons wurden in großem Umfang für die Suche nach Visionen gebraucht, die Droge der eingeborenen Amerikaner für die spirituelle Vereinigung mit dem Großen Geist. LSD war eine moderne spirituelle Droge, wenn sie in einem sorgfältig geschützten Raum zur richtigen Zeit mit den richtigen Leuten genommen wurde. Aber der Gebrauch all dieser modernen Drogen ist nichts als die Sehnsucht nach den alten Lustbarkeiten und dem alten Hochgefühl in der Vereinigung mit der Natur.

Legale Drogen

Heutzutage ist Wein die Lieblingsdroge. Er ist ein Symbol der Transformation. Ein guter Wein wandelt sich ständig. Der Wein ist das Blut der Trauben, er wärmt das Herz und unterstützt die Verdauung. Er macht dich auch »high«. Ich stamme aus einem alten Land, wo Wein ein Sakrament ist. Wir machen ihn und wir trinken ihn. Ungarischer Wein ist der beste der Welt. In meiner Kindheit gab man mir Wein – für meine Gesundheit, sagten sie. Kranke Leute bekommen immer Alkohol in irgendeiner Form in meinem Land. Erkältungen, erinnere ich mich, kurierten wir mit Knoblauch und Rum – vier Teile Rum auf eine Knoblauchzehe.

In Ungarn betrinkt man sich schon, nur um miteinander zu reden. Es ist ein nationaler Brauch, sich oft zu betrinken. Man sieht das als gutes Benehmen an. Ich hoffe, der Gebrauch von Wein wird sich eines Tages zum Maßvolleren wenden, und die Verehrung des Weines wird eine bewußte Handlung sein. Bier ist auch heilig. Früher war es der Met. Fermentierte Gerste und

Hopfen, Met in allen möglichen Geschmacksrichtungen und Malz waren die urzeitlichen Drogen der europäischen Völker.

Kaffee ist eine mächtige Droge, obwohl ich aus alten Zeiten keine Rituale aufstöbern konnte, in denen er benutzt worden wäre. Tatsächlich wurde er in der Türkei, wo sie allerdings wirklich starken Kaffee kochen, vor kaum einem Jahrhundert für illegal erklärt. Heute haben wir viele Kaffeerituale und beginnen schon am frühen Morgen unseren Tag mit einer Tasse schwarzer Brühe. Es gibt ein Ritual dafür, ihn frisch aufzubrühen, oder nur Wasser zu kochen, um es uns zu ermöglichen, mit unserem industriellen und postindustriellen Lebensstil klarzukommen.

Zucker ist eine alte Droge. Zucker wurde oft in der Magie in Form von Honig benutzt. Wenn du einen Zauber sprachst, um Menschen wieder zusammenzubringen, schriebst du ihre Namen auf ein Stück Papier, beschmiertest sie mit Honig und klebtest sie Gesicht an Gesicht zusammen. Das sollte sie einander lieben machen. Honig war ein Gesundheitsträger, gut gegen Erkältungen und süß für die Gaumen der Kinder. Die Kuchen für die Himmelskönigin wurden immer gesüßt, rituelle Speisen für Opfergaben waren oft süße Datteln und Birnen und zuckersüße Früchte.

Salz ist magisch; es steht für Weisheit. Es wird in Zaubern wie der Selbstsegnung gebraucht. Es erzeugt einen etwas veränderten Bewußtseinszustand, weil es den Stoffwechsel schneller laufen läßt.

In der Natur gibt es eine große Anzahl Drogen, die Hochgefühle hervorrufen können; sogar Mohnsamen und bestimmte Windensamen (Ipomoea purpurea) sind ihrer Natur nach Narkotika. Unsere lunare Spezies muß sie alle gekostet und ausprobiert haben. Alle haben sie uns »high« gemacht.

Ich glaube, die Menschen werden immer bewußtseinsverändernde Drogen suchen. Jede Kultur hat ihre vorherrschende Droge. Heute haben wir Tabak und Alkohol und Kaffee. Morgen gibt es vielleicht eine andere Drogenauswahl, die wir gutheißen. Aber es wird immer einen Weg geben, unseren Verstand zu drehen, solange es noch Menschen gibt.

Ich glaube nicht, daß es etwas nützt, sich der Thematik mit

Moralismus und scheelem Blick anzunähern. Alle, vor allem bewußtseinsverändernde Drogen sollten zum Bereich der Spiritualität gehören, um kontrolliert werden zu können. In Zeiten des spirituellen Bankrotts – wie in unserem postchristlichen Zeitalter – wenden sich die Drogen gegen uns. Und doch haben sie uns historisch gesehen viel geholfen; vielleicht wäre eine neue spirituelle Beziehung zu bewußtseinsverändernden Drogen möglich, wenn die Leute nur klug genug wären, das zu fordern.

Die letztendliche Droge ist der Geist

Wenn wir in einem Kreis sitzen und ein sanftes Summen aus dem Atem der Frauen emporsteigt, sind wir mit der Lebenskraft und der Energie des Universums verbunden. Dieser Gesang kann uns wiegen, er kann uns erregen, uns hoch emporfliegen lassen. Der Gesang kann uns zentrieren, er kann uns trösten; unser Bewußtsein wird von dem Gesang verändert. Diese Energie ist der Kegel der Kraft, über den alle Gebete an den Großen Geist gerichtet werden. Der Gesang hat auch einen physischen Einfluß auf unseren Körper, indem er den elektrischen Strom in unserem Blut ins Gleichgewicht bringt und alle unsere Chakren zu einer holistischen Einheit verbindet. Diese Nächte, die mit dem Gesang für die Göttin ausgefüllt sind, lassen die Zeiten stillstehen; wir sind wahrlich zwischen den Welten, wir berühren Vergangenheit und Zukunft zugleich. Das Singen ist einer der ältesten Wege, den Bewußtseinszustand zu ändern und wird von allen Kulturen benutzt.

Trommeln sind die Klänge aus dem Bauch des Universums; Trommeln leisten dem Herzschlag Gesellschaft; die Trommeln besitzen eine direkte Verbindung zum Geist und lassen den Geist sich erheben, glücklich oder ärgerlich werden, herausfordernd und rebellisch, oder sie lösen uns in Ekstase auf. Trommeln sind ein sehr mächtiges Instrument zur Bewußtseinsveränderung. Ohne Trommeln gibt es keinen Tanz. Die Trommeln sammeln uns und ziehen uns in die Gruppe hinein; die Trommeln warnen und sagen uns zukünftige Geschehnisse voraus, vollbringen die Einheit von Körper und Geist. Trommeln werden in allen Kulturen benutzt. Die Trommel ist das älteste Instrument. Die Trommel des Schamanen wird nicht zum Vergnügen, nicht einmal bei Festen geschlagen. Sie wird benutzt, um die Geister zu rufen und dem Schamanen bei seiner Reise durch die Welten zu helfen. Die Trommel wird das Pferd des Schamanen genannt. Sie wird mit heiligen Symbolen verziert, die den Weg vorzeichnen, dem der Verstand in Vereinigung mit den Geistern folgen kann.

Tanz ist Anbetung. Wenn wir unseren Körper und unseren Geist und unsere Stimmen dem Klang der Trommeln folgen lassen, sind wir selbst die Göttin, die den Tanz des Lebens tanzt, die elementare Metapher für ein höheres Bewußtsein. Wann hast du zuletzt in Ekstase getanzt? Wann hast du zuletzt die Mischung aus Rhythmus und dem Gefühl von Festlichkeit in deinem ganzen Körper gespürt? Tanz ist Heilung. Tanze zumindest achtmal im Jahr mit der Erde, so wie sie um die Sonne tanzt; tanze auch zu jeder Vollmondin.

Im Altertum waren Priester und Priesterinnen der Göttin Heilige Tänzer, die ihre Mythologie, ihre Kosmologie, ja sogar ihre Philosophie darstellten, indem sie bestimmte Bewegungen den Gedanken und Gefühlen zuordneten. Sieh die Priesterin tanzen. Sie dreht sich, wie die Erde sich dreht. Sie öffnet ihre Arme, um die Welt zu umarmen. Sie berührt den Boden, um ihre Energie zur Erde zurückzuschicken. Sie erhebt sich und streckt sich nach dem Himmel, um die Energie von der Erde hinaufzubringen und sie durch ihren Körper zum Geist zu leiten. Sie öffnet die Arme, um zu segnen; sie schließt ihre Arme, um zu schützen; sie bückt sich, um die Energie wieder in die Welt zu bringen.

Feiere unter der Mondin. Sie ist die elementare Quelle der Trance und der Ekstase.

Mondfeste

Die Neumondin feiern

Wenn die Mondin »neu« ist, bedeutet das, daß sie zwischen ihrer Schwester Erde und der Sonne steht. Und das meinten unsere Vorfahren, wenn sie vom »Berühren der Astralebene« sprachen. Dieses astrale Ereignis ist der Ursprung einer Art von Getriebensein, es verursacht eine bestimmte psychische Spannung. Eine neue Energie wird geboren. Wenn die Mondin neu ist, wächst dein Haar rascher, das Gras in deinem Hinterhof kommt schneller heraus, in deinem Körper vermehren sich die Zellen mit mehr Kraft. Du bist Teil einer universellen Energie, die alles Lebendige durchströmt.

»Sprich zu mir!« sagte ich zur Neumondin, und sie tat es. »Die Umrisse meiner silbernen Sichel zeichnen sich gegen den blauen Himmel ab, noch bevor die Sonne untergeht und die Sterne erscheinen. Schon beobachte ich dich, wie du durchs Leben gehst, nicht einmal an mich denkst, außer du fragst dich so im Vorübergehen:»Ich habe die Mondin lange Zeit nicht gesehen, ob sie wohl schon zurück ist?«

»Ich bin zurück! Du weißt es, weil du mich vermißt hast. Zu viele dunkle Nächte hat es für dich gegeben. Du magst keine dunklen Nächte, sie sind furchteinflößend. Jetzt wird es Licht geben. Ich werde meinen Pfeil quer über den Abendhimmel schießen, so früh jage ich die Sonne schon. Dann wird die Sonne untergehen und bald danach ich auch. Aber mit jedem Abend werde ich älter und fauler und stehe fünfzig Minuten später auf.

Doch wenn du tagsüber hinaufblickst, wenn ich neu bin, werde ich da sein, meine Schwester Sonne jagen, über euren Städten und Dörfern dahinreiten und alles unter mir anregen, stärken und inspirieren.

Wie fühlst du dich?

Solltest du dich schon lange Zeit hoffnungslos fühlen, so werde ich dem jetzt ein Ende setzen. Schluß damit! Wenn du während meiner Abwesenheit keine Energie in dir gespürt haben solltest, so werde ich jetzt die Energie des Universums in deinen Körper hineinschütten wie frisches Wasser in eine Schale. Solltest du ideenlos gewesen sein, nichts gehabt haben, auf das du dich hättest freuen können, oder sogar unter dem mangelnden Sinn in deinem Leben gelitten haben – jetzt werde ich vielleicht alles enthüllen, deine Gedanken in eine andere Richtung lenken, deinem Geist und Körper erlauben, neuen Mut zu fassen und sogar wieder zu lachen.

Dies mußt du beachten:

Sei zufrieden mit meiner Anregung. Bleibe in deinem Körper und versuche nicht nur mit deinem Geist voranzupreschen, meine geistige Energie zu verbrauchen, dabei aber deinen wunderschönen Körper außer acht zu lassen. Heute werden wir gemeinsam einen langen Spaziergang irgendwo in deiner Stadt unternehmen, und ich werde deine Hand halten und wie eine Freundin neben dir hergehen. Also wirklich, du zerbrichst dir deinen Kopf viel zu sehr! Wenn ich dir diese Erregung, die meine eigene Energie ist, schenke, solltest du dich nicht überarbeiten, sondern sie wohldosiert verwenden wie guten Honig. Benutze diese Anregung bewußt und mache sie zu einem Teil von dir. Sieh hinauf! Ich bin da. Nein, es war nicht deine eigene Verrücktheit, die zu dir gesprochen hat. Ich war es. Siehst du? Ich fliege über deinem Kopf und rede in deinem eigenen Geist. Nimm ein paar tiefe Atemzüge. Laß die Spannung in deinem Herzen los. Alles ist gut. Jetzt wird die Sache interessant. Komplexe, neue Angelegenheiten werden deine Aufmerksamkeit erfordern. Halte nichts zurück. Geh an die Dinge heran, als hättest du jede Menge Zeit (im Gegensatz zur Sorge, daß du zu spät dran bist, was dich nur ablenkt und in dir nur noch mehr unnütze Spannung aufbaut). Fokussiere dich wie ein Athlet, der sich auf den nächsten Weltrekord konzentriert. Vertiefe deine Konzentration und tu dann deinen Schritt. Setze diese rastlose Neumondinenergie in Betriebsamkeit um, nicht in Unterdrückung deiner selbst. Wenn du arbeitest, so arbeite hart, und spiele wirklich, wenn du spielst. Es ist ein Balanceakt.

Alle Dinge, die zum Wachstum neigen, werden wachsen. Ich

spreche nicht nur über deine Körperzellen, dein Haar oder deine Nägel, sondern auch über einige von deinen Schwierigkeiten, ein paar von deinen schlechten Gewohnheiten, von deiner negativen Seite.

Die Menschen sind immer so unglücklich, weil das Leben ihnen Energie bietet und keinen Inhalt. Für den Inhalt und die Details bist du verantwortlich. Wir in den Himmeln können nicht jedes kleine Detail für dich ausarbeiten. In diesen Zeiten sind wir ohnehin überbeschäftigt mit euch. Also laß deinen Verstand arbeiten. Schaffe dir ein ausgewogenes Leben. Wenn die Schwierigkeiten wachsen, arbeite energisch an den Lösungen. Schwierigkeiten treten nicht in dein Leben, um dich zu einer Verliererin zu machen. Schwierigkeiten sind universellen Schatten ähnlich, die deinem eigenen Geist entspringen – sie lehren dich etwas. Niemand mag diese Lektionen, aber Harmonie ist dem menschlichen Wachstum nun einmal nicht förderlich – Schwierigkeiten schon. Betrachte sie als Gelegenheit, oder spüre nur ihre Trübsal, fühle das Grauen, die Einsamkeit, die Verzweiflung – brenne sie aus und laß sie dann weggehen.

Dehne deine Hoffnung mit meiner Energie weit aus und unternimm dann etwas gegen deine Depression. Die Hoffnung liebt mich. Ich bin die Mutter der Hoffnung. Die Hoffnung wird hinter jeder Ecke hervorlugen, sogar in Zeitungsartikeln wird sie aufblitzen; obwohl die ja eigentlich nie zugunsten der Hoffnung verfaßt werden, sondern eher um die Angst noch zu steigern. Dein Geist ist mein und wird Hoffnung empfangen, wo andere keine mehr sehen können. Die Hoffnung wird Saiten in deinem Herzen zum Klingen bringen, die Hoffnung wird dich Alternativen erkennen lassen, die du zuvor nicht in Betracht gezogen hast. Die Hoffnung wird im Dunkel und im Licht wachsen.

Ich sende dir Begehren, alle möglichen Arten des Begehrens – den guten Stoff, das Schicksal, ja sogar die Verliebtheit. Wenn du schon verheiratet sein solltest, so schicke ich dir trotzdem dieselbe rastlose Energie. Paß auf! Sie läßt neue Dinge beginnen. Kanalisiere sie in deine Phantasie oder in ein neues Projekt. Laß sie in einen emotionalen Neuanfang mit deinem/r eigenen Geliebten fließen. Das ist nur recht und billig. Ich gebe allen dieselbe

Ladung, dieselbe Kraft. Wenn du ein Single bist und dein Herz geöffnet wurde, laß deine Gefühle wachsen. Wenn momentan für dich niemand von Interesse ist, bitte eine Mondhexe um einen Liebeszauber und führe ihn aus – benutze meine Energie dafür.«

Diät während der Neumondin

Am besten ist es, wenig zu essen, wenn unser Zyklus mit dieser Mondenergie beginnt. Verschaffe dir Bewegung, gehe spazieren. Was du ißt, sollte nahrhaft und erfüllend sein. Eine Monddiät besteht aus zweieinhalb Schalen grünem Salat jeglicher Art. (Nimm zumindest neun verschiedene Arten von Grünzeug, auch wildwachsendes, vor allem im Frühjahr. Es gibt eine Menge guter Bücher, die dir bei der Bestimmung helfen werden.) Wichtig ist auch, daß du viele Farben hineingibst. Füge eine Schale gekochtes Gemüse hinzu und etwa fünf Unzen (ca. 150 g) Fisch oder Eiweiß. Fisch ist keine langweilige Kost. Ich esse fast jeden Tag Fisch. Heute esse ich Heilbutt, morgen Forelle und dann werde ich vielleicht etwas Hai essen. Jeder Fisch schmeckt ganz anders. Meinen brate ich immer. Ausgepreßte Zitrone paßt sowohl zum Salat als auch zum Fisch ausgezeichnet.

Während die Mondin zunimmt, esse ich täglich ein bißchen mehr. Ich füge Früchte als Nachspeise hinzu, vielleicht Trauben oder Melonen, je nach Saison. Nach halb acht solltest du abends nichts mehr essen, sonst ist dein Bauch, wenn du ins Bett gehst, so voll, daß er dich deiner prophetischen Träume beraubt.

Die Neumondin wird auf der ganzen Welt gefeiert. Hexen feiern jede Neumondin mit Lehrzirkeln, Reinigungsritualen und Segnungen für jedes neue Projekt, für neue Beziehungen und neue Ideen. Jüdische Frauen feiern die Neumondin mit für jeden Monat eigens gewählten, verschiedenen Themen.

Die Vollmondin feiern

Die Vollmondin geht zu Sonnenuntergang auf, und das letzte Aufglühen der sterbenden Sonne läßt sie in rosigem Schimmer erröten. Es ist die Zeit der Fülle, des Erblühens. Die Macht der

Mondin ist an diesem Punkt in ihrem Zyklus am größten. Wer sensibel ist, wird bei so viel Energie vielleicht unausgeglichen, vor allem wenn man unter dem Einfluß einer bewußtseinsverändernden Substanz steht. Es gibt mehr Unfälle zur Zeit der Vollmondin. Die Patienten in psychiatrischen Anstalten sind unruhiger. Aber für die, die mit der Mondinenergie in Harmonie leben und mit ihr umzugehen wissen, ist es die Zeit der größten Macht. Es ist die Zeit, zu der die Hexen sich treffen, um ihre machtvollste Magie zu wirken. Auch ist es am leichtesten zu reisen, wenn die Mondin hell scheint und das war ein weiterer Grund, warum Hexen zu ihren Treffen auf Wald und Flur zur Vollmondin anreisten.

Webe Magie, um Liebe, Energie, Kreativität und Wohlstand zu manifestieren, gerade bevor die Mondin ganz voll geworden ist. Suche während der Vollmondin einen Platz in der Wildnis auf und tanze mit den Trommeln, bis du von der Mondekstase erfüllt bist. Leg dich vor einem offenen Fenster aufs Bett und laß das Mondlicht dich mit Kraft erfüllen.

»Sprich zu mir!« sagte ich zur Vollmondin, und sie tat es.

»Laß Feste stattfinden in der Zeit meiner Fülle. Laß die Schränke voll mit ergötzlichen Delikatessen sein, laß Milch und Honig fließen, laß das wundervolle frisch gebackene Brot aufgehen, laß gelbe Butter schmelzen, laß Früchte zu Marmelade werden, Aprikosen dörren, Feigen zu süßen Pasteten werden und laß den guten Wein bringen, kredenze ihn in Kelchen in den Farben des Goldes und des Blutes. Mein Fest soll überall gefeiert werden.

Laß die Frauen, die zu meinem Fest kommen, rund sein wie ich und ihr eigen Fleisch nicht fürchten. Laß das sanfte Fleisch an ihren Hüften meinen Rundungen gleich sein, laß ihren Schoß weich und empfänglich sein, ihre Hände fest und doch warm und seidig und laß sie ihre Kinder mit ihrer besänftigenden Berührung streicheln. Ja, meine Frauen sollen rund sein, laß das Fett an ihren Knochen erblühen wie die Traube am Rebstock und laß sie Raum einnehmen, eine Menge Raum. Laß die Frauen zu meiner Ehre groß und stark gebaut sein.

Laß Frieden sein unter den Frauen. Laß den Haß unter ihnen

schwinden und laß die Schlinge der Abscheu vor sich selbst sich lockern. Laß Mütter und Töchter zusammenkommen, ohne daß noch ein Schwert zwischen ihnen stünde. Auf fröhliche Zusammenkünfte will ich herabblicken, bei denen das feine Silber im Haar der älteren Frauen mit meinem buhlt. Ich will die Alten tanzen und singen sehen, und wie sie die Jüngeren ihre Lieder lehren.

Laß die Männer in meinem Gesichtskreis friedlich sein. Laß sie ihre Schwerter von nun an als magische Stäbe benutzen. Laß die Männer den Damen feines Geschmeide schenken, aus ihrem Kriegsgeschrei sollen Lieder über die Liebe und das Leben werden. Laß ihren kämpferischen Geist sich in Wetteifer verwandeln, im Sport und in der Kunst. Von nun an laß die Trommelschläge ekstatische Tänze begleiten und laß sie nicht länger Kriegstrommeln sein. Und diejenigen, die mich erfreuen, sollen belohnt werden.

Ich bin die Magie der Vollmondin. Ich lasse das Begehren in dir hochsteigen wie die Säfte in den Pflanzen. Ich herrsche durch die ewigliche Veränderung. Ich werde dein Kahn sein, wenn du stirbst, und dich über die Flüsse des Lebens und des Todes setzen und dich lehren, wie du bei mir sein kannst, kleiner Vogel, kleine Blume, kluges Menschlein. Aber heute nacht feiern wir und werden fett.«

Die abnehmende Mondin feiern

Der zweite Teil des Umlaufs der Mondin ist die Zeit des Ausruhens. Wir wachsen nun langsamer, es gibt weniger Hast, wir vollenden jetzt, was wir früher begonnen haben. Die Zeit der abnehmenden Mondin ist wichtig zum Bewahren von Energie, Kultur, Erregung. Die abnehmende Mondin ist gut zum Trauern, Putzen, Dinge in Ordnung bringen und Organisieren.

Schlaf länger während dieser Zeit und iß immer weniger, je mehr die Mondin schwindet. Iß jeden Tag nur ein bißchen weniger, ein paar Früchte weniger, ein paar Süßigkeiten weniger, bis zum letzten Tag, an dem du überhaupt fastest. Trinke Wasser und Säfte, Kräutertees, nimm deine Stärkungsmittel ein.

Ich bat die abnehmende Mondin, zu mir zu sprechen, und sie sagte mir folgendes:

»Schlafe tief in meinen Nächten, iß sehr wenig, damit ich kommen und dir Träume von der Zukunft schenken kann.

Gemeinsam werden wir deine Probleme herausarbeiten – in Träumen – und deine Hoffnungen schüren.

Laß eine schwarze Kerze in meinen Nächten brennen, mit dem Namen deines Problems dreimal darauf geschrieben, oder graue Kerzen, um das, was dich verletzt, zu neutralisieren. Reinige deinen Geist und deine Seele, arbeite an deinen Konflikten, um zu einer Lösung zu kommen.«

Mondgeschichte

Wie Großmutter einen Pakt mit dem Teufel schloß

Es war einmal, als ich noch ein Kind war, da ging ich mit meiner Großmutter zu einem Stück Land in Dósza Sürü, das uns gehörte, um zu pflügen. Großmutter hielt den Pflug, und ich ging dem Ochsen voran. Reihe um Reihe pflügten wir, vor und zurück, bis etwa um die Mittagszeit. Dann begann ich plötzlich etwas zu sehen, das vor uns umherhüpfte, aber immer nur kurz sichtbar war. Wie ein Blitz war es, eine Erscheinung.

»Was war das?« fragte Großmutter, weil sie etwas Seltsames spürte.

»Ich weiß nicht, was das sein könnte. Aber ich glaube, ich habe Bocksfüße gesehen und einen Schwanz, und Hörner hatte es auch, glaube ich.«

Großmutter kam nach vorne – mit ihrer Bullenpeitsche – und begann die Luft dort, wo sie das Wesen fühlte, zu schlagen.

»Wage es nicht, mich zu schlagen!« sagte die Stimme nun. »Schlägst du mich mit dieser Peitsche, wirst du in Schwierigkeiten geraten!«

»Wer bist du und wo steckst du?« brüllte Großmutter ihn an.

»Ich bin Plutos Enkelkind, ein kleiner Teufel«, sagte er und enthüllte seine Gestalt.

Er war klein und dunkel, teils Tier, teils menschlich, teils göttlich. Aber er war ein Teufel der Sorte, die gerne spekuliert.

»Ich bin gekommen, einen Vertrag mit dir zu schließen!« Großmutter stand da, wischte sich die Hände an ihrer Schürze ab und starrte ungläubig.

»Von welcher Art Vertrag sprichst du?« fragte sie mißtrauisch. Natürlich würde sie nicht ihre Seele verkaufen.

»Ich möchte mit dir einen Vertrag abschließen, daß, wenn du im Herbst deine Ernte einbringst, ich und du jeder die Hälfte kriegen. Wenn du nicht zustimmst, werde ich deine Felder verbrennen.« Er lachte hinter vorgehaltener Hand und freute sich schon auf seine geernteten Reichtümer. Das machte Großmutter so richtig zornig.

»Du machst mir wirklich eine Menge Ärger!« sagte sie zu Plutos Enkel. »Aber da du schon um einen Vertrag bittest, sollst du einen bekommen. Was auch immer über der Erde wächst, wird ganz dir gehören. Und alles, was in der Erde wächst, wird mein sein. Ist das recht und billig?«

»Das ist gut und schön!« frohlockte der kleine Teufel, »ich komme im Herbst wieder, um mir meinen Anteil zu holen.«

Großmutter beschloß, daß wir dieses Jahr Kartoffeln pflanzen sollten, weil sie unter der Erde wachsen. Wir pflanzten sie wirklich gut an. Wir gingen zweimal hinaus aufs Feld, um es zu bearbeiten, und auch der Regenfall war wirklich gut in diesem Jahr. Bald war es Herbst, und wir begannen die Kartoffeln aus der Erde zu klauben. Plutos Enkelkind wußte das und kam, um seinen Anteil zu verlangen.

»Da sind die Kartoffelblätter, sie gehören alle dir, nimm sie!« sagte Großmutter. Mit diesen Worten gab sie alles, was über der Erde wuchs, dem kleinen Teufel.

Er war sehr enttäuscht. Er erkannte, daß er ein ·schlechtes Geschäft gemacht hatte. Sein Schwanz stand in die Luft und seine Hörner drohten uns.

»Ich will einen besseren Vertrag mit dir!« sagte der kleine Teufel.

»Wir können einen anderen Vertrag schließen, wenn du es wünschst, aber er wird dann für das nächste Jahr gelten.«

»Das ist mir recht«, sagte der Teufel.

»Also, was soll der neue Vertrag besagen?« Großmutter hielt ihre Peitsche immer noch fest im Griff.

»Der neue Vertrag soll sein, daß ich alles kriege, was unter der Erde wächst und du, was über der Erde wächst.«

»Ausgezeichnet!« sagte Großmutter. »Komm heute in einem Jahr wieder und wir werden die Ernte teilen.«

Im Nu war der Teufel verschwunden.

Großmutter beschloß, daß im nächsten Jahr auf dem gesamten Land Weizen ausgesät werden solle. Nachdem der Weizen herangereift war, schnitten wir ihn und begannen die Garben einzubringen. Großmutter erwartete den kleinen Teufel. Sie wußte, er würde spüren, daß sie bei der Ernte war.

Und freilich, er schnellte hinter einem Busch hervor, und begann auf der Suche nach seinem Anteil hin und her zu laufen.

»Wird auch Zeit, daß du auftauchst!« sagte Großmutter. »Da ist dein Anteil, das alles! Ich nehme nur, was über der Erde war. Dein Anteil ist da überall.« Sie zeigte auf die Felder. Der Teufel begann in der Erde zu graben.

»Ja, aber da ist nichts drinnen außer den Wurzeln von dem Weizen da.«

»Stimmt. Du wolltest nur das, was unter der Erde ist. Jetzt hast du es«, sagte Großmutter mit völliger Unschuldsmiene.

Der Teufel stampfte auf die Erde, spuckte uns an und murmelte etliches mit knirschenden Zähnen. Aber er mußte zugeben, daß er zum Narren gehalten worden war. Von da an hielt sich der Teufel von Großmutter fern und bat sie nie wieder um irgendeinen Vertrag. Wir haben auch keine kleinen Teufel mehr gesehen.*

* Nach der Geschichte »Apo es a Ordogfloka« aus dem Buch Villám Palkò von Ráduly János (Bukarest: Iou Creangōr Könyrkiadò, 1989), S. 116.

Autorin

Geboren in der namensgleichen Stadt Budapest wuchs Zsuzsanna als Tochter einer Künstlerin und Hexe inmitten von Modellen, Malern, Bildhauern, Professoren und Sensitiven auf. Ihre Jugend wurde vom Nachkriegseuropa mit Armut und Krankheit geprägt. Mit sechzehn erlebte sie die ungarische Revolution, die ihr Bewußtsein bleibend prägte.

Als die Revolution niedergeschlagen wurde, verlie3 sie das Land und studierte Sprachen in Wien. Die Leidenschaft der Revolution erfüllte sie immer noch, als sie die University of Chicago zur Vervollkommnung ihres Kommunikationsstudiums besuchte. Dort entdeckte sie Second City, das damals noch in den Kinderschuhen steckte, und sie studierte Improvisationskunst bei der angesehenen Viola Sills und später Theaterwissenschaft an der American Academy of Dramatic Arts in New York.

Ihr Weg von der ungarischen Emigrantin zur feministischen Hexe war gepflastert mit Politik, Revolution und Spiritualität. Sie heiratete und bekam zwei Söhne; diese sind nun erwachsen und ihre Freunde.

Zsuzsanna wurde mit dreißig Jahren Feministin und brachte im Feminismus ihr einzigartiges Familienerbe in Form von Kreativität und Improvisationsvermögen ein. 1971 gründete sie die ersten feministischen Hexengruppen und leitete Veranstaltungen mit Hexenritualen in Malibu, auf Bergen und an Stränden, in Hinterhöfen und in Wohnzimmern. In diesen zehn Jahren initiierte sie das spirituelle Erwachen der Frauenbewegung. Ihre Festnahme in Los Angeles wegen Weissagung aus Tarotkarten und das folgende Gerichtsverfahren zeigten die erste Hexenverfolgung in Amerika seit Salem an. Aber was viel wichtiger ist – erstmals gewann die Hexe den Prozeß.

Sie machte die San Francisco Bay zu ihrer neuen Heimat und Ausgangsbasis für ihre weiteren Aktivitäten, und ihre Stimme besitzt weiterhin großes Gewicht in den feministischen und heidnischen Gemeinschaften. Sie hat zahlreiche Reisen in Amerika und Europa unternommen und dabei über die Göttin und ihre

Feiertage gelehrt. Sie hat Hunderte von Artikeln und etliche Bücher veröffentlicht. Die bekanntesten sind »Herrin der Dunkelheit, Königin des Lichts« und »The Grandmother of Time« (noch nicht in deutscher Sprache erschienen).

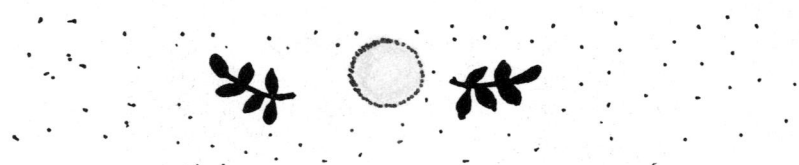

GOLDMANN

Kochen und Gesundheit

Mein Kochbuch   10838

Mein Gesundheitsbuch   13584

Die vitalstoffreiche Vollwertkost   13654

Vollwertkost locker flockig   10487

Goldmann · Der Taschenbuch-Verlag

GOLDMANN

Natürliche Heilkunde

Das große Handbuch der
Homöopathie   13587

Heilerde —
die natürliche Medizin   10420

Die Heilkunst der Chinesen   10437

Shiatsu für Anfänger   13590

Goldmann · Der Taschenbuch-Verlag

GOLDMANN TASCHENBÜCHER

Fordern Sie das kostenlose Gesamtverzeichnis an!

Literatur · Unterhaltung · Bestseller · Lyrik
Frauen heute · Thriller · Biographien
Bücher zu Film und Fernsehen · Kriminalromane
Science-Fiction · Fantasy · Abenteuer · Spiele-Bücher
Lesespaß zum Jubelpreis · Schock · Cartoon · Heiteres
Klassiker mit Erläuterungen · Werkausgaben

****

Sachbücher zu Politik, Gesellschaft,
Zeitgeschichte und Geschichte; zu Wissenschaft,
Natur und Psychologie
Ein Siedler Buch bei Goldmann

****

Esoterik · Magisch reisen

****

Ratgeber zu Psychologie, Lebenshilfe,
Sexualität und Partnerschaft;
zu Ernährung und für die gesunde Küche
Rechtsratgeber für Beruf und Ausbildung

Goldmann Verlag · Neumarkter Str. 18 · 8000 München 80

Bitte senden Sie mir das neue Gesamtverzeichnis.

Name: _____

Straße: _____

PLZ/Ort: _____